OPIc 중국어의 정석! IH 공략

초 판 1쇄 발행 2014년 2월 6일
개정판 1쇄 인쇄 2015년 3월 13일
      3쇄 인쇄 2024년 2월 7일

저자 정지모
기획 멀티캠퍼스 외국어연구소

펴낸이 박민우
기획팀 송인성, 김선명, 김선호
편집팀 박우진, 김영주, 김정아, 최미라, 전혜련, 박미나
관리팀 임선희, 정철호, 김성언, 권주련
펴낸곳 멀티캠퍼스 하우
주소 서울시 중랑구 망우로68길 48
전화 (02)922-7090
팩스 (02)922-7092
홈페이지 http://www.hawoo.co.kr
e-mail hawoo@hawoo.co.kr
등록번호 제2014-18호

값 16,000원
ISBN 979-11-954545-5-6 13720

Copyright ⓒ 2024 by Jungjimo

All rights reserved.
No part of this publication may be reproduced, stored in a retrieval system,
or transmitted in any form or by any means, electronic, mechanical, photocopying, recording,
or otherwise, without the prior permission of the publisher.

이 책은 저작권법에 따라 보호받는 저작물이므로 무단 전재와 무단 복제를 금지하며,
이 책 내용의 전부 또는 일부를 이용하려면 반드시 저작권자와 출판권자의 서면 동의를 받아야 합니다.

 모범답변 MP3 다운로드 www.multicampus.com/main 접속 후
'OPIc/외국어' '교재 MP3' 다운로드에서 다운로드

머리말

처음 중국어의 발음과 성조를 배우고 한자를 학습하면서 생소한 발음과 음의 높낮이를 익히는 데 애를 먹은 분들도 많으시리라 생각합니다. 한자와 단어를 배우고 문장의 기본 어순을 배워 가면서 자기 표현이 가능해지게 되면, 그것이 자의적 학습이든 타의적 학습이든 조금씩 중국어의 재미를 알게 되지요. OPIc 중국어를 준비하는 여러분은 아마도 이 과정을 잘 넘기고, 중국어의 말하기를 좀 더 완벽하고 풍부하게 표현하는 것을 원하시는 분들이라 생각합니다.

외국어 학습에서 말하기가 가능해지면 발화량이 많아지고 자기 표현이 가능해집니다. 자기 표현이 가능해지면 나와 관련된 일상생활, 학교 생활, 직장 생활, 주말 생활, 여행, 취미, 스포츠 등의 다양한 주제를 말하기 학습에 적용하여 연습합니다. 연습을 하다 보면 좀 더 다양한 표현이 가능해지고 풍부한 구성을 갖출 수 있게 되지요. 그러나 말하기에 있어서 단어 하나하나를 생각하고 그것을 다시 어순에 맞추어 말하는 순차적인 표현 방법은 자연스러운 말하기를 방해하는 요소입니다. 가장 중요한 것은 중국어의 '뇌 구조'를 만드는 것입니다. 즉, 내가 표현하고자 하는 내용을 단어가 아닌 문장으로 바로 나타내는 것이지요. 또한, 이것이 가능해지려면 단어 암기에만 집중할 것이 아니라 상황에 필요한 기본 패턴을 학습하고 그 패턴을 이용하여 문장을 만들어 내야 합니다. 그리고 문장이 만들어지면 논리성과 정확성을 갖춘 스토리를 구성하게 되는 것입니다.

이 책은 여러분이 OPIc중국어 IH를 준비함에 있어서, 답변 시 좀 더 풍부한 내용과 표현을 학습할 수 있도록 여러 상황에 필요한 패턴을 학습함과 동시에 다양한 표현의 예를 학습할 수 있게 준비했습니다. 또한, 논리적인 문장 구성을 위하여 스토리맵을 이용한 예시 답변들을 준비함으로써 여러분의 스토리를 만드는 데 거름 역할을 할 수 있게 하였습니다. 이제 토막토막 간단한 표현에서 논리적이고 풍부한 구성을 갖춘 여러분만의 스토리를 준비해야 할 때입니다.

이 책을 통해 여러분의 말하기 실력이 향상됨은 물론, 여러분의 목표인 OPIc중국어 IH 등급을 획득하는 데 있어서 훌륭한 처방전이 되기를 바랍니다. 마지막으로 이 책을 출판하는데 도움을 주신 많은 분들께 감사드립니다.

저자 정 지 모

이 책의 차례

OPIc 알아보기 ··· 10

DAY 1 · 과제 및 기능 수행 ···················· 18

DAY 2 · 상황 및 내용 ···························· 28

DAY 3 · 정확성 ·· 36

DAY 4 · 구성 형태 ···································· 46

DAY 5 · 묘사 ·· 56

DAY 6 · 경험과 설명 ································ 66

DAY 7 · 비교와 대조 ································ 74

DAY 8 · 롤플레이 ···································· 82

DAY 9 · 콤보 ·· 90

DAY 10 · 자기소개 ·································· 106

DAY 11 · 거주지 …………………………… 114

DAY 12 · 직장 ……………………………… 122

DAY 13 · 학교 ……………………………… 130

DAY 14 · 취미 ……………………………… 138

DAY 15 · 스포츠 …………………………… 146

DAY 16 · 쇼핑 ……………………………… 154

DAY 17 · 건강 ……………………………… 162

DAY 18 · 여행과 출장 ……………………… 170

DAY 19 · 과학 상품 ………………………… 178

DAY 20 · 모의OPIc ………………………… 188

부록(모범답안) ………………………………… 203

이 책의 학습내용

공략 포인트	순서	패턴	
채점영역별 공략	Day 1 과제 및 기능 수행	1 称~为… 3 有的人~	2 ~或者… 4 比如~
	Day 2 상황 및 내용	1 突然~ 3 从来没~过	2 再不~就… 4 会~的
	Day 3 정확성	1 通常~ 3 被 / 对~	2 把~ 4 来说
	Day 4 구성 형태	1 记得~ 3 别提多~了	2 终于~ 4 ~记忆犹新
유형별 공략	Day 5 묘사	1 长得~ 3 给人~的感觉	2 像~一样 4 对~
	Day 6 경험과 설명	1 一般~ 3 原来~	2 跟~约好了 4 通过~
	Day 7 비교와 대조	1 以前~，现在… 3 ~多了	2 ~比… 4 没有~
	Day 8 롤플레이	1 当时~ 3 希望~	2 是~的 4 尽快~
	Day 9 콤보	1 常常 3 从~起	2 有时(候) 4 不然

공략 포인트	순서	패턴	
주제별 공략	Day 10 자기소개	1 我姓~，叫~ 3 我的爱好是~	2 我(的)性格~ 4 虽然~，但是…
	Day 11 거주지	1 看起来~ 3 동사+着~	2 동사+在~ 4 既~又…
	Day 12 직장	1 我在~工作 3 既要~又要…	2 拿~来说 4 越来越~
	Day 13 학교	1 本来 3 看样子~	2 恐怕 4 得~
	Day 14 취미	1 其中~ 3 동사/형용사+得~	2 让~ 4 ~是我的最爱
	Day 15 스포츠	1 我是~迷 3 能体会(到)~	2 ~的时候 4 感到~
	Day 16 쇼핑	1 不管~都… 3 买不起	2 一~就… 4 多~啊!
	Day 17 건강	1 保持~ 3 更~	2 不但~而且… 4 变得~
	Day 18 여행과 출장	1 先~然后… 3 ~还是…	2 关于~ 4 难得
	Day 19 과학 상품	1 随着~ 3 具有~	2 尤其是~ 4 总之~
	Day 20 모의OPIc	Q1~Q15	

이 책의 구성

학습내용 소개

채점영역별, 유형별, 주제별 출제 유형을 간략히 소개합니다. 각 유형에 따라 문제 해결 방법을 제시하고, 유의해야 할 문법이나 자주 쓰이는 문형 등을 학습합니다. 또한 '고득점 공략' 통해 IH레벨로 거듭날 수 있습니다.

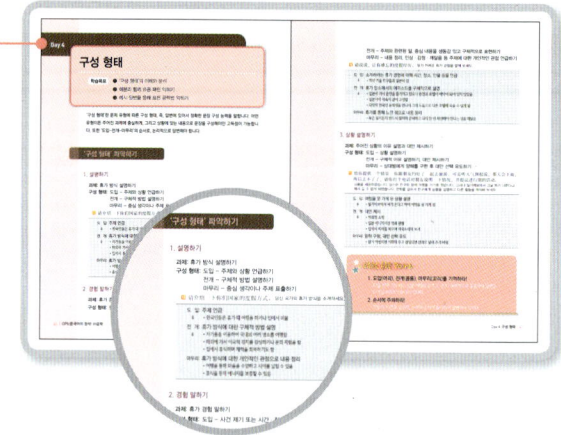

OPIc중국어 패턴공략

주요패턴 4가지를 학습합니다. 주요패턴을 학습하고, 패턴을 활용한 예문들을 다뤄 봄으로써 문장 구성력을 확장시킬 수 있습니다. 패턴과 예문을 반복적으로 따라 읽으며 익혀 보세요.

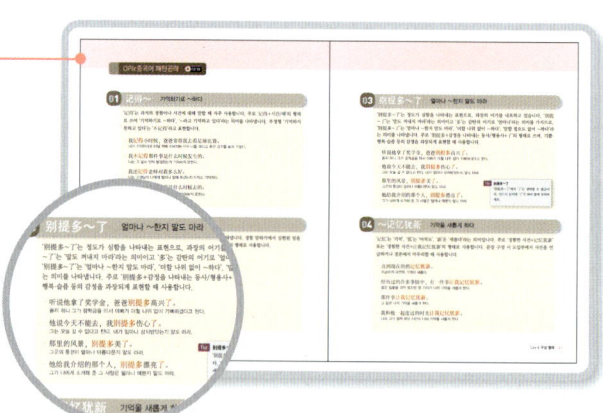

OPIc중국어 실전공략

OPIc실전문제를 공략합니다. 스토리맵의 예시를 보며 답변의 구성 능력을 키우고, 앞서 학습한 주요패턴을 활용하여 답변을 만들어 보세요.

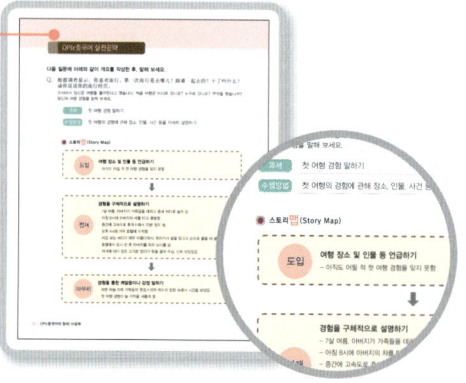

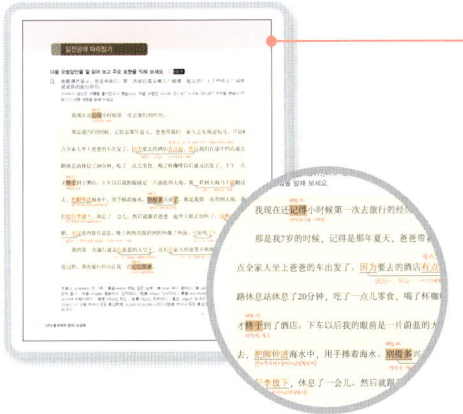

실전공략 말하기 Tip

실제 답변 구성에 유용한 구문을 제시하여 답변의 뼈대를 세울 수 있게 합니다. 구문을 활용하여 나만의 답변을 만들어 보세요. 또한 IH공략 플러스를 통해 IM에서 IH 수준으로 거듭날 수 있는 비법을 공개하니, 꼭 확인해 보세요.

실전공략 따라잡기

실전공략 문제의 모범답안을 제시하고 분석하였습니다. 앞서 학습한 주요패턴 외에도 답안 구성에 유용한 구문과 표현, 어휘 등을 제공합니다. 답안 구성에 효율적인 구문과 표현들을 학습하면 실제 OPIc 중국어 시험에서 다양하게 활용할 수 있습니다.

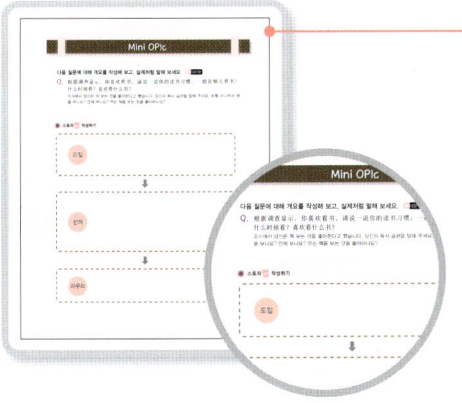

Mini OPIc

스스로 실제 시험처럼 답변을 완성해 볼 수 있는 기회입니다. 스토리맵을 통해 답변의 뼈대를 세우고, 학습한 패턴을 활용하여 답변을 완성해 보세요. 자신의 답변과 모범답안을 비교하여 부족한 부분을 보완해 보세요.

OPIc 평가란?

OPIc이란?

OPIc(Oral Proficiency Interview-computer)은 면대면 외국어 인터뷰인 OPI와 최대한 가깝게 만든 iBT 기반의 외국어 말하기 평가로서, 외국어 전문 교육 연구 단체인 ACTFL(American Council on the Teaching of Foreign Languages)에서 개발한 공신력 있는 말하기 평가입니다. OPIc은 단순히 문법이나 어휘 등을 얼마나 많이 알고 있는가보다는 실제 상황에서 얼마나 효과적이고 적절하게 언어를 구사하는지를 측정하는 객관적인 평가로, 국내에서는 2007년 시작되어 현재 약 1,700여 개 기업 및 기관에서 OPIc을 채용과 인사고과 등에 활발하게 활용하고 있습니다. 현재 OPIc은 영어뿐만 아니라 중국어, 일본어, 러시아어, 스페인어, 한국어 그리고 최근 추가된 베트남어까지 총 7개의 언어 평가를 제공함으로써 다양한 언어를 동일한 기준으로 평가할 수 있는 유일한 외국어 말하기 평가로 자리매김하였습니다.

OPIc 진행 과정

ORIENTATION(20분)

1. **Background Survey** — 인터뷰 문항을 위한 사전 설문
2. **Self Assessment** — 시험의 난이도 결정을 위한 자가 평가
3. **Overview of OPIc** — 화면 구성, 문항 청취 및 답변 방법 안내
4. **Sample Question** — 실제 답변 방법 연습

시험 시간(40분)

1. **1st Session**
   - 개인 맞춤형 문항
   - 질문 청취 2회
   - 문항별 답변 시간 제한 無
   - 약 7문항 출제
2. **난이도 재조정**
   - Self Assessment(2차 시험 난이도 선택)
   - 쉬운 질문 / 비슷한 질문 / 어려운 질문 中 선택
3. **2nd Session**
   - 개인 맞춤형 문항
   - 질문 청취 2회
   - 문항별 답변 시간 제한 無
   - 약 5~8문항 출제

OPIc 등급

OPIc의 등급은 크게 세 가지, 작게는 일곱 가지로 세분화됩니다.

- Novice: '초보자'라는 뜻으로 OPIc에서는 '초급' 단계입니다.
- Intermediate: '중간'이라는 뜻으로 OPIc에서는 '중급' 단계입니다.
- Advanced: '고급의'라는 뜻으로 OPIc에서는 가장 높은 '고급' 단계입니다.

이 세 가지의 등급을 세분화해서 다음과 같이 구분하게 됩니다.

- Novice Low, Novice Mid, Novice High
- Intermediate Low, Intermediate Mid(1~3), Intermediate High
- Advanced Low

OPIc의 모체인 OPI에서는 Advanced도 Low, Mid, High로 구분되지만, 컴퓨터로 시험을 보는 OPIc에서는 Advanced Low라는 등급 하나만 부여됩니다.

AL Advanced LOW	사건을 서술할 때 일괄적으로 동사 시제를 관리하고, 사람과 사물을 묘사할 때 다양한 형용사를 사용한다. 적절한 위치에서 접속사를 사용하기 때문에 문장 간의 결속력도 높고 문단의 구조를 능숙하게 구성할 수 있다. 익숙하지 않은 복잡한 상황에서도 문제를 설명하고 해결할 수 있는 수준의 능숙도이다.
IH Intermediate HIGH	개인에게 익숙하지 않거나 예측하지 못한 복잡한 상황을 만날 때, 대부분의 상황에서 사건을 설명하고 문제를 효과적으로 해결한다. 발화량이 많고, 다양한 어휘를 사용한다.
IM Intermediate MID	일상적인 소재뿐 아니라 개인적으로 익숙한 상황에서는 문장을 나열하며 자연스럽게 말할 수 있다. 다양한 문장 형식이나 어휘를 실험적으로 사용하려고 하며 상대방이 조금만 배려해 주면 오랜 시간 대화가 가능하다.
IL Intermediate LOW	일상적인 소재에서는 문장으로 말할 수 있다. 대화에 참여하고 선호하는 소재에서는 자신감을 가지고 말할 수 있다.
NH Novice HIGH	일상적인 대부분의 소재에 대해서 문장으로 말할 수 있다. 개인 정보라면 질문을 하고 응답을 할 수 있다.
NM Novice MID	이미 암기한 단어나 문장으로 말하기를 할 수 있다.
NL Novice LOW	제한적인 수준이지만 영어 단어를 나열하며 말할 수 있다.

＊ Intermediate Mid의 경우 Mid 1, Mid 2, Mid 3로 세분화하여 제공합니다.

Background Survey (배경 설문)

OPIc의 개인 맞춤형 문제는 Background Survey에 대한 응답을 기초로 출제됩니다. 나에게는 어떤 맞춤형 문제가 출제될지 미리 생각해 보세요.

1 현재 귀하는 어느 분야에 종사하고 계십니까?
☐ 사업/회사   ☐ 재택근무/재택사업   ☐ 교사/교육자   ☐ 군 복무   ☐ 일 경험 없음

1.1. 현재 귀하는 직업이 있으십니까?
☐ 네   ☐ 아니요

1.1.1. 귀하의 근무 기간은 얼마나 되십니까?
☐ 첫 직장 – 2개월 미만   ☐ 첫 직장 – 2개월 이상   ☐ 첫 직장 아님 – 경험 많음

1.1.1.1. 당신은 부하 직원을 관리하는 관리직을 맡고 있습니까?
☐ 네   ☐ 아니요

문항 1에서 교사/교육자로 답변했을 경우
1.1. 당신은 어디에서 학생을 가르치십니까?
☐ 대학 이상   ☐ 초등/중/고등학교   ☐ 평생교육

1.1.1. 현재 귀하는 직업이 있으십니까?
☐ 네   ☐ 아니요

1.1.1.1. 귀하의 근무 기간은 얼마나 되십니까?
☐ 2개월 미만 – 첫 직장
☐ 2개월 미만 – 교직은 처음이지만 이전에 다른 직업을 가진 적이 있음
☐ 2개월 이상

1.1.1.1.1. 귀하는 부하직원을 관리하는 관리직을 맡고 있습니까?
☐ 네   ☐ 아니요

2 현재 귀하는 학생이십니까?
☐ 네   ☐ 아니요

2.1. 현재 어떤 강의를 듣고 있습니까?
☐ 학위 과정 수업   ☐ 전문 기술 향상을 위한 평생 학습   ☐ 어학 수업

2.2. 최근 어떤 강의를 수강했습니까?
☐ 학위 과정 수업
☐ 전문 기술 향상을 위한 평생 학습
☐ 어학 수업
☐ 수업 등록 후 5년 이상 지남

3 현재 귀하는 어디에 살고 계십니까?
☐ 개인주택이나 아파트에 홀로 거주
☐ 친구나 룸메이트와 함께 주택이나 아파트에 거주
☐ 가족(배우자/자녀/기타 가족 일원)과 함께 주택이나 아파트에 거주
☐ 학교 기숙사　　　　　　　☐ 군대 막사

아래의 4~7번 문항에서 12개 이상을 선택해 주시기 바랍니다.

4 귀하는 여가 활동으로 주로 무엇을 하십니까? (두 개 이상 선택)
☐ 영화 보기　　☐ 클럽/나이트클럽 가기　　☐ 공연 보기　　☐ 콘서트 보기
☐ 박물관 가기　☐ 공원 가기　　　　　　　☐ 캠핑하기　　☐ 해변 가기
☐ 스포츠 관람　☐ 주거 개선　　　　　　　☐ 술집/바에 가기　☐ 카페/커피전문점 가기
☐ 게임하기(비디오, 카드, 보드, 휴대폰 등)　☐ 당구 치기　　☐ 체스하기
☐ SNS에 글 올리기　☐ 친구들과 문자대화하기　☐ 시험 대비 과정 수강하기
☐ 뉴스를 보거나 듣기　☐ 차로 드라이브하기　☐ 스파/마사지샵 가기
☐ 구직활동하기　☐ 자원봉사하기　　　　　☐ 쇼핑하기
☐ TV 시청하기　☐ 리얼리티 쇼 시청하기　☐ 요리 관련 프로그램 시청하기

5 귀하의 취미나 관심사는 무엇입니까? (한 개 이상 선택)
☐ 아이에게 책 읽어주기　☐ 음악 감상하기　☐ 악기 연주하기
☐ 혼자 노래부르거나 합창하기　☐ 춤추기　☐ 글쓰기(편지, 단문, 시 등)
☐ 그림그리기　☐ 요리하기　☐ 애완동물 기르기
☐ 주식투자하기　☐ 신문읽기　☐ 여행 관련 잡지나 블로그 읽기
☐ 사진촬영하기　☐ 독서

6 귀하는 주로 어떤 운동을 즐기십니까? (한 개 이상 선택)
☐ 농구　　　☐ 야구/소프트볼　☐ 축구　　　　　☐ 미식축구
☐ 하키　　　☐ 크리켓　　　　　☐ 골프　　　　　☐ 배구
☐ 테니스　　☐ 배드민턴　　　　☐ 탁구　　　　　☐ 수영
☐ 자전거　　☐ 스키/스노보드　☐ 아이스 스케이트　☐ 조깅
☐ 걷기　　　☐ 요가　　　　　　☐ 하이킹/트레킹　☐ 낚시
☐ 헬스　　　☐ 태권도　　　　　☐ 운동 수업 수강하기　☐ 운동을 전혀 하지 않음

7 당신은 어떤 휴가나 출장을 다녀온 경험이 있습니까? (한 개 이상 선택)
☐ 국내 출장　☐ 해외 출장　☐ 집에서 보내는 휴가　☐ 국내 여행　☐ 해외여행

OPIc FAQ

01 OPIc 시험 중 필기구를 사용하여 답변을 준비해도 되나요?

OPIc 응시자는 필기구를 가지고 시험장에 입실할 수 없습니다. 따라서 시험 중에 필기구를 이용하여 메모 등을 하실 수 없으며, 적발 시 부정행위로 처리되어 OPIc 시험 규정에 따라 향후 시험 응시 기회에 제한을 받습니다.

02 무조건 길게 말하는 것이 도움이 되나요?

짜임새 없이 내용으로 길게만 말하는 것보다는 질문이 요구하는 내용에 충실한 답변을 정확한 문법과 표현을 사용하여 논리적으로 표현할 때 좋은 평가를 받을 수 있습니다. 또한 기-승-전-결 혹은 서론-본론-결론의 짜임새 있는 구성으로 답변해야 합니다. 공식적인 수치는 아니지만 주어진 시간 내 모든 문제에 풍부한 내용으로 답변을 하려면 한 문항당 짧으면 1분, 일반적으로 2분~2분 30초 이상 말할 수 있도록 준비하는 것이 좋습니다.

03 Background Survey 응답 내용으로만 출제되나요?

아닙니다. 시험 전에 체크한 Background Survey 결과는 나에게 맞는 맞춤형 문항이 출제되는 데 영향을 주지만 그 외 시스템적으로 선별된 문항도 출제됩니다. 즉, 여러분이 선택하지 않은 내용에서도 문제가 출제됩니다. 일반적으로 여러분의 일상생활에서 일어나는 일들을 위주로 문제가 출제되며 전문적인 내용이 출제되더라도 일상생활과 연결되어 있는 질문들이 출제됩니다. OPIc 등급 향상을 위해서는 Background Survey 항목에 관련된 답변만을 무조건 외우기보다는 평소에 다양한 말하기 연습을 하는 것이 도움이 될 것입니다.

04 OPIc 문제 중 Background Survey 내용과 관련이 없는 내용이 나오면 답변하지 않아도 되나요?

아닙니다. 수험자는 주어진 문항에 대해서 모두 답변을 진행해야 합니다. OPIc은 Background Survey를 통해 수험자의 개인 맞춤형 문항의 출제가 가능하지만 다른 영역의 질문 또한 출제되어 수험자의 예상하지 못한 문제에 대해 답변을 하는 능력 또한 평가합니다. 따라서, 질문에 대한 답변이 진행되지 않은 경우 감점의 요인이 될 수 있습니다. 그러므로 Background Survey에서 선택한 내용과 다른 문제가 출제되더라도 당황하지 말고 최선을 다해 성실히 답변하는 것이 좋습니다.

05 시험 보는 중간에 Self-Assessment로 레벨을 변경하는 것이 성적에 영향이 있나요?

처음에 높은 레벨로 시작했다가 중간에 낮은 레벨로 바꾸거나, 그 반대로 낮은 레벨에서 높은 레벨로 바꾸는 그 자체로 성적이 바뀌지는 않습니다. 철저히 주어진 답변에 얼마나 충실하게 답변하는지가 성적을 좌우한다고 보면 됩니다. 그러나 나의 영어 실력과 너무 동떨어진 레벨을 선택하는 것은 바람직하지 않습니다.

06 모범 답안을 외워서 답변하면 성적에 영향을 주나요?

질문과 무관한 답변 및 시중의 모범 답안을 그대로 외워서 대답하는 것은 성적 결과에 좋지 않은 영향을 줄 수 있습니다.

07 문제를 반복해서 들으면 성적이 좋지 않게 나오는 것이 사실인가요?

문제 풀기 전략 중 하나로 문제를 습관적으로 반복해서 듣는 사람들이 있습니다. 문제를 반복 청취하는 것이 성적에 직접적으로 영향을 미치는 것은 아니지만, 문제를 반복 청취했을 때 답변 시간이 줄어들 수밖에 없으므로 시간 관리에 어려움을 느낄 수 있습니다. OPIc 문제의 답변 시간은 질문 청취 시간을 제외하고 약 35분 가량입니다. 따라서 주어진 시간 내 모든 문제를 효율적으로 답변할 수 있도록 시간을 활용해야 합니다.

08 발음이 안 좋거나 더듬거리면 성적에 나쁜 영향을 주나요?

발음은 이해가 가능한 수준일 경우 크게 영향을 미치지 않는 것으로 알려져 있습니다. 그러나 메시지 전달이 안 될 정도로 말이 매끄럽지 못한 경우에는 당연히 채점이 어려울 수밖에 없습니다.

09 OPIc 시험은 현장에서 결과를 직접 확인할 수 있나요?

OPIc은 응시일로부터 일주일 후 OPIc 홈페이지에서 성적 확인이 가능합니다. (일반적으로 오후 1시 발표이나 사정에 따라 변경될 수 있습니다.) 취업 시즌 등의 경우 수험자 편의를 위해 성적 조기 발표(시험일로부터 3~5일)를 시행합니다.

10 OPIc 시험 일정은 1년에 몇 번 정도 있나요?

OPIc은 연중 상시 시행 시험입니다. (일부 공휴일 제외). 다만 지역/센터별로 차이가 있을 수 있으니 자세한 사항은 OPIc 홈페이지(http://opic.or.kr)에서 확인해 주시기 바랍니다.

11 성적이 UR이라고 나오는 것은 무엇을 의미하나요?

'UR'은 Unable to rate을 의미합니다. UR이 나오는 경우는 녹음 불량, 녹음 음량이 너무 작은 경우, 수험자가 자신이 없어 답변을 하지 않은 경우입니다. 수험자의 과실인 경우 응시료 환불은 없으며 재시험의 기회도 없습니다. 시스템적인 오류로 UR이 나왔을 경우 한 번의 재시험 기회를 드립니다.

12 시험에 필요한 규정 신분증은 무엇인가요?

OPIc의 규정신분증은 주민등록증, 운전면허증, 공무원증, 기간 만료 전 여권이며, 군인 등 특정 할인 신청의 경우 규정 신분증 외 시험 당일 추가 증명 서류를 지참하여야 응시 가능합니다. 자세한 사항은 OPIc 홈페이지(http://opic.or.kr)에서 확인해 주시기 바랍니다.

13 OPIc 세부진단서란 무엇인가요?

OPIc Rater(채점자)가 수험자 답변 내용을 바탕으로 언어 항목에 대해 진단 및 안내를 제공하는 유료 피드백 서비스이며 가격은 30,000원입니다.

不怕慢, 就怕站。

천천히 가는 것을 두려워 말고 멈추는 것을 두려워 하라.
무슨 일이든 포기하지 않고 꾸준히 하는 것이 중요하다.

제1부
채점영역별 공략

- **Day 1**   과제 및 기능 수행
- **Day 2**   상황 및 내용
- **Day 3**   정확성
- **Day 4**   구성 형태

Day 1

과제 및 기능 수행

학습목표
① '과제 및 기능 수행'의 이해와 분석
② 예문과 함께 유용 패턴 익히기
③ 예시 답변을 통해 표현 공략법 익히기

'과제 및 기능 수행'이란 응시자가 질문에 얼마나 적합하게 표현을 하는지 평가하는 것입니다. OPIc 말하기의 '과제'는 소개하기, 묘사하기, 설명하기, 비교하기, 상황 해결하기 등의 유형이 있습니다. 이런 과제에 대한 충실한 수행 능력과 대응 능력을 배양하여 과제에 맞는 답변 능력을 키워야 합니다.

'과제 및 기능 수행' 파악하기

1. 소개하기

과제: 국가의 여행 명소 소개하기

기능 수행 방법: 소개하는 명소의 특징을 순서 있게, 일관성 있게 나열하기

> 예 你或者身边的人喜欢去哪儿旅游？请介绍一下你们国家的旅游景点。
> 당신이나 주위의 사람들은 어디로 여행을 가나요? 당신 국가의 여행지를 소개해 보세요.

도 입: 여행에 대한 개론
  • 여행하는 것을 좋아함, 우리 문화를 더 이해하기 위해서 국내 여행을 즐김
전 개: 여행 명소 소개
  • 제주도 소개, 한국 남쪽의 섬, 기후가 좋음, 한라산의 아름다움, 돌하르방 등
마무리: 소개한 명소에 대한 개인적인 생각
  • 제주도가 어느 나라 섬보다도 아름답고 볼거리가 많다고 생각함

2. 묘사하기

과제: 직장 동료 묘사하기

기능 수행 방법: 대상의 다양한 특징과 매력을 구체적이고 생동감 있게 표현하고, 순차적으로 자세히 묘사하기

> 예 你的同事长得怎么样？有什么魅力？请描述一下你的同事。
> 당신의 동료는 어떻게 생겼나요? 어떤 매력이 있습니까? 당신의 동료를 묘사해 보세요.

- 도 입: 묘사 대상 소개
  - 나와 같은 부서의 남자 직원 소개
- 전 개: 대상의 특징 묘사
  - 외모-키가 크고 몸매가 좋음, 코가 오똑함
  - 성격-매우 상냥함, 여직원들에게 인기가 많음, 사람들과 잘 어울림
  - 업무 능력-적극적으로 업무에 임함, 동료의 어려운 일을 잘 도와줌
- 마무리: 묘사 대상에 대한 개인적인 생각
  - 많은 직원들이 그를 인정하고 있음, 서로 잘 대하면 좋은 친구가 될 것임

3. 설명하기

과제: 건강 유지 방법 설명하기

기능 수행 방법: 순서대로, 논리적으로, 일관성 있게 설명하기

> **예** 为了保持健康，你和身边的人都做了什么？请说明一下，你和身边的人为了保持健康所用的方法。
> 건강 유지를 위해 당신과 주위 사람들은 무엇을 했나요? 당신과 주위 사람들이 건강을 유지하기 위해 이용한 방법에 대해 설명해 보세요.

- 도 입: 건강에 대한 개론
  - 많은 사람들이 건강의 중요성을 인식함, 건강을 유지하는 데는 많은 방법이 있음
- 전 개: 나의 건강 유지 방법 설명
  - 일찍 일어나고 일찍 자기, 숙면 취하기 - 활발한 움직임을 위해
  - 아침밥 꼭 먹기 - 아침밥은 하루의 에너지 보충원
  - 일주일에 두 번, 두 시간씩 운동하기 - 스트레스 해소와 몸매 관리
- 마무리: 건강에 대한 개인적인 생각
  - 건강 유지를 위해서는 규칙적인 생활, 풍부한 영양 섭취, 운동이 필수

4. 자세히 말하기

과제: 휴가를 보내는 방법 말하기

기능 수행 방법: 풍부한 내용과 적절한 구성을 갖추어 설명하기

> **예** 根据调查显示，休假时你喜欢去旅游。你会去国外还是国内？去哪儿？跟谁去？干些什么？请详细地说明一下。
> 조사에서 당신은 휴가 때 여행 가는 것을 좋아한다고 했습니다. 외국으로 갑니까, 아니면 국내로 갑니까? 어디로 갑니까? 누구와 갑니까? 무엇을 합니까? 자세히 말해 보세요.

- 도 입: 휴가를 보내는 방법에 대한 포괄적 진술
  - 휴가 때 여행을 자주 감, 국내 여행을 좋아함
- 전 개: 휴가를 보내는 방법에 대한 구체적 진술
  - 혼자서 하는 여행을 좋아함, 바닷가 근처의 호텔로 감, 늦잠을 자고 간단한 아침 식사 후 바닷가를 산책함
  - 조용히 방에서 책을 보거나 바다를 보며 음악을 감상하면 마음이 편안해지고 고민이 사라짐, 며칠 지내고 나면 다시 힘이 솟고 의욕이 생김

마무리: 휴가 보내는 방법에 대한 개인적인 생각
- 혼자서 하는 여행은 고민을 없애고 새로운 날을 맞이하기 위한 준비로 최고임

5. 비교하기

과제: 과학 상품 비교하기

기능 수행 방법: 이전과 현재의 상품을 구체적으로 비교하여 설명하기

> 예 请你比较一下你以前用过的和最近正在用的科技产品。
> 당신이 이전에 사용했던 과학 상품과 요즘 사용하고 있는 과학 상품을 비교해 보세요.

도 입: 비교 대상 소개
- 최근 태블릿PC를 장만함, 이전에는 노트북을 들고 다녔음

전 개: 비교 내용 설명
- 이전의 노트북은 매우 무거움 - 현재의 태블릿PC는 매우 가벼움
- 이전의 노트북은 키보드로 조작 - 현재의 태블릿PC는 모니터를 터치하여 조작

마무리: 비교 후 장점 및 결론
- 태블릿PC는 노트북의 기능을 다 가지고 있으면서도 가볍고 조작이 쉬워서 사람들에게 환영을 받고 있음, 나의 생활을 더 편리하게 해 주는 과학 상품임

6. 상황 해결하기

(1) 3~4가지 질문하기

과제: 업무 환경에 대해 질문하기

기능 수행 방법: 업무 영역, 업무 시간, 대우, 복지 제도, 인간관계 등에 대해 질문하기

> 예 我在联名公司工作。请问我3～4个问题了解一下我的工作环境。
> 저는 리엔밍사에 다닙니다. 저에게 3~4가지 질문을 해서 저의 업무 환경을 알아보세요.

도 입: 준비 멘트
- 듣자 하니 당신은 리엔밍사 직원임, 업무 환경과 관련하여 몇 가지 질문을 하겠음

전 개: 구체적 질문 나열
- 연봉이 높은가, 야근을 자주 하는가, 인간관계는 어떤가, 동료들이 잘해 주는가, 당신 업무에 만족 하는 가, 출장을 자주 가는가?

마무리: 정리 멘트
- 질문에 답해 줘서 고마움, 시간이 되면 회사를 견학하고 싶음

(2) 문제 해결하기

과제: 돌발 상황의 문제 해결하기

기능 수행 방법: 자세한 상황 설명 및 구체적 해결 방법 제시하기

예 请你解决以下的问题：你要去机场接人，可是车突然坏了。请给公司打电话说明一下情况，并提出解决方法。
다음 문제를 해결해 주세요. 당신은 누군가를 마중하기 위해 공항에 가려고 합니다. 그런데 차가 갑자기 고장이 났습니다. 회사에 전화를 걸어 상황을 설명하고 해결 방법을 제시해 주세요.

도 입: 준비 멘트
↓ • 정지민임, 오늘 중국 협력회사 왕 회장님 일행을 마중하는데 중간에 차가 고장 남

전 개: 상황 설명
↓ • 갑자기 차가 멈춰 섰음, 서비스센터에 연락하여 견인 조치함, 시간에 맞춰 갈 수 없으니 이 대리에게 대신 가라고 전달 부탁, 차 견인 후 바로 호텔로 가서 기다리겠음

마무리: 정리 멘트
• 차후 이 대리에게 술을 대접하겠음, 이해와 부탁 바람

(3) 문의하기

과제: 휴대전화 구입 관련 문의하기
기능 수행 방법: 휴대전화의 모델, 기능, 가격, 색깔 등 문의하기

예 给你提供一个情景：你打算买一个新的手机，请给商店打电话咨询一下。
상황을 제공하겠습니다. 당신은 휴대전화를 새로 사려고 합니다. 상점에 전화를 걸어서 문의해 보세요.

도 입: 준비 멘트
↓ • 휴대전화 구입 예정, 몇 가지 문의할 것이 있음

전 개: 구체적 질문 나열
↓ • 최신 휴대전화의 기능 소개 부탁, 직장인이므로 스케줄 관리 기능이 있는 기종을 원함, 요즘 유행하는 스마트폰의 가격 소개 부탁, 색상 및 요금 할인 제도 등과 관련하여 소개 부탁

마무리: 정리 멘트
• 설명 잘 들었음, 내일 방문하여 직접 고를 예정, 감사 인사

고득점 공략 Point

1. 답변 시 과제가 무엇인지 먼저 파악하여 대응 방법을 모색하라!
여러 형태의 문제 유형을 기억해 두고 구도를 잡는 연습을 꼭 해야 합니다.

2. 과제에 따른 적절한 구성 형태를 익혀 두어라!
문제의 주제를 잘 파악하고 적절한 구성 형태를 갖추어야 합니다.

3. 구성 형태에 따른 자세하고 풍부한 답변 능력을 키워라!
고득점을 공략하려면 풍부한 답변 내용을 갖추어야 합니다.

OPIc중국어 패턴공략 🎧 mp3_01

01 称~为… ~을 …으로 부르다

'称'은 '부르다', '일컫다', '칭하다'라는 뜻의 동사입니다. 주로 '称+목적어1(명사)+为+목적어2(명사)'의 형태로 쓰여, '(목적어1)을 (목적어2)라고 부른다'라는 의미를 나타냅니다.

- 大家都称他为铁人。
  모두가 그를 철인이라 부른다.

- 家人都称爸爸为我们家的总统。
  가족들은 아버지를 우리 집의 대통령이라 부른다.

- 韩国人称他为英雄。
  한국인들은 그를 영웅이라 부른다.

- 韩国人称中秋节为 "秋夕"。
  한국인은 중치우제를 '추석'이라 부른다.

> **Tip** '~을 …으로 부르다'의 다른 표현
> '~을 …으로 부르다'의 중국어 표현은 '称+목적어1(명사)+목적어2(명사)'나 '把+목적어1(명사)+称为+목적어2(명사)'의 패턴으로 나타낼 수도 있습니다.
> 예 我们都称他铁人。 우리는 그를 철인이라 부른다.
> 　　我们把他称为铁人。 우리는 그를 철인이라 부른다.

02 ~或者… ~아니면…

'或者'는 평서문에서 선택을 나타내는 표현입니다. 주로 '사항1+或者+사항2'의 형태로 쓰여, '(사항1) 또는 (사항2)이다'라는 의미를 나타냅니다. 선택사항은 하나나 두 개, 혹은 제3의 선택이 될 가능성도 있으며 의문문에서는 사용하지 않습니다.

- 坐飞机或者自己开车去旅游。
  비행기를 타거나 자가용을 운전해서 여행을 간다.

- 一个人呆在家里或者出去见朋友。
  혼자 집에 있거나 나가서 친구를 만난다.

- 你问他或者问我都可以。
  당신은 그에게 물어봐도 되고 나에게 물어봐도 된다.

- 去厨房干活或者照顾家里的孩子们。
  주방에서 일을 하거나 집 안의 아이들을 돌본다.

03 有的人~   어떤 사람은 ~하다

'有的人~'은 나열을 할 때 자주 쓰이는 표현입니다. 주로 '有的人+상황' 또는 '有的人+상황1+有的人+상황2'의 형태로 쓰입니다. 이때 '人'은 생략할 수 있는데, 이 경우에는 사람 외에 지역, 물건 등을 가리킬 수도 있습니다.

- 那里的人喜欢玩游戏，当然有的人就喜欢喝酒。
  그곳의 사람들은 게임하는 것을 좋아한다. 물론 어떤 사람은 술 마시는 것을 좋아한다.

- 有的人来自中国，有的人来自日本。
  어떤 사람은 중국에서 왔고, 어떤 사람은 일본에서 왔다.

- 当然有的人不回故乡就出国旅游。
  물론 어떤 사람은 고향으로 돌아가지 않고 외국으로 여행을 간다.

- 有的是韩国产的，有的是中国产的。
  어떤 것은 한국산이고, 어떤 것은 중국산이다.

04 比如~   예를 들면~

'比如'는 예를 들어 설명할 때 활용하는 표현으로, 주로 '比如+예' 또는 '比如+예1, 예2, 예3……'의 형태로 씁니다.

- 我喜欢吃的东西可多呢，比如炸酱面、烤鸭、糖醋肉等。
  나는 좋아하는 음식이 매우 많다. 예를 들어, 자장면, 오리구이, 탕수육 등이다.

- 那儿有好多善于外语的人，比如郑智敏，他会说三种语言。
  그곳에는 외국어에 능한 사람들이 많이 있다. 예를 들어, 정지민은 3개 국어를 할 줄 안다.

- 那里有各种各样的产品，比如台式电脑、平板电脑、智能手机等。
  그곳에는 각양각색의 상품이 있다. 예를 들어, 데스크탑, 태블릿pc, 스마트폰 등이다.

- 他们要做很多事情，比如看孩子、帮家人洗碗、做菜等。
  그들은 많은 일을 해야 한다. 예를 들어, 아이 돌보기, 가족을 도와 설거지하기, 요리하기 등이다.

OPIc중국어 실전공략

다음 질문에 아래와 같이 개요를 작성한 후, 말해 보세요.

Q. 在你们国家有什么重要的节日？人们都做什么呢？请介绍一下你们国家的重要节日。
당신 국가에는 어떤 중요한 명절이 있나요? 사람들은 무엇을 하나요? 당신 국가의 중요한 명절을 소개해 주세요.

과제	국가의 중요한 명절 소개하기
수행방법	명절의 사회적 상황과 특징 등을 예를 들어 설명하기

● 스토리맵 (Story Map)

도입
사회적 상황 말하기
- 한국의 중요한 명절은 매우 많음
- 그중 가장 중요한 명절은 '春节'임
- 한국인은 '春节'를 'Seolnal'이라고 부름

전개
명절에 하는 활동 말하기
- 사람들이 화려한 색의 옷을 입고 고향으로 가거나 해외로 여행을 감
- 차례 지내기: 조상에게 차례를 지내며 제를 올리고 떡국을 먹음
- 세배하기: 아랫사람이 윗사람에게 세배하고 윗사람은 아랫사람에게 세뱃돈을 줌
- 전통 놀이 하기: 가족들이 모여 '윷놀이'나 '연날리기' 등 전통 놀이를 함

마무리
명절을 통한 느낌이나 효과 말하기
- 설날을 통해서 사람들은 가족의 따뜻함을 느낌

실전공략 말하기 Tip

★ 아래 표현들을 활용하여 답변을 만들 수 있습니다.

그중 가장 중요한 명절은 바로 ~입니다.	其中最重要的节日就是~
한국인들은 ~을 …라고 부릅니다.	韩国人称~为…
가장 중요한 활동은 ~입니다.	最重要的活动就是~
전통적인 규칙에 따라	按照传统的规矩来~
~을 통하여 사람들은 …을 느낄 수 있습니다.	通过~, 人们能感觉到…

IH공략 플러스 +

1. 설날에 사람들이 입는 의복에 관해 설명하기

so so! 到春节, 人们都穿很漂亮的传统服装。

up! 每到农历新年, 很多人都穿上一身颜色鲜亮的传统民族服装。

➡ 양사와 수식어를 이용하면 좀 더 풍부한 표현이 가능해집니다. 단순히 '春节'라는 표현보다는 '农历新年(음력 1월 1일)'이, '漂亮的衣服'보다는 '一身(옷을 세는 양사)+颜色鲜亮的服装'과 같은 표현을 사용하면 good! good!

2. 설날에 대한 개인적인 느낌 설명하기

so so! 春节的时候人们能感到温暖。

up! 通过春节, 人们能感觉到大家庭的温暖。

➡ 마무리 부분에서는 '通过~(~을 통하여)'의 패턴을 이용하면, 정리하는 느낌이 들어서 마무리가 깔끔해지고 전달력 또한 좋아집니다.

실전공략 따라잡기

다음 모범답안을 잘 읽어 보고 주요 표현을 익혀 보세요. 🎧 mp3_02

Q. 在你们国家有什么重要的节日？人们都做什么呢？请介绍一下你们国家的重要节日。
당신 국가에는 어떤 중요한 명절이 있나요? 사람들은 무엇을 하나요? 당신 국가의 중요한 명절을 소개해 주세요.

韩国和中国一样有很多不同的节日，其中最重要的节日就是春节。韩国人**称**春节**为**"Seolnal"。
패턴01 ~을 …라고 부르다

每到农历新年，很多人都穿上一身颜色鲜亮的传统民族服装，一家几口开着汽车**或者**坐火车等返乡过节。当然**有的人**不回故乡，就利用春节休假外出旅游。
패턴02 A或者B A아니면 B
패턴03 어떤 사람은 ~하다

春节的时候最重要的活动就是祭祀祖先，大家一般**按照**传统的规矩来祭拜祖先。祭完祖以后全家人聚在一起吃年糕汤。吃完饭以后，要进行"岁拜"。这时晚辈要给长辈拜年，而长辈也会给他们压岁钱。随后一家人都聚在一起，玩一些传统游戏，**比如**："翻板子游戏"，"放风筝"等等。
~에 따라: 주로 규칙, 도덕, 의견과 결합함
패턴04

通过春节，人们**能感觉到**大家庭的温暖。
(매개나 수단 등을) 통하여 ~을 느낄 수 있다

春节 Chūnjié 춘제[설날, 음력 1월 1일] | 鲜亮 xiānliang 산뜻하다, 선명하다 | 返乡 fǎnxiāng 고향으로 돌아가다 | 过节 guòjié 명절을 쇠다 | 休假 xiūjià 휴가 [활용] 请假 qǐngjià 휴가신청을 하다 [활용] 假期 jiàqī 휴가 기간 | 祭祀 jìsì 제사를 지내다 | 祖先 zǔxiān 조상 | 按照 ànzhào ~에 따라, ~에 의해 | 规矩 guīju 규율, 법칙 | 祭拜 jìbài 제사를 지내다 | 年糕汤 niángāotāng 떡국 | 拜年 bàinián 세배하다, 새해 인사를 드리다 | 压岁钱 yāsuìqián 세뱃돈 | 随后 suíhòu 이어서, 뒤이어 | 聚 jù 모이다 [활용] 聚会 jùhuì 모임(을 가지다) [활용] 聚餐 jùcān 회식하다 [활용] 聚在一起 jù zài yìqǐ 함께 모이다 | 温暖 wēnnuǎn 따뜻하다

Mini OPIc

다음 질문에 대해 개요를 작성해 보고, 실제처럼 말해 보세요. 🔊 mp3_03

Q. 请你解决以下的问题：你本来打算跟客户见面，可是路上堵车堵得很厉害。请给客户打电话说明一下情况。

다음 문제를 해결해 주세요. 당신은 본래 고객과 만나기로 했습니다. 그런데 차가 심하게 막힙니다. 고객에게 전화를 걸어 상황을 설명해 주세요.

● 스토리맵 작성하기

도입

전개

마무리

Day 2

상황 및 내용

학습목표
❶ '상황 및 내용'의 이해와 분석
❷ 예문과 함께 유용 패턴 익히기
❸ 예시 답변을 통해 표현 공략법 익히기

'상황 및 내용'이란 OPIc 문제의 정확한 판단 능력과 내용 구성 능력을 말합니다. OPIc의 문제에서 주어지는 상황에는 일상생활과 관련된 일반적 상황 및 사회적 상황(거주지, 직장, 학교, 취미나 관심사, 국가나 도시의 대표적 관광지·음식·기후, 과학 상품, 건강, 교통 등)과 돌발 상황(가정 상황)이 있습니다. 주어지는 상황에 근거하여 적합한 표현 방식을 찾아 답변을 해야 합니다.

'상황 및 내용' 파악하기

1. 일반적 상황

상황: 취미 말하기

예) 根据调查显示，你喜欢听音乐。喜欢什么类型的？为什么喜欢？
조사에서 당신은 음악 듣는 것을 좋아한다고 했습니다. 어떤 종류를 좋아하나요? 왜 좋아하나요?

도 입: 취미에 대한 포괄적 진술
⬇
• 취미는 음악 감상임
• 힙합·대중가요·포크송 등 음악이라면 모두 좋아함

전 개: 취미에 대한 구체적 진술
⬇
• 음악 중 재즈를 가장 좋아함
• 평소 업무 스트레스가 많음, 피곤한 몸으로 집에 돌아와 샤워를 하고 와인을 한잔 마시며 재즈를 들으면 하루의 피로와 스트레스가 사라짐
• 운전을 하거나 집에서 조용히 쉴 때도 재즈를 들음
• 재즈를 들으면 마음이 안정되고 편안해짐

마무리: 소개한 취미에 대한 개인적인 생각
• 재즈는 사람의 영혼을 달래는 음악임

2. 돌발 상황

상황: 돌발 상황에 따른 문제 해결 방법 제시하기

예) 给你提供一个情景：你跟朋友约好了一起去看电影，可是你不能去了。请给朋友打电话取消约会。
상황을 제공하겠습니다. 당신은 친구와 영화를 보러 가기로 했는데, 갈 수가 없게 되었습니다. 친구에게 전화를 걸어 약속을 취소하세요.

도 입: 준비 멘트
- 오늘 함께 영화를 못 볼 것 같음, 매우 미안함, 가고 싶지만 갈수가 없음

전 개: 상황 설명
- 출근을 하다가 교통사고가 발생함
- 우회전을 하는데 갑자기 차가 돌진해 왔음, 크게 다치지는 않았지만 병원에서 치료를 받음
- 현재 잘 걷지 못하고 머리도 어지러움

마무리: 정리 멘트
- 양해 바람, 다음번에 다시 약속을 정해서 꼭 같이 가기를 희망함

고득점 공략 Point

1. 상황 파악을 먼저 하라!
일반적 상황, 사회적 상황, 돌발 상황 등 주어진 상황을 정확히 파악해야 합니다.

2. 상황 판단에 따라 알맞은 구성을 하라!
판단에 따라 설명, 묘사 등의 방식을 이용한 적절한 구성이 필요합니다.

3. 맥락에 맞는 내용을 채워라!
깔끔하고 풍부하며 일관성 있는 내용을 갖추어야 합니다.

OPIc중국어 패턴공략 🔊 mp3_04

01 突然~   갑자기

'突然'은 '突然+상황'의 형태로 쓰여, 상황의 발생이 매우 갑작스러움을 나타냅니다. 문장에서는 주로 술어 앞이나 문두에 위치하여 부사어로 쓰입니다.

- 突然被一辆汽车撞了。
  갑자기 자동차에 부딪혔다.

- 突然下起大雨来了。
  갑자기 많은 비가 내리기 시작했다.

- 突然有人进来了。
  갑자기 누군가 들어왔다.

- 突然肚子疼得很厉害。
  갑자기 배가 심하게 아팠다.

> **Tip** '突然'의 문장성분
> '突然'은 부사어 외에 술어, 보어, 한정어 등으로도 사용될 수 있습니다.
> 예) 他的举动太突然了。그의 행동은 너무 갑작스럽다. [술어]
>   他的态度变得太突然。그의 태도가 갑작스럽게 변했다. [보어]
>   这个突然的消息让我们感到吃惊。이 갑작스러운 소식은 우리를 놀라게 했다. [한정어(=관형어)]

02 再不~就…   ~하지 않으면 …하게 된다

'再不~就…'는 '再不+가정 상황+就+결과'의 형태로 쓰여, 가정 상황이 실현되지 않을 경우에 수반되는 결과를 나타냅니다. '再'는 어기를 더욱 강조하는 역할로, 특별한 의미를 가지고 있지는 않습니다.

- 再不出发就会迟到的。
  지금 출발하지 않으면 늦을 것이다.

- 再不走，就没办法回去了。
  지금 가지 않으면 돌아갈 방법이 없다.

- 再不坐，以后就没有车了。
  지금 안 타면 나중에 차가 없다.

- 再不告诉我，部长就会气死的。
  지금 나에게 알려 주지 않으면 부장이 크게 화를 낼 것이다.

03 从来没~过 지금까지 ~한 적이 없다

'从来没~过'는 과거에서 지금까지 발생한 적이 없는 상황을 나타내는 구문입니다. '从来没+발생한 적이 없는 상황+过'의 부정문 형태로 쓰여 '지금까지/여태껏 ~한 적이 없다'라는 의미를 나타냅니다.

- 我从来没迟到过。
  나는 늦어 본 적이 없다.

- 我从来没遇到过这样的事。
  나는 이런 일을 당해 본 적이 없다.

- 我从来没坐过出租车。
  나는 택시를 타 본 적이 없다.

- 我从来没睡过懒觉。
  나는 늦잠을 자 본 적이 없다.

> **Tip** '从来没~过'와 '从来没这么~过'
> '从来没' 뒤에 '这么', '这样' 등이 와서 '从来没这么~过', '从来没这样~过'로 쓰이면 뜻이 상반되는, 전혀 다른 의미의 구문이 됩니다.
> 예 我从来没喜欢过。 나는 여태껏 좋아해 본 적이 없다.
> 　 我从来没这么喜欢过。 나는 여태껏 이렇게 좋아해 본 적이 없다.

04 会~的 ~일 것이다, ~할 것이다

'会~的'는 '会+장래의 가능성에 대한 추측+的'의 형태로 쓰여, 아직 일어나지 않은 일에 대한 추측을 나타내는 표현입니다. '会'는 능력이 아닌 가능성에 대한 추측을 나타내고, 문미의 '的'는 단정의 의미를 나타내는 어기조사로서 생략이 가능합니다.

- 你再等一会儿，我会按时到那儿的。
  좀 더 기다려 주세요. 제시간에 거기에 도착하도록 할게요.

- 回家以后我会告诉你情况的。
  집으로 돌아간 후 나는 너에게 이 상황을 말해 줄 것이다.

- 我再不走，他会发脾气的。
  내가 지금 가지 않으면 그가 화를 낼 것이다.

- 你先准备一下，开会之前他会找你的。
  당신 먼저 준비하세요. 회의 시작 전에 그가 당신을 찾을 겁니다.

OPIc중국어 실전공략

다음 질문에 아래와 같이 개요를 작성한 후, 말해 보세요.

Q. 给你提供一个情景：你早上坐地铁上班，可是地铁突然停下来了，因为出了故障。但是你再不走就要迟到了，所以请你给公司打个电话，说明一下这个情况。

상황을 제공하겠습니다. 당신은 아침에 지하철을 타고 출근합니다. 그런데 갑자기 지하철이 멈추었습니다. 지하철이 고장 났기 때문입니다. 그러나 지금 가지 않으면 지각을 합니다. 회사에 전화를 걸어 상황을 설명하세요.

| 과제 | 돌발 상황 설명하기 |
| 수행방법 | 전화로 구체적 상황을 설명하고 양해 구하기 |

스토리 맵(Story Map)

도입 — 지각을 하게 된 상황 말하기
- 지하철을 타고 가는데, 차가 갑자기 멈춤
- 20분 정도 지각할 것 같음

전개 — 구체적 상황을 설명하고 대처 방안 제시하기
- 평소처럼 아침 8시 정시에 지하철을 탐
- 갑자기 지하철이 멈춤: 고장이 났다고 함
- 다음 지하철이 언제 올지 모름
- 대처 방안: 택시를 타고 가려고 함
- 러시아워로 차가 매우 막힘: 정시 도착 방법이 없음

마무리 — 양해 구하고 마무리하기
- 부장님께 상황 설명 후 양해 구하는 것을 대신 부탁함
- 빨리 가도록 하겠음

실전공략 말하기 Tip

★ 아래 표현들을 활용하여 답변을 만들 수 있습니다.

나는 아마도 ~할 것입니다. 정말 미안합니다.	我可能会~，实在对不起。
그런데 갑자기 ~했습니다. (이유인즉슨) …라고 합니다.	可是突然~，说是…
만약 ~하지 않으면 분명히 …할 것입니다.	如果再不~，一定会…的。
귀찮겠지만 저 대신 ~에게 상황을 설명해 주세요. 그가 양해해 주기를 바란다고요.	麻烦你替我向~说明一下情况，希望他能谅解。
저는 되도록 빨리 ~할 것입니다.	我会尽快~的。

IH공략 플러스 +

1. 제시간에 도착할 수 없는 상황 설명하기

so so! 我打算坐出租车去，不过路上车非常多，很堵车，我不能准时到公司。

UP! 我正打算坐出租车去，不过现在是上班高峰时间，恐怕堵车堵得很厉害。说实话，恐怕没办法准时到公司。

➡ '차가 많다'라는 표현은 단순히 '车非常多'라고 말하기 보다는 '高峰时间(러시아워)'이라는 용어를 사용하거나 정도보어를 써서 조금 더 구체적으로 표현해 주는 것이 좋습니다. '~을 할 수 없다'라는 표현도 '不能'보다 '没办法~(~할 방법이 없다)'와 같이 표현하면 상황 표현이 더욱 확실해집니다.

2. 자신이 처한 상황을 상사에게 전달해 줄 것을 부탁하기

so so! 麻烦你告诉部长这个情况，说真对不起。

UP! 麻烦你替我向部长说明一下情况，希望他能谅解。

➡ 제3자에게 말을 전하는 것을 부탁할 때는 '告诉~(~에게 알리다)', '跟~说(~에게 말하다)'라는 직접적인 표현보다는 '替我向~说明(나 대신 ~에게 설명하다)'과 같은 완곡한 표현이 좋습니다. 그리고 직접 사과하는 것보다는 양해를 구하는 정중한 표현, 즉, '希望(바라다, 희망하다)'이나 '谅解(양해하다)'와 같은 표현을 사용하면 더 수준 있는 말하기가 됩니다.

실전공략 따라잡기

다음 모범답안을 잘 읽어 보고 주요 표현을 익혀 보세요. 🎧 mp3_05

Q. 给你提供一个情景：你早上坐地铁上班，可是地铁突然停下来了，因为出了故障。但是你再不走就要迟到了，所以请你给公司打个电话，说明一下这个情况。

상황을 제공하겠습니다. 당신은 아침에 지하철을 타고 출근합니다. 그런데 갑자기 지하철이 멈추었습니다. 지하철이 고장 났기 때문입니다. 그러나 지금 가지 않으면 지각을 합니다. 회사에 전화를 걸어 상황을 설명하세요.

喂，您好！我是郑智敏。今天我<u>可能会</u>迟到20分钟左右，实在对不起。
아마도 ~할 것이다: 가능이나 실현을 나타냄

今天我<u>跟</u>平时<u>一样</u>早上8点出门。准时坐上地铁，可是车<u>突然</u>停了下来，说是
跟~一样 ~와 같이   *갑자기*

<u>出</u>了故障。如果<u>再不</u>走，我<u>就</u>会迟到的，但是广播说，<u>要</u>等很长时间<u>才能</u>坐下一
발생하다   *~하지 않으면 …하게 된다*   *要~才能… ~해야만 할 수 있다*

趟车。我也不知道下一趟车到底什么时候能到。我正打算坐出租车去，不过现在
是上班高峰时间，恐怕<u>堵车堵得很厉害</u>。说实话，恐怕没办法准时到公司。你也
술+목+술+得+보

知道我<u>从来没迟到过</u>，今天真是<u>倒霉透了</u>。
지금까지 ~한 적이 없다   *진~까 운이 없다*

<u>如果</u>迟到<u>的话</u>，部长肯定<u>会生气的</u>。所以麻烦你替我向部长说明一下情况，
如果~的话 만약 ~라면   *~일 것이다, ~할 것이다*
jīn

希望他能谅解。谢谢你，我会尽快赶过去的，一会儿见。

实在 shízài 참으로, 정말, 사실상 | **准时** zhǔnshí 정각, 정시에 [활용] **准时到** zhǔnshí dào 정시에 도착하다 [활용] **很准时** hěn zhǔnshí 매우 정확하다 | **停** tíng 멈추다 | **故障** gùzhàng 고장 [활용] **出故障** chū gùzhàng 고장이 나다 | **广播** guǎngbō 방송(하다) | **高峰时间** gāofēng shíjiān 러시아워 | **堵车** dǔc hē 차가 막히다 [유의] **塞车** sāichē | **迟到** chídào 지각하다 | **倒霉** dǎoméi 재수가 없다 | **透** tòu 충분하다[보어로 쓰여 정도가 지나침을 나타냄] [활용] **坏透了** huàitòu le 무지 나쁘다 [활용] **熟透了** shútòu le 푹 익었다 [활용] **下透了** xiàtòu le (눈이나 비 등이) 많이 내렸다 [활용] **看透了** kàntòu le 꿰뚫어 봤다 [활용] **糟透了** zāotòu le 엉망진창이 되었다 | **谅解** liàngjiě 양해하다, 이해해 주다 | **尽快** jǐnkuài 되도록 빨리 | **赶过去** gǎn guòqù 서둘러 가다

Mini OPIc

다음 질문에 대해 개요를 작성해 보고, 실제처럼 말해 보세요. mp3_06

Q. 你的一天是怎么过的呢？几点起床，几点睡觉？请讲一讲你一天的生活。

당신의 하루는 어떻습니까? 몇 시에 일어나고 몇 시에 잠을 자나요? 당신의 하루 생활을 말해 보세요.

● 스토리 맵 작성하기

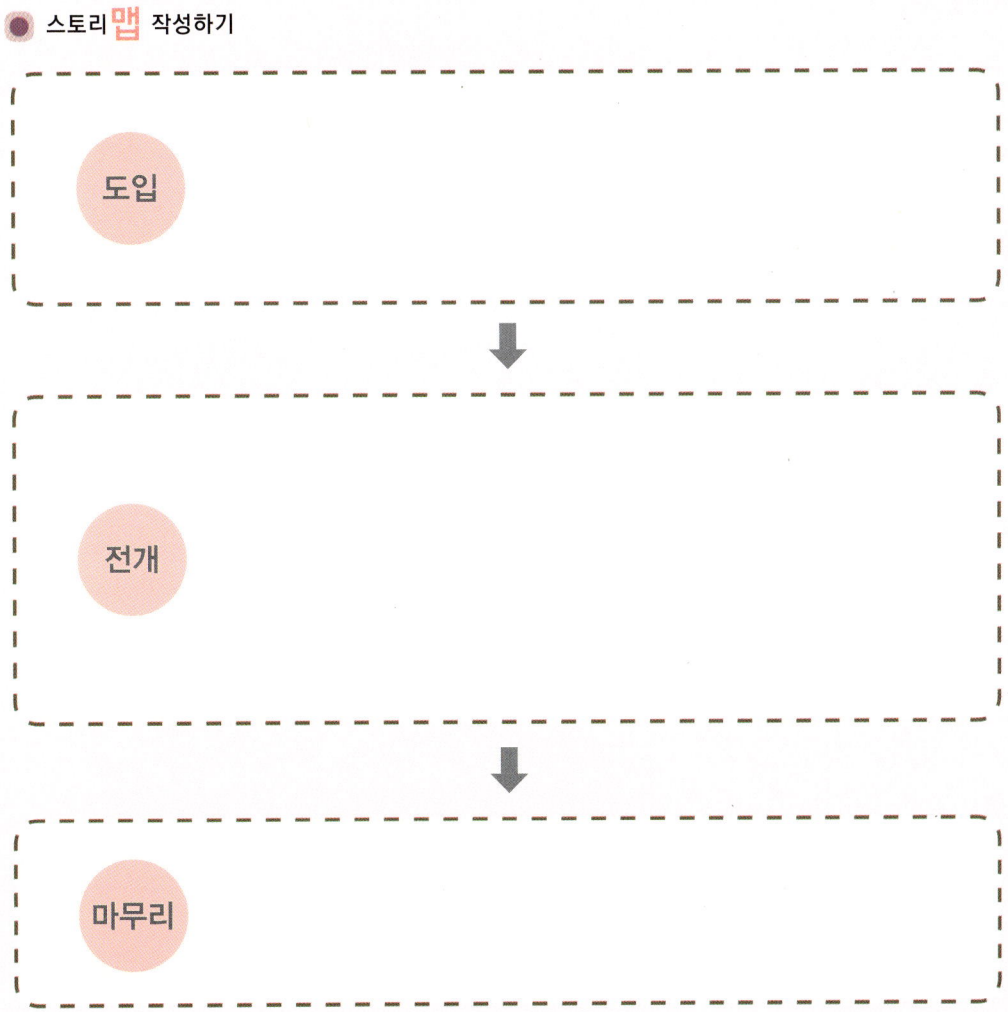

Day 3

정확성

학습목표
① '정확성'의 이해와 분석
② 예문과 함께 유용 패턴 익히기
③ 예시 답변을 통해 표현 공략법 익히기

'정확성'이란 발음, 어법 등의 정확성과 함께 정확한 답변 능력을 말합니다. 중국어에서 주의해야 할 어법에는 여러 가지가 있습니다. 그중 특히 사역, 처리, 비교, 조동사, 조사, 보어 등을 숙지하고, 답변 시 적절한 방식으로 정확하게 답변해야 합니다. 어법의 정확성뿐만 아니라 중국어의 특성상 발음과 성조에도 유의해야 하므로, 평소 낭독 연습이 많이 필요합니다. 그리고 답변 시 정확한 내용, 즉, 과제에 적합한 내용으로 답변을 구성해야 하며 일관성 있는 답변 태도도 중요합니다.

'정확성' 파악하기

1. 성조의 변화

- **'不'의 변화**

  실제 성조: 不冷不热, 天气很好。 춥지도 않고 덥지도 않아서 날씨가 매우 좋다.

  발음 성조: 不冷不热, 天气很好。

- **제3성의 변화**

  실제 성조: 我也很想去。 나도 매우 가고 싶다.

  발음 성조: 我也很想去。

  > 말하기에서는 성조를 정확히 해야 정확한 의미를 전달할 수 있습니다. 특히 제3성과 경성의 성조, 제1성과 '不'의 성조 변화를 정확히 표현해야 합니다.

2. 피동(被자문)과 처치(把자문)

- **피동(被자문)**

我的自行车被人拿。(✕)
→ 我的自行车被人**拿走**了。
   나의 자전거를 누군가 가져갔다.

- **처치(把자문)**

你把啤酒拿。(✕)
→ 你把啤酒**拿过来**。
   너는 맥주를 가져와라.

> 특수구문인 被자문과 把자문을 활용할 때는 여러 가지를 주의해야 합니다. 특히 술어 부분은 행위의 결과를 보충하거나 강조하므로, 동사/형용사가 단독으로 쓰일 수 없습니다. 술어 뒤에는 반드시 술어를 보충해 주는 +α 성분이 결합해야 합니다.

3. 이합사

- **见面**

我见面过他一次。(✕)
→ 我**见**过他一次**面**。
   나는 그를 한 번 만난 적이 있다.

- **睡觉**

我睡觉了三个小时。(✕)
→ 我**睡**了三个小时**觉**。
   나는 세 시간을 잤다.

> 이합사란 '동사+목적어'의 구조로 이루어진 동사를 말합니다. 대표적인 이합사로 '见面', '毕业', '帮忙', '谈话', '跳舞', '游泳', '聊天', '生气', '散步', '吵架', '睡觉' 등이 있습니다. 동량사나 시량사가 올 경우, 이합사의 글자 사이에 위치합니다.

4. 보어

- **가능보어**

你不能看得懂这本书吗?(✕)
→ 你**看不懂**这本书吗? 당신은 이 책을 보고 이해할 수 없나요?
   你**能**看得懂这本书吗? 당신은 이 책을 보고 이해할 수 있나요?

> 가능보어 앞에는 부정을 나타내는 조동사가 올 수 없고 반드시 가능보어의 부정형을 써야 합니다. 단, 긍정의 의미를 강조할 때는 긍정의 조동사 '能', '可以'를 추가할 수 있습니다.

- 시량보어

① 목적어가 인칭대사일 때

我等了三个小时你了。(×)
→ 我等你等了三个小时了。/ 我等了你三个小时了。
　나는 당신을 세 시간째 기다리고 있다.

② 목적어가 일반명사일 때

我等车等了一个小时了。/ 我等了一个小时的车了。
　나는 차를 한 시간째 기다리고 있다.

> 시량보어는 목적어가 인칭대사인지 일반명사인지에 따라 위치가 달라집니다. 위의 예문과 같이 목적어가 인칭대사일 경우 시량보어는 목적어 뒤에만 위치하고, 목적어가 일반명사일 경우 시량보어는 목적어의 앞뒤에 모두 위치할 수 있습니다.

5. 조동사

我一个小时会打一万字。(×)
→ 我一个小时能打一万字。
　나는 한 시간에 일만 타를 친다. [제한된 조건 아래에서의 능력을 나타내므로 '会'가 아니라 '能'을 써야 함]

我的牙不疼了，会吃饭了。(×)
→ 我的牙不疼了，能吃饭了。
　나의 이는 이제 아프지 않아서 밥을 먹을 수 있다. [치아의 회복으로 씹을 수 있음을 나타내므로 '会'가 아니라 '能'을 써야 함]

> 조동사 '会'와 '能'은 모두 능력을 나타내는 것으로, '~을 할 수 있다'라는 의미를 가집니다. '会'가 학습, 경험, 연습을 통해서 할 수 있게 된 능력, 즉, 습득하게 된 기술을 뜻한다면, '能'은 습득한 기술을 제한된 조건하에서 얼만큼 발휘할 수 있는지 나타내는 능력을 뜻합니다. 또한 '能'은 능력의 회복을 말할 수 있으나 '会'에는 이런 의미가 없습니다.

6. 조사 得, 地, 的

- 조사 得

他跑的很快。(×)
→ 他跑得很快。 그는 빨리 뛴다.

> '得'는 정도보어를 만드는 조사로, 술어(동사/형용사) 뒤에서 술어의 정도를 나타냅니다.

- 조사 地

  他们高高兴兴的玩儿了一天。(×)
  → 他们高高兴兴地玩儿了一天。 그들은 매우 기쁘게 하루를 놀았다.

  > '地'는 부사어를 만드는 조사입니다. 중국어에서 형용사는 본래 동사 앞에 위치하여 동사를 수식할 수 없습니다. 그러나 '형용사(중첩)+地'의 형태로 쓰여 부사어가 되면 동사 앞에 위치하여 수식할 수 있습니다. 이때 형용사가 1음절일 경우에는 '地'를 생략할 수 있지만, 2음절일 경우에는 생략할 수 없습니다.
  > 예 你要好好儿(地)学习。 너는 열심히 공부해야 한다.

- 조사 的

  他是我们公司的董事长。
  그는 우리 회사의 회장님이다.

  > '的'는 명사를 수식하며 한정어를 만듭니다.

고득점 공략 Point

1. **어휘와 어법을 정확하게 사용하라!**
   중국어는 성조뿐만 아니라 발음, 어법, 어휘의 정확성에도 주의해야 합니다.

2. **관련사의 사용을 주의하라!**
   문장과 문장을 연결하는 관련사의 정확성에 유의해야 합니다.

3. **내용의 일관성에 유의하라!**
   논리적인 답변을 요구하는 질문은 일관성에 더욱더 주의해야 합니다.

OPIc중국어 패턴공략 🎧 mp3_07

01 通常~   보통, 일반적으로

'通常'은 '보통', '일반적으로', '평상시'라는 의미로, '通常+규칙적인 행위나 상황'의 형태로 사용합니다. 동사구 앞에서 수식하기도 하고, 문두에 위치하여 문장 전체를 수식하기도 합니다.

- **通常**骑自行车去上班。
  보통 자전거를 타고 출근한다.

- **通常**我们单位每星期四开会。
  보통 우리 회사는 매주 목요일에 회의를 한다.

- **通常**都是八点上课。
  보통 8시에 수업을 한다.

- **通常**他凌晨一点钟睡觉。
  보통 그는 새벽 1시에 잠을 잔다.

02 把~   [목적어를 술어 앞으로 도치하는 개사]

把자문은 술어 뒤에 위치하는 목적어를 술어 앞으로 도치하여 술어의 처리(결과)를 강조하는 구문으로, '주어+把+목적어+술어(동사)+기타 성분'의 형태로 씁니다. 이때 목적어는 반드시 화자와 청자가 모두 알고 있는 특정적인 것이어야 합니다. 술어는 단독으로 쓸 수 없고 반드시 중첩된 형태로 쓰거나 술어 뒤에 방식이나 결과를 나타내는 방향보어, 결과보어, 동태조사 '了/着'와 같은 성분을 함께 써야 합니다. 부정부사, 시간부사, 조동사는 '把' 앞에 위치해야 하고, 把자문에는 감각(看见, 听见), 인지(知道, 认识, 觉得), 심리(喜欢, 生气)를 나타내는 동사는 술어로 쓸 수 없습니다.

- 我会**把**那件事处理好的。
  나는 그 일을 잘 처리할 수 있을 것이다.

- 他**把**我准备的菜都吃光了。
  그는 내가 준비한 요리를 다 먹었다.

- 你快**把**教室打扫一下。
  너는 빨리 교실을 청소해라.

- 老师**把**我带回教室。
  선생님은 나를 교실로 데리고 갔다.

03 被 [피동을 나타내는 개사]

'被'는 피동을 나타내는 개사로 '주어(객체)+被+행위자(술어의 주체)+술어+기타 성분'의 형태로 쓰여, '(주어)가 (행위자)에 의해 (술어)되다'라는 의미를 나타냅니다. 주어와 행위자(술어의 주체)는 청자와 화자가 모두 알고 있는 특정적인 것이어야 하는데, 이때 술어의 주체, 즉, 행위자가 불확실할 때는 '人'으로 대신하거나 생략하여 '주어+被+술어+기타 성분'으로 쓸 수 있습니다. 술어 뒤에는 방향보어, 결과보어, 동태조사 '了/过'와 같은 성분이 함께 쓰여야 합니다. 부정부사, 시간부사, 조동사는 '被' 앞에 위치합니다.

- 我的同学被他打了。
  나의 학우는 그에게 맞았다.
- 我刚买的电子词典被人偷走了。
  내가 막 산 전자사전을 누군가 훔쳐 갔다.
- 我的意见可能会被大家批评。
  나의 의견은 모두의 비평을 받을 것이다.
- 我被老师骂了一顿。
  나는 선생님께 한차례 꾸지람을 들었다.

04 对~来说 ~의 입장에서 말하자면

'对~来说'는 '~의 입장에서 말하자면', '~에게 있어서'라는 의미입니다. 일반적으로 '对+사람+来说'의 형태로 쓰고, 어떤 사람의 관점이나 판단에서 견해를 말할 때 사용합니다.

- 对我来说，他又是我的老师又是我的益友。
  나에게 있어서 그는 나의 선생님이자 나의 유익한 친구이다.
- 对大学生来说，这是个非常好的机会。
  대학생에게 이것은 굉장히 좋은 기회이다.
- 对他来说，这件事有点费劲儿。
  그에게 이 일은 조금 힘들다.
- 对年轻人来说，学好外语非常重要。
  젊은이에게 외국어를 마스터하는 것은 매우 중요하다.

OPIc중국어 실전공략

다음 질문에 아래와 같이 개요를 작성한 후, 말해 보세요.

Q. 在你的生活中，经历过什么有趣的或者让你吃惊的事情吗？请讲一讲你小时候的一次经历。

당신의 생활에서 재미있거나 놀라웠던 일이 있습니까? 당신이 어릴 적 겪었던 경험을 말해 보세요.

과제	어릴 적 경험 말하기
수행방법	소개하려는 어릴 적 경험에 대해 장소, 인물, 구체적 사건 등 자세하게 설명하기

● 스토리맵(Story Map)

도입 — 경험 시기 및 상황 언급하기
- 초등학교 때 집이 학교에서 그다지 멀지 않아서 자전거를 타고 학교에 다녔음

전개 — 구체적 경험 말하기
- 평상시처럼 자전거를 타고 학교에 감
- 학교에 도착하여 자전거 보관 후 수업하러 감
- 수업이 끝나고 자전거가 없어진 것을 발견함: 자전거를 도둑맞음
- 재빨리 담임선생님께 알림
- 선생님께서 경찰에 신고하고 엄마에게 전화를 걸어 주심
- 돌아오는 길에 움, 그 자전거는 엄마가 생일 선물로 준 것인데, 하나의 교통수단일 뿐 아니라 나의 친구였음

마무리 — 경험을 통한 깨달음 또는 감정 말하기
- 하나의 이치를 깨달음: 사건은 미연에 방지해야 함

실전공략 말하기 Tip

★ 아래 표현들을 활용하여 답변을 만들 수 있습니다.

기억하기로 ~때 보통 …하였습니다. [시기와 규칙적인 행위 설명]	记得~时，通常…
~을 발견했습니다! [새롭게 발견한 상황 설명]	发现~了！
이런! 나의 ~이 …되었습니다.	糟糕！我的~被…了！
어떻게 하지요? 나는 재빨리 ~하였습니다.	怎么办！我赶紧~
나에게 있어서 ~일 뿐만 아니라 …이기도 합니다.	对我来说，不只是~，而是…！
이번 경험으로 나는 이치를 깨달았는데 바로 ~입니다.	通过这次经历，我体会到一个道理，那就是~

IH공략 플러스 +

1. 물건을 잃어버린 것을 발견한 후의 행동 설명하기

so so! 我找班主任李老师，告诉他这个情况。后来老师帮我报了警，还给我妈打电话把我带回家。

up! 我赶紧找班主任李老师，告诉他具体的情况。老师说："你先不要着急，冷静一下。我会把这件事情处理好的。" 后来老师帮我报了警，还给我妈打电话让她把我带回家。

➡ 상황을 재현할 때 행위나 언어를 통한 표현법은 생동감을 불어넣어 줍니다. 선생님을 찾아간다고 할 때 '赶紧(재빨리)'과 같이 행동을 나타내는 단어를 추가하거나 직접적인 대화를 인용한 표현을 활용하면 생동감을 더할 수 있어서 좋습니다.

2. 물건이 자신에게 주는 의미나 가치 설명하기

so so! 那辆自行车是一个交通工具也是我的好朋友。

up! 那辆自行车对我来说，不只是一个交通工具，而是成了我的好朋友。

➡ 사물에 대한 묘사를 할 때는 그 사물이 나에게 주는 의미를 표현해 주면 좋습니다. '~对我来说(~는 나에게 있어서)'의 표현은 개인적인 관점을 나타낼 때 자주 활용할 수 있습니다. 사실이나 상황을 나열할 때는 '不只是~而是~(단지 ~일 뿐 아니라 ~이기도 하다)'와 같은 구문을 활용하면 good! good!

실전공략 따라잡기

다음 모범답안을 잘 읽어 보고 주요 표현을 익혀 보세요. 🔊 mp3_08

Q. 在你的生活中，经历过什么有趣的或者让你吃惊的事情吗？请讲一讲你小时候的一次经历。
당신의 생활에서 재미있거나 놀라웠던 일이 있습니까? 당신이 어릴 적 겪었던 경험을 말해 보세요.

记得上小学时，我家离学校不太远，所以**通常**骑自行车去学校。
〔패턴 01〕 通常: 보통, 일반적으로

那天我也和平时一样，早上骑着自行车去学校。到了学校**把**自行车存好以后就去教室上课。下课以后，**一**到存车处**就**发现我的自行车不见了！糟糕！我的
〔패턴 02〕 把+목적어+술어+α: (목적어)를 (술어+α)하다
一~就…: ~하자마자 …하다

自行车**被**人偷走了！我早上明明上了两道锁。那辆自行车是我妈送给我的生日礼
〔패턴 03〕 주어+被+행위자(술어의 주체)+술어+α: (주어)가 (행위자)에 의해 (술어+α)하다

物啊！怎么办！我赶紧找班主任李老师，告诉他具体的情况。老师说："你先不要着急，冷静一下。我会**把**这件事情处理好的。"后来老师帮我报了警，还给我妈打电话让她**把**我带回家。回家的路上我哭了。我**从来没**丢**过**东西，而且没被偷
从来没~过: 지금까지 ~한 적이 없다

过。虽然妈妈说再给我买一辆，可是新车代替不了那辆旧的。以前我到哪儿，它就跟我去哪儿。那辆自行车**对我来说**，**不只是**一个交通工具，**而是**成了我的好朋友！
〔패턴 04〕 对我来说: ~에게 있어서
不只是~, 而是…: ~일 뿐만 아니라 …이다

通过这次经历，我体会到一个道理，那就是应该**防患于未然**。
〔강조!〕 防患于未然: 사고나 재해를 미리 방지하다

发现 fāxiàn 발견하다 | 糟糕 zāogāo 이런, 아뿔사 | 偷 tōu 훔치다 | 赶紧 gǎnjǐn 서둘러, 재빨리 〔유의〕 赶快 gǎnkuài | 着急 zháojí 조급해 하다 | 冷静 lěngjìng 침착하다, 냉정하다 | 报警 bàojǐng 경찰에 신고하다 | 交通 jiāotōng 교통 | 工具 gōngjù 수단 | 道理 dàolǐ 도리, 이치 〔활용〕 体会到~道理 tǐhuì dào~dàolǐ ~한 이치를 깨닫다 [=懂得~道理 dǒngde~dàolǐ] | 防患(于)未然 fánghuàn (yú) wèirán (사고나 재해 등을) 미연에 방지하다

Mini OPIc

다음 질문에 대해 개요를 작성해 보고, 실제처럼 말해 보세요. mp3_09

Q. 给你提供一个情景：明天你打算跟朋友去郊游。可是听天气预报说，明天会下雨，不能去了。请给朋友打电话说明一下具体情况，并提议进行别的活动。
상황을 제공하겠습니다. 당신은 내일 친구와 교외로 놀러 갈 계획입니다. 그러나 일기예보에서 내일 비가 온다고 하여 갈 수 없게 되었습니다. 친구에게 전화를 걸어서 구체적인 상황을 설명하고 다른 활동을 제시하세요.

● 스토리 맵 작성하기

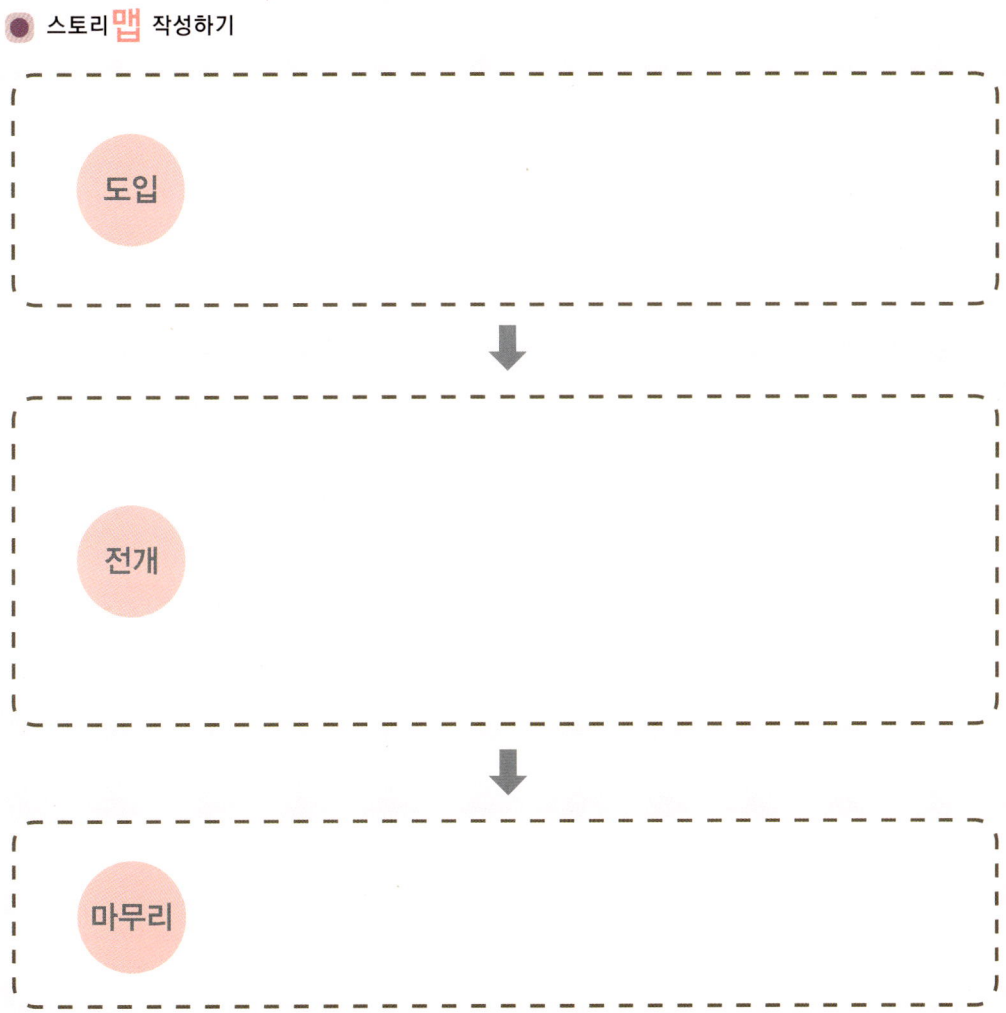

Day 4

구성 형태

학습목표
1. '구성 형태'의 이해와 분석
2. 예문과 함께 유용 패턴 익히기
3. 예시 답변을 통해 표현 공략법 익히기

'구성 형태'란 문제 유형에 따른 구성 형태, 즉, 답변에 있어서 정확한 문장 구성 능력을 말합니다. 어떤 유형이든 주어진 과제에 충실하게, 그리고 상황에 맞는 내용으로 문장을 구성해야만 고득점이 가능합니다. 또한 '도입-전개-마무리'의 순서로, 논리적으로 답변해야 합니다.

'구성 형태' 파악하기

1. 설명하기

과제: 휴가 방식 설명하기
구성 형태: 도입 – 주제와 상황 언급하기
　　　　　　 전개 – 구체적 방법 설명하기
　　　　　　 마무리 – 중심 생각이나 주제 표출하기

예 请介绍一下你们国家的度假方式。 당신 국가의 휴가 방식을 소개하세요.

> 도 입: 주제 언급
> ↓　　• 한국인들은 휴가 때 여행을 하거나 집에서 머묾
> 전 개: 휴가 방식에 대한 구체적 방법 설명
> ↓　　• 자가용을 이용하여 국내의 여러 명소를 여행함
> 　　　• 해외에 가서 이국적 경치를 감상하거나 문화 체험을 함
> 　　　• 집에서 휴식하며 체력을 회복하기도 함
> 마무리: 휴가 방식에 대한 개인적인 관점으로 내용 정리
> 　　　• 여행을 통해 마음을 수양하고 시야를 넓힐 수 있음
> 　　　• 휴식을 통해 에너지를 보충할 수 있음

2. 경험 말하기

과제: 휴가 경험 말하기
구성 형태: 도입 – 사건 제기 또는 시간·장소·인물 등 언급하기

전개 – 주제와 관련된 일, 중심 내용을 생동감 있고 구체적으로 표현하기
마무리 – 내용 정리, 인상·감정·깨달음 등 주제에 대한 개인적인 관점 언급하기

예 请说说，让你难忘的度假经历。 잊기 어려운 휴가 경험을 말해 보세요.

도 입: 소개하려는 휴가 경험에 대해 시간, 장소, 인물 등을 언급
- 작년 겨울 친구들과 일본에 감

전 개: 휴가 장소에서의 에피소드를 구체적으로 설명
- 일본에 가서 온천을 즐기려고 했으나 온천과 호텔이 예약이 되어 있지 않았음
- 일본어에 익숙지 않아 고생함
- 다행히 한국인 유학생을 만나서 그의 도움으로 다른 호텔에 묵을 수 있게 됨

마무리: 휴가를 통해 느낀 점으로 내용 정리
- 무슨 일이든지 반드시 철저히 준비하고 다시 한 번 확인해야 한다는 것을 깨달음

3. 상황 설명하기

과제: 주어진 상황의 이유 설명과 대안 제시하기

구성 형태: 도입 – 상황 설명하기
전개 – 구체적 이유 설명하기, 대안 제시하기
마무리 – 상대방에게 양해를 구한 후 대안 선택 유도하기

예 给你提供一个情景：你跟朋友约好了一起去旅游。可是听天气预报说，那天会下雨，所以去不了了，请你打个电话对朋友说明一下情况，并提议进行别的活动。
상황을 제공하겠습니다. 당신은 친구와 함께 여행을 가기로 했습니다. 그러나 일기예보에서 그날 비가 내린다고 해서 갈 수 없게 되었습니다. 전화를 걸어서 친구에게 상황을 설명하고 다른 활동을 제시해 보세요.

도 입: 여행을 못 가게 된 상황 설명
- 일기예보에서 비가 온다고 하여 여행을 못 가게 됨

전 개: 대안 제시
- 백화점 쇼핑
- 일본 애니메이션 영화 관람
- 집에서 피자를 먹으며 미국드라마 보기

마무리: 양해 구함, 대안 선택 유도
- 많이 아쉽지만 이해해 주고 결정되면 전화로 알려 주기 바람

고득점 공략 Point

1. 도입(머리), 전개(몸통), 마무리(꼬리)를 기억하라!
도입, 전개, 마무리의 답변 형태를 갖추고, 좀 더 구체적으로 구술하여 답변을 보다 풍부하게 만들어야 합니다.

2. 순서에 주의하라!
구성 시 시간적, 공간적, 논리적 순서에 유의하여 답변해야 합니다.

OPIc중국어 패턴공략 🎧 mp3_10

01 记得~   기억하기로 ~하다

'记得'는 과거의 경험이나 사건에 대해 말할 때 자주 사용합니다. 주로 '记得+시간/때'의 형태로 쓰여 '기억하기로 ~하다', '~라고 기억하고 있다'라는 의미를 나타냅니다. 부정형 '기억하지 못하고 있다'는 '不记得'라고 표현합니다.

- 我记得小时候，爸爸常带我去看足球比赛。
  내가 기억하기로 어릴 적에 아버지는 자주 나를 데리고 축구 경기를 보러 가셨다.

- 我不记得那件事是什么时候发生的。
  나는 그 일이 언제 발생했는지 기억하지 못한다.

- 我还记得老师对我多么好。
  나는 선생님이 나에게 얼마나 잘해 주셨는지 아직도 기억한다.

- 我不记得那次出差是什么时候去的。
  나는 그때 출장이 언제 갔던 것인지 기억하지 못한다.

02 终于~   마침내, 결국

'终于'는 희망하는 일이 실현되었거나 이루어졌음을 나타냅니다. 경험 말하기에서 실현된 일을 설명할 때 자주 사용하며 '终于+실현되거나 이루어진 일'의 형태로 사용합니다.

- 这次考试终于及格了。
  이번 시험에 드디어 합격을 했다.

- 经过一个月的努力，我终于学会了游泳。
  한 달간의 노력으로 나는 드디어 수영을 (배워서) 할 수 있게 되었다.

- 等了很久，他终于到了。
  한참을 기다리자 그가 드디어 왔다.

- 我终于把问题解决了。
  나는 드디어 문제를 해결했다.

03 别提多~了   얼마나 ~한지 말도 마라

'别提多~了'는 정도가 심함을 나타내는 표현으로, 과장의 어기를 내포하고 있습니다. '别提~了'는 '말도 꺼내지 마라'라는 의미이고 '多'는 감탄의 어기로 '얼마나'라는 의미를 가지므로, '别提多~了'는 '얼마나 ~한지 말도 마라', '더할 나위 없이 ~하다', '말할 필요도 없이 ~하다'라는 의미를 나타냅니다. 주로 '别提多+감정을 나타내는 동사/형용사+了'의 형태로 쓰며, 기쁨·행복·슬픔 등의 감정을 과장되게 표현할 때 사용합니다.

- 听说他拿了奖学金，爸爸别提多高兴了。
  듣자 하니 그가 장학금을 타서 아빠가 더할 나위 없이 기뻐하셨다고 한다.

- 他说今天不能去，我别提多伤心了。
  그는 오늘 갈 수 없다고 한다. 내가 얼마나 상처받았는지 말도 마라.

- 那里的风景，别提多美了。
  그곳의 풍경이 얼마나 아름다운지 말도 마라.

- 他给我介绍的那个人，别提多漂亮了。
  그가 나에게 소개해 준 그 사람은 얼마나 예쁜지 말도 마라.

> **Tip** 别提多~了
> '别提多~了'에서 '了'는 생략할 수 없습니다. 반드시 문미에 '了'가 와야 함에 주의하세요.

04 ~记忆犹新   기억을 새롭게 하다

'记忆'는 '기억', '犹'는 '아직도', '新'은 '새롭다'라는 의미입니다. 주로 '경험한 사건+记忆犹新' 또는 '경험한 사건+让我记忆犹新'의 형태로 사용합니다. 문장 구성 시 도입부에서 사건을 언급하거나 결론에서 마무리할 때 사용합니다.

- 直到现在仍然记忆犹新。
  지금까지 여전히 기억이 새롭다.

- 经历过的许多事情中，有一件事让我记忆犹新。
  많은 일들을 겪어 봤지만 한 가지가 나의 기억을 새롭게 한다.

- 那件事让我记忆犹新。
  그 일은 나의 기억을 새롭게 한다.

- 我和他一起度过的时光让我记忆犹新。
  나와 그가 함께 보낸 시간이 나의 기억을 새롭게 한다.

OPIc중국어 실전공략

다음 질문에 아래와 같이 개요를 작성한 후, 말해 보세요.

Q. 根据调查显示，你喜欢旅行。第一次旅行是去哪儿？跟谁一起去的？干了些什么？请你说说你的旅行经历。

조사에서 당신은 여행을 좋아한다고 했습니다. 처음 여행은 어디로 갔나요? 누구와 갔나요? 무엇을 했습니까? 당신의 여행 경험을 말해 보세요.

과제	첫 여행 경험 말하기
수행방법	첫 여행의 경험에 관해 장소, 인물, 사건 등을 자세히 설명하기

● 스토리 맵(Story Map)

도입 — 여행 장소 및 인물 등 언급하기
- 아직도 어릴 적 첫 여행 경험을 잊지 못함

전개 — 경험을 구체적으로 설명하기
- 7살 여름, 아버지가 가족들을 데리고 동해 바다로 놀러 감
- 아침 8시에 아버지의 차를 타고 출발함
- 중간에 고속도로 휴게소에서 20분 정도 쉼
- 오후 1시에 겨우 호텔에 도착함
- 처음 보는 바다가 매우 아름다워서, 뛰어가서 발을 담그고 손으로 물을 떠 봄
- 호텔에서 잠시 쉰 후 아버지를 따라 낚시를 감
- 저녁에 내가 잡은 고기로 엄마가 탕을 끓여 주심. 진짜 맛있었음

마무리 — 경험을 통한 깨달음이나 감정 말하기
- 파란 하늘 아래 가족들의 웃음소리와 파도의 합창 속에서 시간을 보냈음
- 첫 여행 경험이 늘 기억을 새롭게 함

실전공략 말하기 Tip

★ 아래 표현들을 활용하여 답변을 만들 수 있습니다.

저는 아직도 ~때의 첫 …경험을 기억합니다. ·········· 我现在还记得~时候第一次…的经历。
저는 ~을 보자마자 바로 …했습니다. ·································· 我一看到~就…
그것은 제가 처음으로 ~한 것이었습니다. ···································· 那是我第一次~
그 다음 ~를 따라 함께 …을 했습니다. ······························ 然后就跟着~一起…
저의 첫 여행은 ~속에서 보냈습니다. ························ 我的第一次旅行就是~中度过的。

IH공략 플러스 +

1. 바다를 본 경험 말하기

so so! 我一看到海就跑过去了。多兴奋啊！

up! 我一看到大海马上就跑过去, 把脚伸进海水中, 用手捧着海水。别提多兴奋了。

➡ 경험을 말할 때는 생동감 있는 묘사가 필요합니다. 바다를 본 후의 행동을 좀 더 생동감 있게 묘사해 주면 아주 good!입니다. 또한 감탄을 나타내는 표현은 '多~啊(얼마나 ~한가)'뿐만 아니라 '别提多~了(얼마나 ~한지 말도 마라)'도 있으니 기억하세요!

2. 여행의 즐거움에 대한 감상 말하기

so so! 我的第一次旅行就是幸福和快乐中度过的。

up! 我的第一次旅行就是在蓝蓝的天空下, 还有在家人的欢笑声和海浪声的合奏中度过的。

➡ 여행의 즐거움을 좀 더 상상력을 발휘해서 표현해 보세요. 행복과 즐거움을 구체적으로 나타낼 수 있다면 생동감 있는 표현이 가능해집니다.

실전공략 따라잡기

다음 모범답안을 잘 읽어 보고 주요 표현을 익혀 보세요. 🎧 mp3_11

Q. 根据调查显示，你喜欢旅行。第一次旅行是去哪儿？跟谁一起去的？干了些什么？请你说说你的旅行经历。
조사에서 당신은 여행을 좋아한다고 했습니다. 처음 여행은 어디로 갔나요? 누구와 갔나요? 무엇을 했습니까? 당신의 여행 경험을 말해 보세요.

패턴 01
我现在还<u>记得</u>小时候第一次去旅行的经历。
기억하기도 ~하다

那是我7岁的时候，记得是那年夏天，爸爸带我们一家人去东海边玩儿。早晨8点全家人坐上爸爸的车出发了。<u>因为</u>要去的酒店<u>有点</u>远，<u>所以</u>我们在途中的高速公
有点(儿)+형 좀 ~하다: 부정·불만의 어투를 나타냄
因为~, 所以… ~이기 때문에 …하다

路休息站休息了20分钟，吃了一点儿零食，喝了杯咖啡以后就又出发了，下午一点

패턴 02
才<u>终于</u>到了酒店。下车以后我的眼前是一片蔚蓝的大海。我<u>一</u>看到大海马上<u>就</u>跑过
마침내, 결국
一~就… ~하자마자 …하다

去，<u>把脚伸进</u>海水中，用手捧着海水，<u>别提多</u>兴奋<u>了</u>。那是我第一次看到大海。我
把+목적어+술어+α(방향보어)
패턴 03
얼마나 ~한지 말도 마라

们<u>把行李放下</u>，休息了一会儿。然后就跟着爸爸一起坐上船去钓鱼了。<u>虽然</u>有点晕
把+목적어+술어+α(방향보어)

船，<u>不过</u>真的很有意思。晚上妈妈用我钓到的鱼做了鱼汤。<u>可好吃了</u>！
虽然~, 不过(但是, 可是)… 비록 ~이지만 ~하다
可~了! 정말 ~하구나! 강조의 표현

我的第一次旅行就是<u>在</u>蓝蓝的天空<u>下</u>，还有<u>在</u>家人的欢笑声和海浪声的合奏<u>中</u>
在~下 (범위나 상황의) 아래에서
在~中 (범위 내) ~의 가운데서

패턴 04
度过的。那次旅行经历让我一直<u>记忆犹新</u>。
기억을 새롭게 하다

全家人 quánjiārén 온 가족 | **蔚蓝** wèilán 쪽빛, 짙은 남색 | **伸** shēn 펴다, 펼치다 | **捧** pěng 두 손으로 움켜 뜨다, 받쳐 들다 | **兴奋** xīngfèn 흥분하다, 감격하다 | **钓鱼** diàoyú 낚시하다 | **晕船** yùnchuán 뱃멀미하다 [활용] **晕车** yùnchē 차멀미하다 | **海浪** hǎilàng 파도 | **合奏** hézòu 합주하다 | **度过** dùguò 보내다, 지내다 [활용] **度过日子** dùguò rìzi 날을 보내다 [활용] **度过时光** dùguò shíguāng 시간(시절)을 보내다 [활용] **度过节日** dùguò jiérì 명절을 보내다

Mini OPIc

다음 질문에 대해 개요를 작성해 보고, 실제처럼 말해 보세요.

Q. 根据调查显示，你喜欢看书。请说一说你的读书习惯：一般在哪儿看书？什么时候看？喜欢看什么书？

조사에서 당신은 책 보는 것을 좋아한다고 했습니다. 당신의 독서 습관을 말해 주세요. 보통 어디에서 책을 보나요? 언제 보나요? 무슨 책을 보는 것을 좋아하나요?

● 스토리맵 작성하기

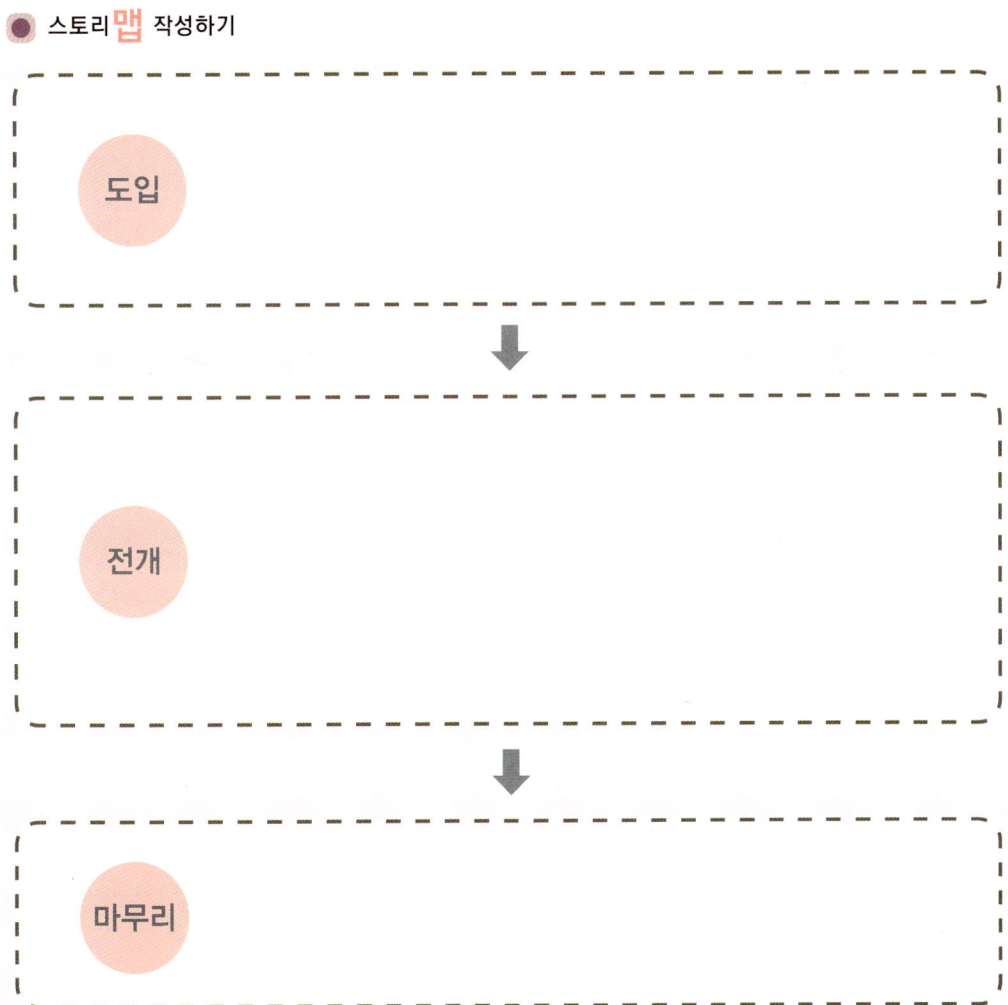

失败是成功之母。

실패는 성공의 어머니이다.

제2부
유형별 공략

- **Day 5** 묘사
- **Day 6** 경험과 설명
- **Day 7** 비교와 대조
- **Day 8** 롤플레이
- **Day 9** 콤보

Day 5

묘사

학습목표
❶ 자주 사용되는 묘사의 표현 방법 익히기
❷ 예문과 함께 유용 패턴 익히기
❸ 예시 답변을 통해 표현 공략법 익히기

OPIc 답변 시 사용될 수 있는 여러 표현 방식 중에서 묘사는 가장 많이 사용되는 방법 중 하나입니다. 묘사의 대상 범위는 크게 인물(가족, 친구, 직장 동료, 선생님, 학우, 이웃 등), 사물(과학 상품), 동물(애완동물), 건축물(집, 직장, 학교), 장소(여행지, 출장지) 등으로 나눌 수 있습니다. 각각 대상에 알맞은 묘사 범위를 선택하여 구체적이고 생동감 있게 묘사해야 합니다.

'묘사' 파악하기

1. 인물 묘사하기

과제: 기억에 남는 선생님 묘사하기
기능 수행 방법: 외모, 행위, 언어, 심리, 느낌을 이용하여 생동감 있게 묘사하기

> 예 对你来说印象最深的老师是谁？他长得怎么样？请描述一下。
> 당신에게 있어서 가장 인상 깊은 선생님은 누구인가요? 그는 어떻게 생겼나요? 묘사해 보세요.

도 입:	묘사 대상 소개
↓	• 중학교 때의 영어 선생님이 가장 인상 깊음
	• 학생들이 모두 그녀를 좋아함
전 개:	대상의 특징 묘사
↓	• 외모 - 까만 눈에 하얀 피부를 가짐, 항상 미소를 띠고 있음
	• 행위 - 수업 시간에 늘 학생들을 배려함, 수업이 끝나도 학생들과 대화 나누는 것을 좋아함
	• 언어 - 늘 먼저 다가와서 "무슨 일 있으면 언제든 찾아오렴." 이라고 웃으며 얘기함
마무리:	묘사 대상에 대한 생각이나 느낌
	• 선생님의 말씀을 듣고 있으면 모든 고민이 사라지고 기분이 좋아짐
	• 선생님은 나의 선생님이자 좋은 친구이기도 함
	• 나는 영원히 그 선생님을 잊지 못할 것임

2. 사물 묘사하기

과제: 자주 사용하는 과학 상품 묘사하기
기능 수행 방법: 외관상의 특징이나 기능 등 사물의 특징을 구체적으로 묘사하기

> 你常用什么科技产品? 请说一说你最常用的科技产品。
> 당신은 어떤 과학 상품을 자주 사용하나요? 당신이 가장 자주 사용하는 과학 상품을 말해 보세요.

도 입: 묘사 대상 소개
- 나는 새로운 물건이 나오면 써 보는 것을 좋아함
- 요즘은 스마트폰을 사용하고 있음

전 개: 대상의 특징 묘사
- 외관 - 이전에 쓰던 것보다 화면이 크고 가벼움
- 기능 - 손으로 화면을 터치하여 조작함 ; 터치 방식으로 입력이 가능함
   마치 작은 컴퓨터 같음
   무선인터넷을 사용할 수 있음
   이동성이 편리; 언제 어디서든 이용 가능

마무리: 묘사 대상에 대한 생각이나 느낌
- 스마트폰은 이미 내 생활의 일부가 되었음

3. 동물 묘사하기

과제: 애완동물 묘사하기
기능 수행 방법: 특성, 색깔, 털, 신체 구조, 습성 등 특징과 습성을 묘사하기

> 根据调查显示，你养宠物。你的宠物长得怎么样？请描述一下你的宠物。
> 조사에서 당신은 애완동물을 키운다고 했습니다. 당신의 애완동물은 어떻게 생겼나요? 당신의 애완동물을 묘사해 보세요.

도 입: 묘사 대상 소개
- 많은 사람들이 애완동물을 기름
- 그중 나는 개를 가장 좋아함

전 개: 대상의 특징 묘사
- 종류 - 리트리버
- 외모 - 몸집이 매우 큼, 털은 황갈색이고 다리와 꼬리가 김, 늘 미소를 띠고 있음
- 성격 - 사람을 잘 따르고 온순함
- 양육기간 - 키운 지 5년 되었음
- 기타 - 5년 동안 매일 저녁 개를 데리고 공원에 산책을 감
   이 개는 우리 집 식구들을 모두 좋아함, 특히 나를 잘 따름

마무리: 묘사 대상에 대한 생각이나 느낌
- 우리 집 개는 이미 우리 가족의 한 구성원이 되었음, 이 개로 인해 집에 항상 웃음소리가 나고 행복함

4. 건축물 묘사하기

과제: 사무실 묘사하기

기능 수행 방법: 세부적 구조와 형상, 방위, 색깔, 느낌 등을 순서대로 묘사하기

예) 你在哪儿工作？你的工作环境怎么样？请说一说你的工作环境。
당신은 어디에서 일하나요? 당신의 업무 환경은 어떤가요? 당신의 업무 환경을 말해 보세요.

도 입: 묘사 대상 소개
- 나는 강남의 한 전자회사에서 일함
- 사무실은 15층임

전 개: 대상의 특징 묘사
- 사무실 - 사무실이 매우 큼, 직원이 50명쯤 됨
  문을 열고 들어서면 많은 책상들이 줄지어 있음
  내 책상은 중간쯤에 위치함, 책상 옆에는 복사기와 팩스가 놓여 있어서 매우 편리함
- 시설(회의실, 휴게실) - 사무실 오른쪽에는 방이 3개 있는데 두 개는 회의실이고 하나는 휴게실임
  회의실 - 회의실 안에는 큰 원탁 책상이 있고 빔이 설치되어 있음
  휴게실 - 휴게실은 우리의 피난처임
  휴게실 안에는 냉장고와 큰 소파가 있음
  점심시간에 직원들이 자주 소파에서 수다를 떨거나 음료수를 마심

마무리: 묘사 대상에 대한 생각이나 느낌
- 회사의 업무 환경이 매우 편리함, 나의 업무 환경에 대해 매우 만족함

5. 장소 묘사하기

과제: 여행지 묘사하기

기능 수행 방법: 장소가 주는 느낌과 의미를 묘사하기

예) 你一般去哪儿度假？国内还是国外？请介绍一下你喜欢去的旅游景点。
당신은 보통 어디에서 휴가를 보내나요? 국내인가요, 국외인가요? 당신이 좋아하는 여행지를 소개해 보세요.

도 입: 묘사 대상 소개
- 나는 평소에 바닷가에 가는 것을 좋아함
- 우리나라 바닷가는 매우 아름다움
- 부모님과 갔던 부산 바닷가가 아직도 기억에 남음

전 개: 대상의 특징 묘사
- 그때 본 파란 하늘과 쪽빛 바다가 나의 마음을 흥분시킴
- 출렁이는 파도가 노래를 하는 것 같고 고운 모래는 마치 하얀 소금을 깔아 놓은 듯함
- 그림 같은 풍경이 넋을 잃게 함
- 저녁에 별이 가득한 하늘과 달빛이 비추는 바다는 마치 잠을 자는 것 같음

마무리: 묘사 대상에 대한 생각이나 느낌
- 낮에 보는 부산 해운대의 푸른 바다와 출렁이는 파도 소리, 그리고 저녁 때 달빛 아래 울리는 바다의 자장가를 잊지 못할 것임

고득점 공략 Point

1. 인물, 동물, 사물, 건축물, 장소와 관련된 문제의 답변을 준비하라!
자신과 관련된 주변 인물 및 동물, 자주 가는 건물이나 장소 등을 잘 살펴서 충분한 준비를 해야 합니다.

2. 묘사 방법들을 잘 기억하고 적절하게 대응하라!
답변 시 여러 가지 묘사 표현 방법을 적절하게 사용해야 합니다.

3. 생동감 있는 표현 다양하게 활용하기!
주변의 묘사 대상과 관련하여 생동감 넘치는 표현들을 모아서 미리 암기해 보세요.

OPIc중국어 패턴공략 🎧 mp3_13

01 长得~ 생김새가 ~하다

'长得'는 '长得+구체적인 용모'의 형태로 쓰여 '생김새가 ~하다', '~하게 생기다'라는 의미를 나타냅니다. '성장하다, 자라다'라는 뜻의 '长'에 정도보어를 만드는 조사 '得'가 결합되어서 얼굴이나 몸매 등의 생김새를 구체적으로 표현하는 구문입니다.

- 他长得又高又壮。
  그는 키도 크고 몸도 건장하다.

- 我们公司的金部长长得像一只猫。
  우리 회사의 김 부장님은 고양이처럼 생겼다.

- 他长得真帅啊!
  그는 정말 잘생겼다.

- 昨天他给我介绍的那个人长得很丑。
  어제 그가 나에게 소개해 준 그 사람은 못생겼다.

> **Tip** '长'의 다양한 발음
> '长得'의 '长'은 'cháng'이 아닌, 'zhǎng'으로 발음해야 합니다.

02 像~一样 마치 ~같다

'像~一样'은 비유나 추측을 할 때 사용하는 구문으로, 주로 '像+비유 대상+一样+구체적 비유'의 형태로 씁니다. '像' 앞에 정도보어를 만드는 조사 '得'를 이용하여 '~得+像+비유 대상+一样+구체적 비유'의 형태로 쓰기도 합니다.

- 他像明星一样，个子又高，身材又棒!
  그는 스타와 같이 키도 크고 몸매도 끝내준다.

- 他像美国人一样不愿意干涉别人的私事。
  그는 미국인처럼 다른 사람의 사적인 일을 간섭하기 원하지 않는다.

- 他的汉语说得像中国人一样好。
  그는 중국어를 중국인같이 잘한다.

- 他长得像娃娃一样可爱。
  그는 생긴 것이 인형처럼 귀엽다.

> **Tip** 인물 묘사 시, '像~一样'의 패턴을 활용하여 대상의 외모나 성격을 비유적으로 표현해 보세요.

03 给人~的感觉　사람에게 ~한 느낌을 주다

'给人~的感觉'는 인물 또는 사물의 특징이 사람에게 주는 느낌을 전달할 때 사용하는 구문입니다. 일반적으로 '给人+구체적 느낌+的感觉'의 형태로 사용되고, '给人的感觉~'의 형태로도 사용할 수 있습니다.

- 给人和蔼可亲的感觉。
  사람에게 상냥하고 친근한 느낌을 준다.
- 给人一种很善良的感觉。
  사람에게 착한 느낌을 준다.
- 给人的感觉很不顺眼。
  사람에게 주는 느낌이 매우 불쾌하다.
- 给人的感觉很美。
  사람에게 주는 느낌이 굉장히 아름답다.

04 对~　~에게

'对'는 사람과 사람 사이의 관계를 나타낼 때 자주 쓰는 구문으로, 인물 묘사에서 화자와의 관계를 나타낼 때 자주 활용할 수 있습니다. 일반적으로 '주어+对+관련 인물+태도/감정'의 형태로 사용됩니다.

- 同事们对他非常信任。
  동료들은 그를 굉장히 신임한다.
- 他对别人非常热情。
  그는 사람들에게 굉장히 따뜻하다.
- 你对他好，他也会对你好的。
  당신이 그에게 잘하면, 그도 당신에게 잘 대할 것이다.
- 我的男朋友对我很不好。
  나의 남자 친구는 나에게 잘 대하지 않는다.

> **Tip** 태도나 감정과 관련하여 '好', '热情', '信任', '一点意见' 등의 단어들을 사용할 수 있습니다.

OPIc중국어 실전공략

다음 질문에 아래와 같이 개요를 작성한 후, 말해 보세요.

Q. 根据调查显示，你是一名公司职员。请你介绍一下你的一位同事。他长得怎么样？性格好不好？有着怎样的魅力？

조사에서 당신은 회사원이라고 했습니다. 저에게 당신의 동료를 소개해 주세요. 그는 어떻게 생겼나요? 성격은 어떤가요? 어떤 매력이 있습니까?

과제	직장 동료 묘사하기
수행방법	직장 동료의 외모, 성격 등을 구체적이고 자세하게 묘사하기

● 스토리 맵(Story Map)

도입 — 묘사 대상 말하기
- 나의 새 동료
- 회사에 온 지 얼마 안 됨

전개 — 구체적으로 묘사하기
- 외모: 키가 커서 마치 모델 같음, 늘 친절한 느낌을 주는 미소를 띰, 목소리도 좋아서 여직원에게 인기가 있음
- 능력: 외국어에 천부적 소질이 있음, 5개 국어를 함, 외국어가 필요한 일은 모두 그가 도맡음
- 성격: 미국에서 자랐는데 성격도 마치 미국인처럼 자아가 비교적 강함
- 업무: 업무 능력이 매우 뛰어남

마무리 — 인물에 대한 느낌 말하기
- 비록 아직 서로 잘 이해하진 못하지만 진심으로 대하면 좋은 친구가 될 것임

실전공략 말하기 Tip

★ 아래 표현들을 활용하여 답변을 만들 수 있습니다.

생김새가(성격이) 마치 ~같습니다.	长得(性格)像~一样。
늘 ~해서 사람들에게 …한 느낌을 줍니다.	总是~，给人…的感觉。
매우 ~해서 …에게 인기가 많습니다.	很~，所以很受…的欢迎。
내 생각에는 ~이 매우 중요합니다.	我觉得~很重要。
언젠가는 ~할 것입니다.	总有一天会~的。

IH공략 플러스 +

1. 인물의 표정이나 태도, 그에 대한 느낌 묘사하기

so so! 他总是笑眯眯的，给人的感觉很好。

up! 他跟我们说话时脸上总是带着微笑，给人一种和蔼可亲的感觉。

➡ '笑眯眯'라는 어휘도 훌륭하지만 좀 더 구체적으로 표현하면 더욱 생동감 있는 표현이 됩니다. 사람에 대한 감정을 말할 때 '和蔼可亲'과 같은 성어를 이용하면 good!

2. 직장 생활의 중요 요소에 대한 관점 말하기

so so! 我觉得不但工作环境很重要而且同事之间关系也很重要。

up! 我觉得适应公司的环境，还有怎样和同事相处也同样很重要。

➡ 좀 더 다양한 표현을 시도해 보세요. '适应~环境(환경에 적응하다)', '和~相处(~와 함께 사이좋게 지내다)'와 같은 구문을 이용하면 좀 더 좋은 문장을 만들 수 있습니다.

실전공략 따라잡기

다음 모범답안을 잘 읽어 보고 주요 표현을 익혀 보세요. 🎧 mp3_14

Q. 根据调查显示，你是一名公司职员。请你介绍一下你的一位同事。他长得怎么样？性格好不好？有着怎样的魅力？
조사에서 당신은 회사원이라고 했습니다. 저에게 당신의 동료를 소개해 주세요. 그는 어떻게 생겼나요? 성격은 어떤가요? 어떤 매력이 있습니까?

他是我的新同事，刚来公司不久。

他个子很高，有一米八，<u>像模特儿一样</u>【패턴 02】(마치 ~같다)，但脸却很小，<u>长得像娃娃一样</u>【패턴 01】(생김새가 ~하다)。他跟我们说话时脸上总是带着微笑，<u>给人一种和蔼可亲的感觉</u>【패턴 03】(상대에게 ~한 느낌을 주다)。他很有魅力，而且声音很有磁性，所以很<u>受</u>女职员们<u>的欢迎</u>(受~的欢迎 ~의 인기를 얻다, ~에게 인기가 좋다)。他很有外语天赋，会说五种语言：英语，日语，法语，汉语，甚至还会说西班牙语。所以<u>在</u>工作<u>上</u>(在~上 (범위나 방면)에서)需要用外语的业务都是<u>由他来处理</u>(由+동작의 주체+来+동작 (주체)가 (동작)하다)。听说他从小在美国长大，所以性格也<u>像美国人一样</u>，比较自我。他不在乎别人怎么看他，<u>只要</u>自己表现好<u>就</u>行(只要~, 就… ~이면 ~이다)。虽然他的工作能力比较强，可是我觉得适应公司的环境，还有怎样<u>和</u>同事<u>相处</u>(和~相处 ~와 잘 지내다)也同样很重要。<u>虽然</u>现在我们还不太了解对方，<u>但</u>(虽然~, 但(是)… 비록 ~이지만 …하다)我觉得真诚地和他相处，<u>对他</u>好(~에게)，慢慢地互相了解以后，<u>总有一天</u>(언젠가는)我们<u>会</u>成为好朋友<u>的</u>【패턴 04】(会~的 ~할 것이다)！

模特儿 mótèr 모델 | **微笑** wēixiào 미소 활용 **常挂着微笑** cháng guà zhe wēixiào 늘 미소를 짓다 활용 **面带微笑** miàn dài wēixiào 얼굴에 미소를 머금다 활용 **脸上挂着微笑** liǎnshang guà zhe wēixiào 얼굴에 미소를 띠다 | **和蔼可亲** hé'ǎi kěqīn 상냥하고 친절하다 | **魅力** mèilì 매력 활용 **很有魅力** hěn yǒu mèilì 매우 매력이 있다 | **天赋** tiānfù 천부적이다 | **表现** biǎoxiàn 표현하다 | **欢迎** huānyíng 환영하다, 즐겁게 받아들이다 | **不在乎** búzàihu 염두에 두지 않다 | **真诚** zhēnchéng 진실하다 | **相处** xiāngchǔ 함께 지내다

Mini OPIc

다음 질문에 대해 개요를 작성해 보고, 실제처럼 말해 보세요. 🎧 mp3_15

Q. 我养猫。为了解我的情况，请你向我问3~4个问题。
저는 고양이를 키웁니다. 저에게 3~4가지의 질문을 해서 저의 상황을 알아보세요.

● 스토리맵 작성하기

도입

전개

마무리

Day 6

경험과 설명

학습목표
1. 경험과 설명의 유형 파악하기
2. 예문과 함께 유용 패턴 익히기
3. 예시 답변을 통해 표현 공략법 익히기

OPIc에서 경험과 관련된 문제들이 빈번히 출제됩니다. 처음 경험, 잊지 못할 경험, 특이한 경험, 재미있는 경험, 놀라운 경험 등 생활에서 발생할 수 있는 여러 가지의 경험 말하기를 요구하는 문제들입니다. 경험을 말할 때 가장 중요한 것은 구성 형태입니다. 더불어 풍부하고 생동감 있는 재현이 필요합니다. 또한 설명 방식에 있어서는 반드시 상황에 따른 관점을 인용, 예시, 분류, 비교 등의 말하기 기법을 통해 순차적이고 논리적으로 설명해야 합니다.

'경험과 설명' 파악하기

1. 경험 관련

과제: 잊지 못할 경험 말하기

기능 수행 방법: '도입-전개-마무리'의 구성에 주의하며 구체적이고 풍부하게 표현하기

예 在你的生活中有难以忘记的事情吗？请讲一讲生活中有趣的或者吃惊的经历。
당신의 생활에서 잊지 못할 일이 있었나요? 생활 중 재미있거나 놀랐던 경험을 말해 보세요.

도 입: 소개할 경험 언급
- 내가 겪었던 많은 일 중 한 가지를 잊지 못함

전 개: 경험을 구체적으로 생동감 있게 표현
- 7살 때 부모님과 부모님의 친구 가족들이 바닷가로 함께 놀러 감
- 텐트를 치고 짐을 푼 후 나와 아이들이 함께 수영을 하러 감
- 놀다 보니 혼자 있게 되었음
- 한참을 헤매다가 부모님을 발견하고는 크게 한바탕 울었음

마무리: 소개한 경험에 대한 느낌, 그로 인한 깨달음
- 그때 부모님을 못 찾았다면 지금쯤 어떻게 되어 있을지 상상하면 무서움
- 여행 시 항상 주위를 살피고 가족과 멀리 떨어지지 말아야 한다는 것을 깨달음

2. 설명 관련

과제: 취미의 장점에 대해 설명하기

기능 수행 방법: 순차적이고 논리적인 구성을 갖추어 표현하기

 调查中显示，你喜欢跳舞。跳舞对身体有什么好处？请详细地说明一下。
조사에서 당신은 춤을 좋아한다고 했습니다. 춤은 몸에 어떤 좋은 점이 있나요? 자세히 말해 보세요.

도 입: **주제 언급**
↓
- 나는 춤을 정말 좋아함, 탱고·재즈…… 등 모두 좋아함
- 내가 생각하는 춤의 장점은 다음과 같음

전 개: **춤의 장점 설명**
↓
- 첫째, 유연성이 높아지고 혈액순환이 잘되며 살이 찌지 않음
- 둘째, 스트레스를 해소할 수 있음
- 셋째, 자신감이 생기고 적극적인 태도로 변함

마무리: **정춤에 대한 개인적인 생각으로 정리**
- 춤은 몸을 건강하게 해 줄 뿐 아니라 스트레스도 풀어 주고 적극적인 삶을 살게 해 줌
- 춤은 나의 최고의 사랑임

고득점 공략 Point

1. 경험 말하기 시, 짜임새 있는 구성에 유의하라!
도입(머리)-전개(몸통)-마무리(꼬리)의 구성 형태를 꼭 기억하세요.

2. 전개 부분을 풍성하게 표현하라!
풍부하고 생동감 있는 재현이 중요합니다.

3. 여러 가지 설명 방식을 기억하라!
여러 가지 설명 방식을 기억하고 내용에 적합한 것을 골라서 답변하세요.

OPIc중국어 패턴공략 🎧 mp3_16

01 一般~ 보통, 일반적으로

'一般'은 '보통', '일반적으로', '평상시'의 의미를 나타냅니다. 주로 동사 앞에 위치하며 특별하지 않은 상황, 즉, 일반적인 상황을 설명할 때 사용됩니다.

- 一般出去见朋友，一起看看电影，吃吃饭，逛逛街什么的。
  보통은 나가서 친구를 만나 함께 영화를 보거나 밥을 먹거나 쇼핑을 한다.

- 一般十一点钟起床吃个便餐，然后带着小狗去散步。
  보통 11시에 일어나서 간단히 밥을 먹고 강아지를 데리고 산책을 한다.

- 一般呆在家里，看看书，听听音乐。
  보통은 집에서 책을 보거나 음악을 듣는다.

- 一般一大早就出去看早场电影，然后再去我家附近的超市买点儿吃的回来。
  보통 아침 일찍 나가서 조조영화를 보고, 우리 집 근처 마트에 가서 먹을 것을 좀 사서 돌아온다.

02 跟(和)~约好了 ~와 약속하다

'跟~约好了'는 '~와 약속하다'라는 구문입니다. '约'는 '약속하다'라는 의미이고 '好'는 결과보어로 동작의 완성을 나타내므로, '约好了'는 '약속했다'라는 의미가 됩니다. '주어+跟+약속 대상+约好了+약속 장소+행위'의 구문으로 써서, '(주어)는 (대상)과 (장소)에서 (행위)하기로 약속하다'라는 뜻을 나타냅니다.

- 我跟老师约好了在学校正门见面。
  나는 선생님과 학교 정문에서 만나기로 약속했다.

- 我跟他约好了早上在明洞见面一起看电影。
  나는 그와 아침에 명동에서 만나 함께 영화를 보기로 약속했다.

- 我跟朋友约好了在百货商店门口见面。
  나는 친구와 백화점 입구에서 만나기로 약속했다.

- 我们跟他约好了晚上在酒吧一起喝杯酒。
  우리는 그와 저녁에 술집에서 술을 한잔하기로 약속했다.

03 原来~   알고 보니~

'原来'는 '原来+사실'의 형태로, '알고 보니 ~하다'라는 의미를 나타냅니다. 모르고 있던 사실이나 상황을 알게 되었을 때 사용하는 표현입니다.

- 原来他是智明的男朋友。
  알고 보니 그는 즈밍의 남자 친구였다.

- 原来我们以前见过一次。
  알고 보니 우리는 이전에 한 번 만난 적이 있었다.

- 原来他们并不认识，我还以为他们是好朋友呢。
  알고 보니 그들은 서로 모른다. 나는 그들이 친한 친구인 줄 알았다.

- 原来他说的就是我。
  알고 보니 그가 말한 사람은 바로 나였다.

> **Tip** '原来'의 다른 의미
> '原来'는 '원래', '이전'의 의미도 가지는데, 이때는 '지금은 그렇지 않다'라는 의미를 내포하고 있습니다.
> 예 这件裤子原来挺合适的。
>   이 바지는 원래 잘 맞았다.
>   [지금은 맞지 않다.]

04 通过~   ~을 통하여

'通过'는 어떤 매체나 수단을 통할 때 사용하는 표현으로, 경험 관련 답변 시 유용하게 활용할 수 있습니다. 어떤 경험을 통해 지식, 도리, 이치 등 깨달음을 나타낼 때 '通过+경험, 깨달은 사실'의 형태를 이용하여 말할 수 있습니다.

- 通过这次经验，我懂得了一个道理。
  이번 경험을 통해 나는 한 가지 이치를 깨달았다.

- 通过这件事，我学到了不少知识。
  이 일을 통해 나는 적지 않은 지식을 깨달았다.

- 通过他的介绍，我认识了这位画家。
  그의 소개를 통해 나는 이 화가를 알게 되었다.

- 通过这件事，他改变了自己的思想。
  이 일을 통해 그는 자신의 생각을 바꾸었다.

OPIc중국어 실전공략

다음 질문에 아래와 같이 개요를 작성한 후, 말해 보세요.

Q. 周末的时候你一般干什么？请说说周末生活中，有趣的回忆或者比较特别的经历。
주말에 당신은 보통 무엇을 하나요? 주말 생활 중 재미있는 기억이나 특별한 경험을 말해 보세요.

과제	주말 생활 중 경험 말하기
수행방법	주말 생활 중 발생한 특이한 경험을 구체적으로 풍부하게 표현하기

● 스토리맵(Story Map)

도입 — 사건 언급하기
- 지난주 발생한 사건임
- 나는 축구를 좋아해서 보통 일요일이면 친구들과 축구를 함

전개 — 구체적 경험 말하기
- 지난 일요일에도 친구들과 축구를 하기로 약속함
- 약속에 늦어서 급하게 지하철로 뛰어가던 중, 갑자기 자전거와 부딪혀서 넘어짐
- 나는 다치지 않았지만 자전거를 타고 있던 여자아이가 넘어져서 울고 있었음
- 여자아이를 병원으로 데려가서 검사하고 가족에게 연락함
- 약속 시간에 1시간 늦음, 친구들에게 이 일을 설명해 줌
- 축구할 때 은근히 아픔, 여자아이가 걱정됨

마무리 — 경험에 대한 느낌이나 교훈으로 마무리
- 하나의 이치를 깨달음: 외출 시 반드시 주위를 잘 둘러보고 조심해야 함

실전공략 말하기 Tip

★ 아래 표현들을 활용하여 답변을 만들 수 있습니다.

저는 ~와 …에 가기로 약속했습니다.	我跟~约好了去…
조급하게 ~를 향해 뛰었습니다.	急急忙忙地往~跑。
저는 ~되었습니다. 알고 보니 …도 ~되었습니다.	我被~，原来…也被~了。
저는 ~을 친구들에게 알려 주었습니다.	我把~告诉了朋友们。
저는 한 가지 이치를 깨달았는데 (바로) ~입니다.	我懂得了一个道理，(就是)~

IH공략 플러스 +

1. 아이가 넘어진 상황 설명하기

so so! 这个时候, 我发现一个女孩儿也撞倒了。

up! 这时突然**从身后传来了哭声**。我**转过头来一看**, 发现一个小女孩儿正**趴在地上大声地哭着**。**天啊**！原来, 那个女孩也被撞倒了。

➡ 상황을 설명할 때는 좀 더 구체적으로 설명하는 것이 좋습니다. 아이가 넘어진 것을 발견하는 상황도 단순하게 '发现+상황'보다는 '从身后传来了哭声(뒤에서 울음소리가 들리다)', '转过头来一看(고개를 돌려 보니)'과 같이 표현하면 답변이 더욱 풍부해집니다. '正趴在地上大声地哭着(바닥에 누워서 큰 소리로 울고 있다)'와 같이 넘어진 아이에 대해서도 묘사를 하면 더욱 생동감 넘치는 답변이 되겠죠? '天啊'와 같은 감탄사도 적극 활용해 보세요. 더욱 생동감 넘치는 묘사가 됩니다.

2. 경험을 통해 깨달은 교훈 설명하기

so so! 我觉得以后一定要注意周围的情况。

up! **通过这件事, 我懂得了一个道理**, 出行时一定要注意周围的情况。时刻小心！

➡ 답변의 마무리 단계에서는 경험을 통해 깨달은 교훈이나 이치를 더해 주면 좋습니다. '我懂得了一个道理(나는 하나의 이치를 깨달았다)'와 같은 구문을 시작으로, 뒤에 구체적인 교훈의 내용을 말하면 good!

실전공략 따라잡기

다음 모범답안을 잘 읽어 보고 주요 표현을 익혀 보세요. 🎵 mp3_17

Q. 周末的时候你一般干什么？请说说周末生活中，有趣的回忆或者比较特别的经历。
주말에 당신은 보통 무엇을 하나요? 주말 생활 중 재미있는 기억이나 특별한 경험을 말해 보세요.

这件事就发生在上个星期。我非常喜欢踢球，所以**一般**星期天我跟朋友们去 *[패턴 01 一般: 보통, 일반적으로]*

我家附近的球场踢球。

上个星期天我**和**朋友**约好了**一起去踢球。但是那天出门时，**有点儿**晚了， *[패턴 02 和~约好了: ~와 약속하다]* *[有点儿+형용사: 좀 ~하다: 부정·불만의 어투를 나타냄]*

所以急急忙忙地往地铁站跑。在去足球场的路上，我突然**被一辆自行车撞倒**了。 *[被+행위자(주체)+술어+α(결과보어)]*

虽然有点儿疼，但是没有受伤。这时突然从身后传来了哭声。我**转过头来一看**， *[突앙기!!]* *[고개를 돌려 보니]*

发现一个小女孩儿正趴在地上大声地哭着。天啊！**原来**，那个女孩也**被撞倒**了。 *[패턴 03 原来: 알고 보니]* *[被+(주체 생략)+술어+α(결과보어)]*

我马上带她去医院检查了一下，然后**跟**她的家人**联系**了。后来我到球场时，离约 *[跟~联系: ~와 연락하다, ~에게 연락하다]*

定时间已经**过了一个多小时了**。我把这件无奈的事告诉了朋友们。后来踢球的时 *[시량보어의 형식]* *[동사+了+시량보어(+了)]*

候，身体也隐隐作痛，不过我还是担心那个小女孩好点儿了没有。

通过这件事，我**懂得**了一个**道理**，出行时一定要注意周围的情况。时刻小心！ *[패턴 04 通过~, 懂得…道理 ~을 통해서 …한 이치를 깨닫다]*

出门 chūmén 외출하다 | 急急忙忙 jíjí mángmáng 급하다, 바쁘다['急忙'의 중첩형] | 撞倒 zhuàngdǎo 부딪쳐서 넘어지다/넘어뜨리다 [활용] 被~撞倒了 bèi~zhuàngdǎo le ~에 부딪혀서 넘어지다 | 受伤 shòushāng 상처를 입다, 부상을 당하다 | 转过头来 zhuǎnguò tóulái 머리(고개)를 돌리다 | 趴 pā 엎드리다 [활용] 趴在~上 pā zài~shang ~에 엎드리다 | 无奈 wúnài 어찌할 도리가 없다, 부득이하다 [유] 无可奈何 wúkě nàihé | 隐隐作痛 yǐnyǐn zuòtòng 은근히 아프다 | 时刻小心 shíkè xiǎoxīn 항상 조심하다

Mini OPIc

다음 질문에 대해 개요를 작성해 보고, 실제처럼 말해 보세요. 🎧 mp3_18

Q. 根据调查显示，你喜欢游泳。你经常游泳吗？为什么喜欢这项运动？游泳对身体有什么好处？请详细地说一说。

조사에서 당신은 수영을 좋아한다고 했습니다. 수영을 자주 합니까? 왜 이 운동을 좋아하나요? 수영이 몸에 좋은 점은 무엇인가요? 자세히 말해 보세요.

● 스토리맵 작성하기

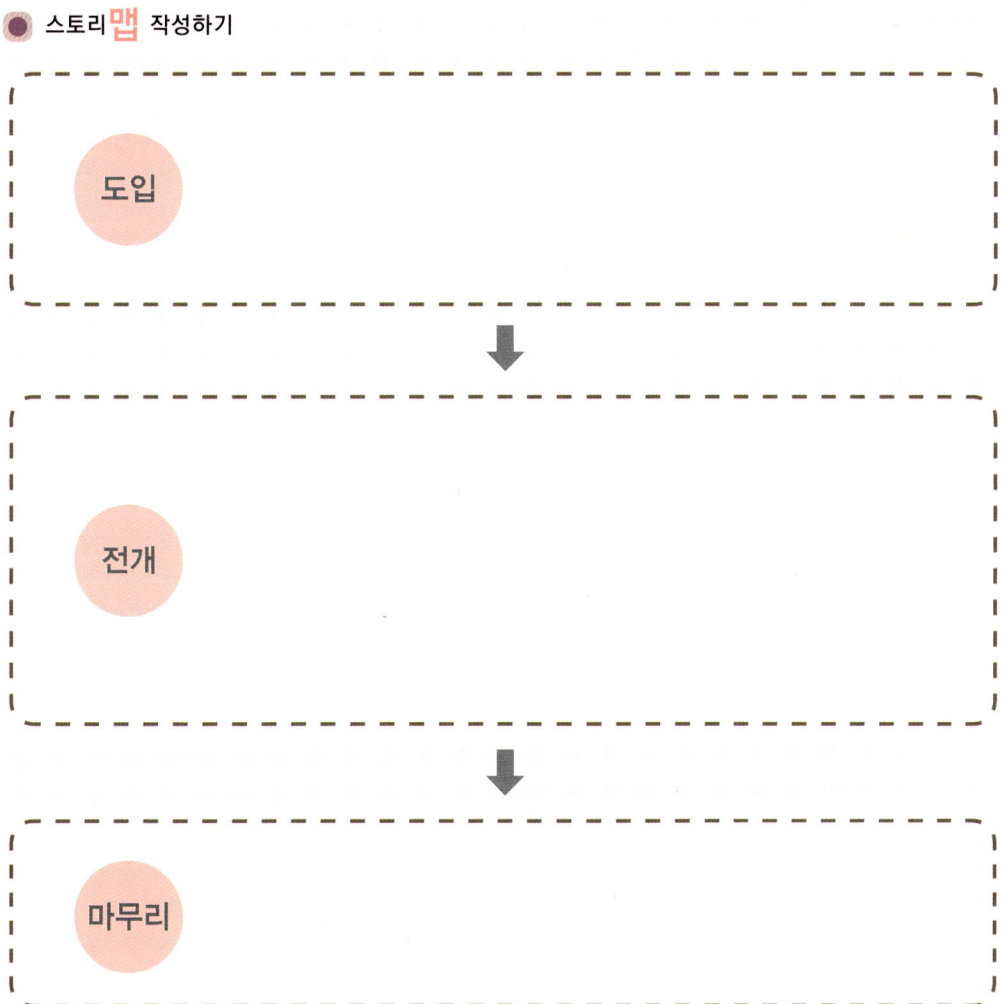

Day 7

비교와 대조

학습목표
❶ 비교와 대조의 유형 파악하기
❷ 예문과 함께 비교 형식 패턴 익히기
❸ 예시 답변을 통해 공략법 익히기

OPIc에서 출제되는 문제 중 비교 형식을 이용한 문제가 많이 출제됩니다. 과거와 현재, 이전과 이후의 변화에 대해 질문하고 답하는 형태이며, 정확한 비교 형식을 이용하여 답변해야 합니다. 비교형 문장은 무엇보다 정확한 형식과 구조가 요구되므로 평상시 '比', '没有', '跟~一样', '~多了', '~得多', '不如', '越来越', '越A越B' 등의 비교 형식을 많이 연습해야 합니다.

'비교와 대조' 파악하기

1. 운동 전후의 변화

과제: 요가 이전과 이후에 대해 비교 설명하기

기능 수행 방법: 요가 이전과 이후의 신체적·정신적 변화에 대해 비교 설명하기

> 예 调查中显示，你练瑜伽。刚开始练的时候怎么样？以前和以后有什么变化吗？
> 당신은 요가를 한다고 했습니다. 요가를 막 시작했을 때는 어땠나요? 이전과 이후에 어떤 변화가 있었나요?

도 입: 주제 언급
↓ • 매주 세 번씩 요가 학원에 감, 요가는 몸을 건강하게 할 뿐 아니라 마음도 편안하게 함

전 개: 요가 전후의 변화 비교
↓ • 이전 - 업무 스트레스가 심함, 살도 많이 찌고 짜증도 많이 남, 친구의 소개로 요가 학원에 감, 초반 동작이 너무 어려워서 따라하기 민망했지만 강사의 친절한 지도로 몇 달 지속함
• 이후 - 어려운 동작도 잘 해냄, 기분이 매우 상쾌해지고 안정됨, 몸에 탄력도 생기고 몸매가 매우 날씬해짐, 늘 미소를 띠고 사람들을 대하게 됨

마무리: 요가의 장점을 부각하며 정리
• 몸의 기 순환을 도와 혈액순환이 좋아짐, 자연히 건강해지고 스트레스가 사라짐, 요가는 최고의 운동임

2. 업무 비교

과제: 이전과 현재의 업무에 대해 비교 설명하기

기능 수행 방법: 업무 종류, 인간관계 등 업무와 관련하여 비교 설명하기

> **예** 调查中显示，你是公司职员。请比较一下以前和现在的工作。
> 조사에서 당신은 직장인이라고 했습니다. 이전 업무와 현재 업무를 비교해 보세요.

도 입:	주제 언급
↓	• 나는 새로운 부서에서 일하고 있음, 새로운 사람들과 새로운 사무실에서 새로운 업무를 하고 있음
전 개:	이전과 현재의 업무 비교
↓	• 업무 관련　이전 - 영업팀에서 근무, 잦은 외근과 잦은 술자리로 가족들이 싫어함 　　　　　　현재 - 기획팀에서 근무, 야근을 많이 하긴 하지만 외근은 잘 안 함, 술을 먹는 일도 거의 없음 • 사람 관련　이전 - 직원들과 한 가족처럼 지냄 　　　　　　현재 - 동료들 간에 경쟁이 심하지만 서로 잘 지내고 환경에 적응하면 괜찮아질 것임
마무리:	변화 후의 느낌 또는 긍정적인 변화의 결과로 정리
	• 모든 것이 낯설지만 나는 적극적인 표현으로 기회를 잡아서 나의 능력을 발휘할 것임

★ 비교문의 비문 알아보기 ★

1 他比我起床得晚。(×) ➔ 他比我起床起得晚。/ 他起床起得比我晚。 그는 나보다 늦게 일어난다.
   • 비교 구문이 정도보어 구문과 결합할 때 비교 대상은 정도보어의 앞뒤에 모두 위치할 수 있습니다. 정보보어 구문 사용 시, 어법에 유의하세요.

2 他比我睡得早一个小时。(×) ➔ 他比我早睡一个小时。 그는 나보다 한 시간 일찍 잔다.
   • 비교 형식에서 정도보어로 표현할 때는 '동사+得+早/晚/多/少'의 형태를 이용해서 구체적 차이를 설명하며, 이때는 구체적 수량사가 필요 없습니다. 만약 구체적인 수량사를 이용해 표현할 시에는 '早/晚/多/少+동사+수량사'의 형태를 이용하면 됩니다.

3 我要买一件裙子跟她的那件颜色一样。(×)
   ➔ 我要买一件跟她的那件颜色一样的裙子。 나는 그녀의 것과 같은 색깔의 치마를 사려고 한다.
   • '跟~一样'이 '裙子'를 수식하고 있습니다. 이처럼 중심어를 수식하는 성분은 중심어 앞에 위치하고 조사 '的'로 연결해 주어야 합니다.

고득점 공략 Point

1. 비교의 형식을 정확하게 숙지하라!
　비교문의 종류와 용법에 대해 정확히 이해해야 합니다.

2. 현재와 과거, 이전과 이후의 내용 비교 시 맥락에 주의하라!
　비교하고자 하는 내용을 정확하게 파악해야 합니다.

3. 변화가 가져오는 효능이나 효과를 추가하라!
　비교 후의 효능이나 효과를 추가하여 긍정적 측면을 부각하세요.

OPIc중국어 패턴공략 🎧 mp3_19

01 以前~, 现在… 이전에는 ~하고, 현재는 …하다

'以前~, 现在…'는 주로 '以前+과거 상황, 现在+현재 상황'의 형태로 쓰여 '이전에는 ~하고, 현재는 …하다'라는 의미를 나타냅니다. 과거와 현재를 비교하여 사용하는 구문으로 비교 형식에서 가장 많이 사용됩니다.

- **以前**面积很小, **现在**很宽敞。
  이전에는 면적이 좁았으나 지금은 넓고 크다.

- **以前**地铁站离我家非常远, **现在**一出门就到。
  이전에는 지하철역이 우리 집에서 매우 멀었으나 지금은 나가면 바로 도착한다.

- **以前**穿的是大号的, **现在**可以穿小号了。
  이전에는 큰 사이즈를 입었는데 지금은 작은 사이즈를 입을 수 있다.

- **以前**身体还挺健康的, 可**现在**得了胃癌。
  이전에는 매우 건강했는데 지금은 위암에 걸렸다.

> **Tip** OPIc에서 고득점을 공략하기 위해서는 과거와 현재의 상황을 비교적 다양한 단어와 구문을 활용하여 연습해야 합니다.

02 ~比… ~보다 …하다

比구문은 주로 'A+比+B+비교 결과+구체적 차이'의 형태로 쓰고, 'A는 B보다 (차이)만큼 (결과)하다'라는 의미를 나타냅니다.

- 交通环境**比**以前方便得多。
  교통 환경이 이전보다 더 편리해졌다.

- 家人都觉得**比**以前舒服多了。
  가족들이 모두 이전보다 더 편안하다고 느낀다.

- 这条裙子**比**那条贵三倍呢。
  이 치마는 그것보다 세 배 비싸다.

- 他唱歌唱得**比**我好。
  그는 노래를 나보다 더 잘 부른다.

> **Tip** '比'구문의 정도보어
> 비구문에서는 비교 대상과 결과를 정확하게 말해야 하고, 특히 해석에 주의해야 합니다. 또한 비구문에 정도보어가 함께 쓰일 경우에는 형태에 특히 주의해야 합니다. '주어+동사+목적어+比+비교 대상+동사+得+보어'와 '주어+동사+목적어+动词+得+比+비교 대상+보어'의 형태가 있으니 꼭 기억하세요.
> 예 他说汉语**比我说得好**。 그는 나보다 중국어를 잘한다.
>   他说汉语**说得比我好**。 그는 나보다 중국어를 잘한다.

03 ~多了   훨씬 ~하다

'~多了'는 '형용사+多了'의 형태로 '훨씬 ~하다'의 의미를 나타냅니다. 문미의 '了'는 변화를 나타내는 어기조사이므로 비교 형식에서 자주 사용됩니다.

- 有了车站就方便多了。
  정류장이 생겨서 더 편리해졌다.

- 他的身体好多了。
  그의 몸이 많이 좋아졌다.

- 他的女儿胖多了。
  그의 딸이 많이 뚱뚱해졌다.

- 速度比以前快多了。
  속도가 이전보다 더 빨라졌다.

04 没有~   (~보다) ~하지 않다

'没有'는 'A+没有+B+비교 결과'의 형태로 쓰여 'A는 B보다(만큼) ~하지 않다'라는 의미를 나타내는 비교의 부정 구문입니다. 'A+没有+B+这么(那么)+비교 결과'의 형태로 쓸 수도 있는데, 이때 '这么(那么)'는 강조의 의미를 나타냅니다.

- 她长得没有我漂亮，可还是挺受欢迎的。
  그녀는 나보다 예쁘지 않다. 그러나 인기가 많다.

- 我的衣服没有她的多，可她还是喜欢买新衣服。
  그녀는 나보다 옷이 많다. 그러나 그녀는 여전히 옷 사는 것을 좋아한다.

- 我没有他那么会说，可是能给他们说明。
  나는 그처럼 말을 잘하지 못한다. 그러나 그들에게 설명할 수는 있다.

- 我打网球打得没有他好，可我游泳游得比他好。
  나는 테니스를 그보다 못 친다. 그러나 수영은 그보다 잘한다.

> **Tip**
> '没有'와 '不比'
> '没有'와 '不比'는 모두 비교 형식의 부정을 나타냅니다. '没有'가 일반적인 비교 형식의 부정을 나타낸다면, '不比'는 비슷한 상황하에서의 비교를 나타내어 '도토리 키재기'라고 합니다.
> 예 他矮一点儿，他没有你高。그는 (키가) 조금 작다. 그는 당신보다 크지 않다. [그는 당신보다 키가 작다.]
> 他也挺高的，他不比你矮。그도 매우 (키가) 크다. 그는 당신보다 작지 않다. [두 사람 모두 키가 크다.]

OPIc중국어 실전공략

다음 질문에 아래와 같이 개요를 작성한 후, 말해 보세요.

Q. 你小时候住的地方是什么样的？现在住在什么地方？周围的环境怎么样？请比较一下你过去和现在的家环境有什么不同。

당신이 어릴 적 살던 곳은 어땠나요? 현재는 어디에 삽니까? 주위 환경은 어떻습니까? 이전과 현재의 거주 환경이 어떻게 다른지 비교해 주세요.

과제	이전과 현재의 거주지 비교하기
수행방법	이전과 현재의 거주지와 주위 환경을 정확한 비교 형식을 이용해서 말하기

스토리 맵(Story Map)

도입 — 현재 거주지 언급
- 현재 아파트에 거주 중임
- 10년의 노력으로 새로 지은 넓은 집으로 이사했음

전개 — 구체적으로 비교하기
- 과거: 단층집, 낡고 작은 집, 두 개의 방
  여름에는 덥고 겨울에는 추움, 바퀴벌레도 있음
  집들이 붙어 있어서 어떤 때는 옆집 소리도 들림
  정류장이 집에서 20분 거리로 비교적 먼 편임
- 현재: 새로 지은 아파트, 세 개의 방
  깨끗하고 넓음, 언니와 나의 방도 있음
  교통도 많이 편리해졌음, 지하철역과 가까워서 걸어서 5분이면 도착함
  은행, 병원, 상점 등이 근처에 있어서 생활이 편리함

마무리 — 현재의 거주지에 대한 긍정적인 느낌이나 감정으로 마무리
- 현재 우리 가족들은 편안하고 즐거움
- 계속 이렇게 따스하고 행복할 것임

실전공략 말하기 Tip

★ **아래 표현들을 활용하여 답변을 만들 수 있습니다.**

저는 현재 ~에 삽니다. 면적은 …입니다. ··· 我现在住在~，面积…
그 집은 ~이기도 하고 …이기도 합니다. ··· 那个房子又~又…
현재 사는 곳은 ~입니다. ~일 뿐만 아니라 ~이기도 합니다. ······················ 现在住的是~，不仅~而且~
주위의 환경이 이전보다 ~해졌습니다. 교통이 …합니다. ··························· 周围环境比以前~，交通…
현재 저와 우리 가족들은 ~하게 지냅니다. ··· 现在我和家人过得~

IH공략 플러스 +

1. 집의 구조에 대해 설명하기

so so! 一个是父母的房间，两个是我们姐妹俩的房间。我的房间比较小，但我很喜欢。

up! 除了父母的卧室以外，我们姐妹俩都有各自的房间了。<u>虽然我的房间没有姐姐的大</u>，但是我很满意。

➡ 답변 시 좀 더 깔끔한 문장을 만들려면 '除了~以外(~이외에도)', '虽然~, 但是…(비록 ~이지만 …하다)'와 같은 구문을 사용하는 것이 좋습니다. 또한 크기를 말할 때는 단순한 표현보다는 '~没有…(~가 …보다 못하다)'와 같은 비교 형식을 사용하면 good!

2. 주위 환경에 대해 설명하기

so so! 我家周围的环境比以前更方便，交通也更方便。

up! 我家周围的环境比以前好多了，交通也方便了很多。

➡ 비교 형식을 표현할 때는 부사 '更', '还' 이외에도 '~多了', '了很多', '~得多'와 같은 구문을 다양하게 활용해 보세요. 여러 가지 비교 구문을 기억해 두면 다양하고 풍부한 표현이 가능해집니다.

실전공략 따라잡기

다음 모범답안을 잘 읽어 보고 주요 표현을 익혀 보세요. 🎧 mp3_20

Q. 你小时候住的地方是什么样的？现在住在什么地方？周围的环境怎么样？请比较一下你过去和现在的家环境有什么不同。

당신이 어릴 적 살던 곳은 어땠나요? 현재는 어디에 삽니까? 주위 환경은 어떻습니까? 이전과 현재의 거주 환경이 어떻게 다른지 비교해 주세요.

我现在住在一套公寓里，面积比较大。经过十年的努力，我们家终于搬到了一个又新又宽敞的房子里。以前我和家人住在一套平房里。那个房子又旧又小，只有两个房间。一个是爸爸妈妈的卧室，一个是我和姐姐的房间。夏天很热，冬天很冷，而且还有蟑螂。周围的环境也比较差。很多房子都挨在一起，有时连隔壁的声音都能听到。还有车站离我家也比较远，得走20多分钟才能到。现在住的这套房子是新盖的，家里的家用电器都是新的，一共有三个房间，不仅干净而且宽敞。除了父母的卧室以外，我们姐妹俩都有各自的房间了。虽然我的房间没有姐姐的大，但是我很满意。其实我从小就想有一个自己的房间，现在我的愿望终于实现了。我家周围的环境也比以前好多了，交通也方便了很多。地铁站离我家非常近，走5分钟就到了。而且银行、医院、商店都在附近，生活很方便。现在我和家人住得既舒适又开心，我们以后的生活也会一直这样温馨幸福。

套 tào 세트 활용 一套家具 yí tào jiājù 가구 한 세트 활용 套餐 tàocān 정식, 세트 메뉴 활용 套房 tàofáng 스위트룸 | 宽敞 kuānchǎng 넓다 반의 狭窄 xiázhǎi 좁다 | 蟑螂 zhānglang 바퀴벌레 | 挨 āi 인접하다, 붙어 있다 | 隔壁 gébì 옆집 | 盖 gài 집을 짓다 | 温馨 wēnxīn 따스하다, 온화하고 향기롭다

Mini OPIc

다음 질문에 대해 개요를 작성해 보고, 실제처럼 말해 보세요. mp3_21

Q. 调查中显示，你是一名公司职员。你工作了多长时间了？刚来的时候怎么样？现在有什么变化？请比较一下以前的工作和现在的业务情况方面有什么不同。

조사에서 당신은 회사원이라고 했습니다. 얼마나 일했나요? 막 왔을 때는 어땠나요? 지금은 어떤 변화가 있습니까? 이전과 현재의 업무 상황이 어떻게 다른지 비교해 보세요.

● 스토리맵 작성하기

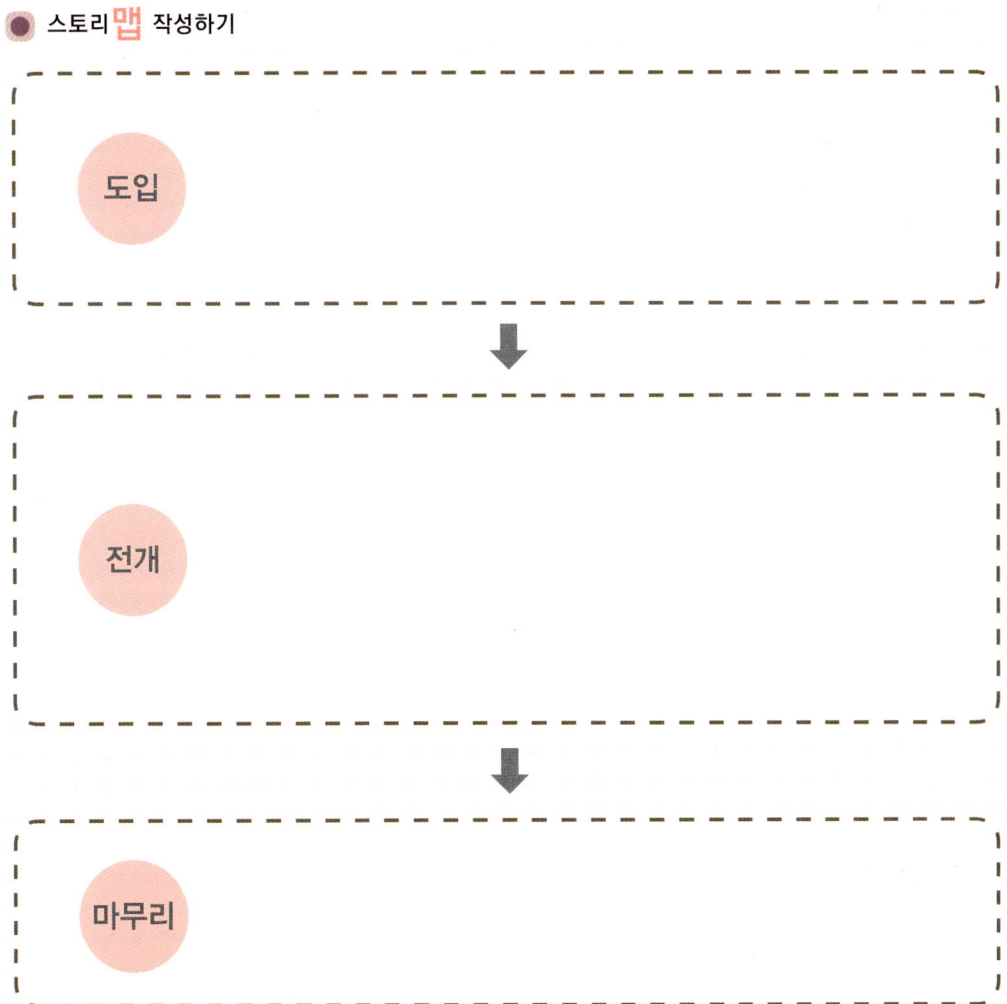

Day 8

롤플레이

학습목표
❶ 롤플레이 유형 파악하기
❷ 예문과 함께 유용 패턴 익히기
❸ 예시 답변을 통해 표현 공략법 익히기

'롤플레이'란 조사를 바탕으로 한 응시자의 일반적인 상황이 아닌, 특정 상황을 가정하여 문제로 제시하는 OPIc의 문제 유형입니다. 제시된 가정 상황에 맞게 역할극을 해야 하므로, '롤플레이'는 가정 상황을 빠르게 인식하고 상황에 맞는 구성 형태로 답해야 합니다. 무엇보다도 생동감 있는 연출과 자연스러운 어투가 필요합니다.

'롤플레이' 파악하기

1. 상황 설명하기

과제: 동창회에 불참하게 된 상황 설명하기
기능 수행 방법: 주어진 상황(동창회 불참)을 인지하고, 동창회 불참의 이유를 설명한 후 상대방에게 양해 구하기

> 예 你今天有同学会，可是不能去了。请给朋友打电话说明一下情况。
> 오늘 동창회가 있는데 갈 수 없게 되었습니다. 친구에게 전화를 걸어 상황을 설명하세요.

도 입: 상황(문제) 언급
　↓　・오늘 모임에 참여할 수 없을 것 같음, 정말 미안함

전 개: 구체적 상황 설명
　↓　・오늘 좀 늦게 일어나서 다급히 준비를 마치고 나오다가 계단에서 넘어졌음
　　　・걸을 수가 없어서 구급차를 불러 병원에 갔더니 다리 골절이라고 함, 입원해야 할 것 같음
　　　・오늘 참석하고 싶었는데 정말 아쉬움
　　　・다른 친구들에게 대신 안부 전해 주고 상황을 설명해 주기 바람

마무리: 양해를 구하며 내용 정리
　　　・오늘 불참하게 된 것에 대해 이해 바람, 다음번에는 반드시 참석하겠음

2. 문의하기

과제: 노트북 구입을 위해 상품에 대해 문의하기

기능 수행 방법: 주어진 상황(노트북 구입)을 인지하고, 구입하고 싶은 노트북의 모델이나 비용 등에 대해 상세히 문의하기

 你要买新的笔记本电脑。请给商店打电话询问一下。
당신은 노트북을 새로 사려고 합니다. 상점에 전화를 걸어 문의해 보세요.

도 입: 구입하려는 상품 언급
↓ • 노트북을 새로 장만하려고 함, 그에 대해 몇 가지 질문을 하고 싶음

전 개: 구체적 내용 질문
↓ • 자주 외근을 하여 작업을 하므로 외관상으로 크기가 크지 않고 중량이 가벼운 것을 원함, 얇고 가벼운 상품이 있는지 궁금함
• 기능상으로 속도가 빠른 것을 원함
• 영화를 자주 보기 때문에 해상도가 좋은 것을 원함
• 만약 이런 모든 기능을 가진 것이라면 가격대가 얼마나 하는가? 할인 혜택이 있는가? 색깔은 어떤 것이 있는가?

마무리: 내용 정리
• 친절한 설명 감사함, 내일 방문하여 결정하도록 하겠음

★ 고득점 공략 Point

1. 당황하지 마라!
돌발 상황 발생 시 당황하지 말고 문제를 잘 들은 뒤, 차분하게 해결해야 합니다.

2. 좀 더 자연스럽게, 좀 더 풍부하게!
가정 상황이지만 실제로 자신이 처한 상황인 것처럼 자연스럽고 다양한 표현을 사용하도록 노력해야 합니다.

3. 맥락을 중시하라!
주제를 잘 파악하여 그에 알맞은 이유와 결과 혹은 해결 방안을 제시해야 합니다.

4. 자연스러운 어투로 실제 대화하듯 완전하게!
혼자 말하는 것이지만 실제로 대화를 나누는 것처럼 자연스러운 어투로 말해야 합니다.

OPIc중국어 패턴공략 🔊 mp3_22

01 当时~ 　당시, 그때

'当时'는 상황이나 사건이 발생한 때를 나타내는 말입니다. 일반적으로 '当时+언급하는 때의 상황 설명'의 형태로 사용합니다.

- **当时**你们明明说可以退的。
  당시 당신들은 분명히 반환할 수 있다고 했었다.

- **当时**你们说两天后就能到。
  당시 당신들은 이틀 후면 도착한다고 했었다.

- **当时**我根本不想去。
  당시 나는 전혀 가고 싶지 않았다.

- **当时**我的身体还好好的。
  당시 나의 몸은 괜찮았다.

02 是~的　[내용을 강조하는 구문]

'是~的'는 시간, 장소, 관계, 방법, 목적 등을 강조할 때 사용하는 구문입니다. '是+시간, 장소, 관계, 방법, 목적+的'의 형태로 이미 발생한 일을 말할 때 사용하고, 부정형은 '不是~的'로 표현합니다.

- 我**是**前几天通过网站买**的**。
  나는 며칠 전에 인터넷 사이트를 통해서 샀다.

- 他**不是**坐地铁来**的**, **是**坐出租车来**的**。
  그는 지하철을 타고 온 것이 아니라 택시를 타고 왔다.

- 我**是**昨天在你们商店买**的**衣服。
  나는 어제 당신 가게에서 옷을 샀다.

- 他**不是**从日本来**的**, **是**从中国来**的**。
  그는 일본에서 온 것이 아니라 중국에서 왔다.

> **Tip** '是~的'구문 활용하기
> '是~的'구문은 이전에 샀던 물건을 환불/교환할 때, 물건 주문/음식점 예약 등을 확인하는 상황에서 자주 활용할 수 있는 구문입니다. 반드시 이미 발생한 일에 대해서만 사용한다는 점도 꼭 기억하세요.

03 希望~   ~하기를 희망하다

'希望'은 희망, 소망, 바람 등을 말할 때 사용하는 표현으로, '希望+희망사항'의 형태로 나타냅니다. 자신이 바라는 것을 말할 때, 문제의 해결이 잘되기를 기원할 때, 상대방에게 동의나 이해 혹은 양해를 구할 때 자주 쓰는 표현입니다.

- 我希望你能帮我解决这个问题。
  저는 당신이 저를 도와 이 문제를 해결해 주기를 바랍니다.

- 我希望你能给我一个满意的答复。
  저는 당신이 저에게 만족할 만한 답을 주기를 바랍니다.

- 我希望明天去你们那儿。
  저는 내일 당신들이 있는 그곳으로 가기를 바랍니다.

- 我希望您能给我机会。
  저는 당신이 저에게 기회를 주기를 바랍니다.

04 尽快~   되도록 빨리

'尽快'는 '될 수 있는 대로, 가능한 한'의 의미를 가진 '尽'과 '빠르다'의 의미를 가진 '快'가 합쳐져서 '되도록 빨리'라는 의미를 나타내는 표현입니다. 문제 해결에 있어서 어떤 사항을 요구할 때 자주 활용되며, '尽快+문제 해결을 위한 요구 사항'의 형태로 씁니다.

- 请尽快解决这个问题。
  되도록 빨리 이 문제를 해결해 주세요.

- 请尽快给我换一个新的。
  되도록 빨리 나에게 새것으로 바꿔 주세요.

- 请尽快给我一个满意的答复。
  되도록 빨리 나에게 만족할 만한 답을 주세요.

- 请尽快做好准备。
  되도록 빨리 준비해 주세요.

> **Tip** '尽快'의 다양한 발음
> '尽快'의 '尽'은 'jǐn'이 아닌, 'jǐn'으로 읽어야 합니다.

OPIc중국어 실전공략

다음 질문에 아래와 같이 개요를 작성한 후, 말해 보세요.

Q. 给你提供一个情景：你在网上买了一个东西，可 是到现在还没收到货。请你给客服中心打个电话，询问一下具体情况并提出解决方法。

상황을 제공하겠습니다. 당신은 인터넷에서 물건을 구입했는데, 아직 도착하지 않았습니다. 고객센터에 전화를 걸어서 구체적 상황을 문의하고 해결 방법을 제시해 보세요.

| 과제 | 고객센터에 불만 신고하기 |
| 수행방법 | 온라인 구매의 미배송 문제에 대해 불만을 신고하고 해결 방안 제시하기 |

● 스토리맵(Story Map)

도입
문제 언급
- 2주 전 인터넷으로 핸드백을 구매함
- 5일 내 도착을 약속했으나 현재까지 미배송 상태임

전개
구체적 상황 말하기
- 9월 10일 구매함
- 모델 넘버 HMB011, 네이비 색, PREDA 신상품 핸드백
- 9월 11일 인터넷뱅킹으로 입금함

해결방법 제시하기
- 미발송 시 거래 취소 요청
- 택배사의 미배송 시 오늘 배송 완료 요청

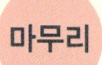
마무리
내용 총괄하기
- 인터넷 쇼핑은 물건의 종류가 많고 싸며 품질이 좋음. 밖에 나가서 돌아다닐 필요가 없어서 온라인 구매를 자주 이용함
- 안심하고 구입했으나 결과가 이렇게 될 줄 생각도 못했음
- 빨리 이 문제를 해결해 주기 바람

실전공략 말하기 Tip

★ 아래 표현들을 활용하여 답변을 만들 수 있습니다.

저는 (언제) 구입했습니다.	我是~购买的。
왜 ~이지요? 확인해 주세요.	为什么~呢？请确认一下。
만약 ~라면 저는 …하길 원합니다.	如果~的话，我要…
이전에는 ~해 본 적이 없습니다. …할 줄은 생각도 못했습니다.	以前从来没~过，没想到…
빨리 ~해 주기를 바랍니다.	希望尽快~

IH공략 플러스 +

1. 불만 신고의 상황에 대해 설명하기

so so! 为什么到现在还没收货呢？是不是你们没发货？

up! 为什么到现在还没有到货呢？请确认一下，到底是你们还没发货，还是快递公司没跟我联系。

➡ 불만신고를 할 때 문제점만 언급을 하는 것보다 '请确认一下(확인 좀 해 주세요)'와 같은 표현을 활용하여 상황 점검을 요청하는 것이 좋습니다. 그리고 이때 '到底是A, 还是B?(도대체 A인가요, 아니면 B인가요?)'와 같은 표현으로, 문제점을 정확히 제시하여 전달성을 높이고 어감을 풍부하게 살릴 수 있습니다.

2. 온라인 구매의 장점을 부각하여 완곡하게 상황 정리하기

so so! 我一般都在你们那儿买，种类很多，价格很便宜，质量也很好，不用出去买东西。

up! 其实平时我买东西的时候都在你们那儿买，不仅品种很多，而且物美价廉，足不出户就能买到喜欢的东西。

➡ 평소 알고 있던 단어들의 또 다른 형태를 기억하세요. '种类'를 알고 있다면 '品种'이란 말도 기억하세요. '품질이 좋고 가격이 저렴하다'라는 말은 '物美价廉'을, '나가서 물건을 사지 않다'라는 말은 '足不出户'를 이용해서 표현해 보세요. 이런 말들을 자연스럽게 연결하려면 '不仅~而且'와 같은 구문을 이용하면 좋습니다.

실전공략 따라잡기

다음 모범답안을 잘 읽어 보고 주요 표현을 익혀 보세요. 🎧 mp3_23

Q. 给你提供一个情景：你在网上买了一个东西，可是到现在还没收到货。请你给客服中心打个电话，询问一下具体情况并提出解决方法。
상황을 제공하겠습니다. 당신은 인터넷에서 물건을 구입했는데, 아직 도착하지 않았습니다. 고객센터에 전화를 걸어서 구체적 상황을 문의하고 해결 방법을 제시해 보세요

喂！你好。我两个星期以前在你们网站上买了一个手提包。<u>当时</u>承诺五天内 *(패턴 01) 당시, 그때*

到货，可是到现在还没收到。

(패턴 02) 我<u>是</u>9月10号购买<u>的</u>，型号是HMB011，颜色是深蓝色。这是PREDA牌子的新 *강조 구문: 시간, 방법, 장소, 목적 등을 강조*

款包。我已经在9月11号通过网上银行付款了，为什么到现在还没有到货呢？请确

认一下，<u>到底是</u>你们还没发货，<u>还是</u>快递公司没跟我联系。另外，<u>如果</u>你们还没 *到底是A,还是B 도대체 A인지 B인지: 선택을 나타냄*   *如果~的话 만약 ~라면*

发货<u>的话</u>，我要取消这次交易。我觉得商店和顾客之间的信任非常重要。如果你

们已经发货，但是快递公司还没送到的话，请他们今天一定要给我送到，因为这

个包是我明天就要用的。

其实平时我买东西的时候都在你们那儿买，<u>不仅</u>品种很多，<u>而且</u>物美价廉， *꽉잡기!*
不仅~, 而且… ~이고 …이다 *품질이 좋고 가격이 저렴하다*

<u>足不出户</u>就能买到喜欢的东西。以前<u>从来没有</u>发生<u>过</u>这样的事，所以这次我也是 *밖으로 나가지 않는다*   *从来没有~过 지금까지 ~한 적이 없다*

放心地购买的，没想到结果<u>却</u>是这样。<u>希望</u>你们能<u>尽快</u>帮我解决这个问题。
~이지만, 오히려: *~하기를 희망하다* *되도록 빨리*
역접을 나타냄

承诺 chéngnuò 대답하다 | **到货** dào huò 물건이 도착하다 | **付款** fùkuǎn 돈을 지불하다 | **发货** fāhuò 물건을 발송하다 | **确认** quèrèn 확인하다 | **顾客** gùkè 고객 | **取消** qǔxiāo 취소하다 | **足不出户** zúbù chūhù 집에서 떠나지 않다

Mini OPIc

다음 질문에 대해 개요를 작성해 보고, 실제처럼 말해 보세요. 🎧 mp3_24

Q. 给你提供一个情景：你本来打算跟朋友见面，可是有急事要取消约会。请给朋友打电话说明一下情况。

상황을 제공하겠습니다. 당신은 본래 친구와 만나기로 했습니다. 그러나 급한 일이 생겨서 약속을 취소하려고 합니다. 친구에게 전화를 걸어서 상황을 설명하세요.

● 스토리 맵 작성하기

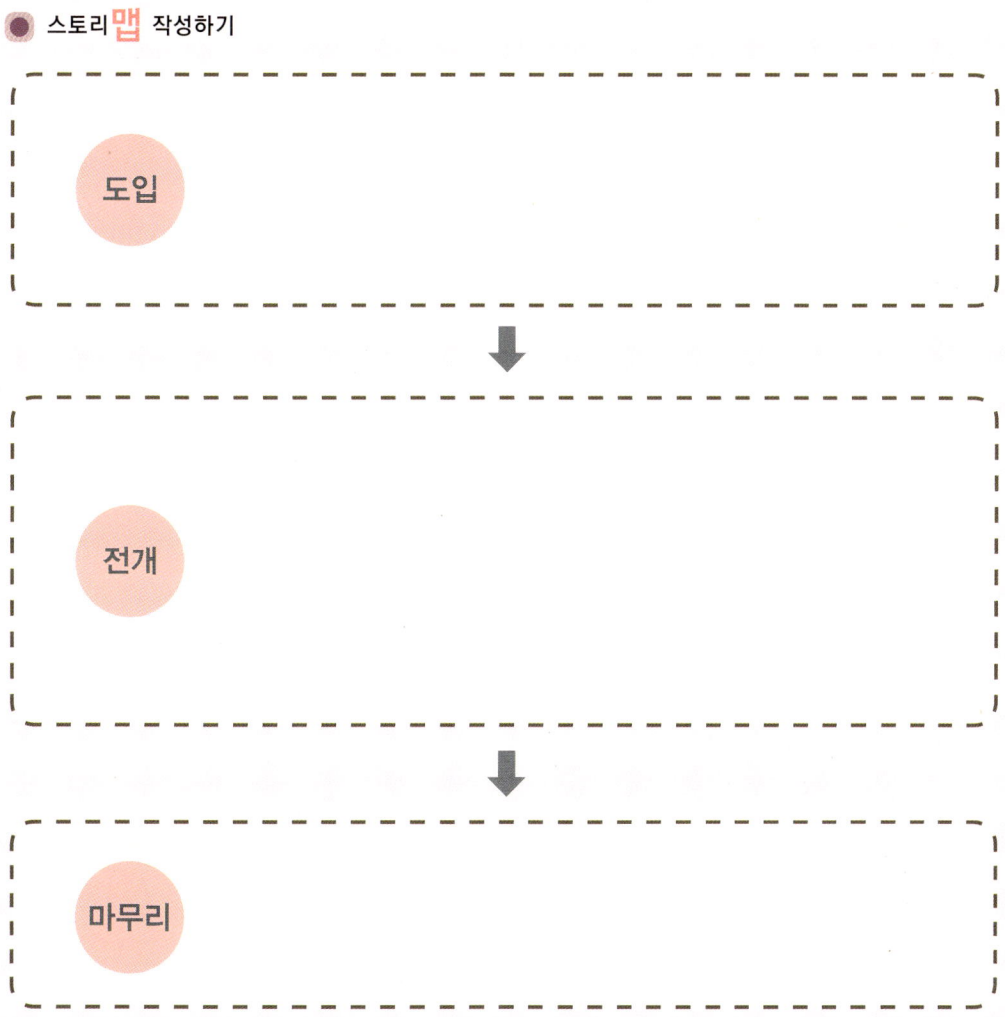

Day 9

콤보

학습목표
❶ 콤보 유형 파악하기
❷ 예문 및 유용한 패턴 익히기
❸ 예시 답변을 통해 표현 및 공략법 익히기

'콤보'란 하나의 주제에 대해 세 문제가 연이어 출제되는 OPIc의 문제 유형입니다. 하나의 주제에 대해 비슷한 문제가 연속으로 두 개가 더 나오기 때문에 응답을 하다 보면 내용이 중복될 수도 있으므로 질문의 핵심을 잘 파악해야 합니다. 콤보 유형을 대비하기 위해서는 무엇보다 하나의 주제에 대해 다각도로 질문을 만들어서 연습하고, 응답이 다소 중복이 되더라도 당황하지 않고 질문에 맞게 갈무리를 잘하는 것이 중요합니다.

'콤보' 파악하기

※아래의 문제는 야구와 관련된 콤보 문제입니다.

1. 과제: 취미 말하기
   기능 수행 방법: 야구를 하는 횟수 및 장소, 함께하는 동료에 대해 말하기

   예 调查中显示，你喜欢打棒球。常常打棒球吗？去哪儿打棒球？跟谁打？
   조사에서 당신은 야구하는 것을 좋아한다고 했습니다. 야구를 자주 하나요? 어디에 가서 야구를 하나요? 누구와 야구를 하나요?

   도 입: 야구하는 것을 정말 좋아함
   전 개: 회사 야구클럽 회장임
         매주 토요일 경기도 근처의 야구장에 가서 회사 동료들과 야구를 함
         아침 8시에 모여 연습하고 간혹 시합을 열기도 함, 시합이 없으면 점심을 먹고 집으로 옴
   마무리: 야구는 이미 내 생활의 일부가 되었음

2. 과제: 취미 말하기
   기능 수행 방법: 야구를 하는 횟수, 야구에 흥미를 가진 시기에 대해 말하기

   예 你常常打棒球吗？从什么时候开始对棒球感兴趣？
   당신은 자주 야구를 합니까? 언제부터 야구에 흥미를 가지게 되었나요?

도 입:	나는 매주 토요일만 되면 직장 동료들과 야구를 함, 어릴 적부터 야구를 좋아했음
전 개:	초등학교 때 부모님의 권유로 야구클럽에 가입함
↓	코치님이 야구하는 모습을 보고 반함, 코치님이 친절하게 잘 가르쳐 주심
	나에게 소질이 있다고 해서 그때부터 열심히 연습함
마무리:	지금은 선수는 아니지만 회사의 야구클럽 회장임, 나는 계속 야구를 할 것임

3. 과제: 취미에 관한 롤플레이

기능 수행 방법: 야구 경기를 보러 가지 못하게 된 상황을 설명하고 양해 구하기

 给你提供一个情景：你本来要跟你的朋友一起去看棒球比赛，可是你不能去了。请给朋友打电话说明一下情况。

상황을 제공하겠습니다. 당신은 본래 친구와 야구 경기를 보러 가기로 했습니다. 그런데 당신은 갈 수가 없게 되었습니다. 친구에게 전화를 걸어서 상황을 설명하세요.

도 입:	정지민임, 오늘 저녁 함께 경기를 보러 갈 수 없게 되었음
전 개:	퇴근 전 팀장님이 갑자기 회의 소집함
↓	야근해야 할 것 같음, 야근 후에는 회식도 가야 해서 매우 늦게 퇴근할 것임
	팀장님은 매우 엄격해서 회식에 가기 싫어도 가야 함
	정말 미안함, 다른 친구와 함께 가면 좋을 것 같음
마무리:	상황을 양해해 주기 바람, 다음번에는 내가 술 한잔 사겠음

고득점 공략 Point

1. 질문의 핵심을 파악하라!

같은 주제로 질문이 연속해서 출제되므로 질문이 중복되는 것처럼 느껴질 수 있습니다. 하지만 질문의 내용이 모두 다르므로 질문의 핵심을 파악해서 답변해야 합니다.

2. 문장의 구성과 내용의 일관성에 주의하라!

문장을 깔끔하게 구성하고, 질문의 의도를 잘 파악하여 주제에 벗어나지 않게 말하는 것에 중점을 두어야 합니다.

3. 돌발 상황에 대처하라!

콤보 유형의 롤플레이에 대비해야 합니다. 하나의 주제로 여러 가지 상황을 가정해서 연습해 두는 것이 좋습니다.

OPIc중국어 패턴공략 🔊 mp3_25

01 常常　　자주 ~하다

'常常'은 '자주/늘/항상 ~하다'라는 의미의 부사로, 사건이나 상황이 여러 번 반복하여 발생할 때 사용하는 표현입니다. 일반적으로 '常常+자주 일어나는 상황'의 형태로 쓰고, '자주 ~하지 않는다'로 부정할 때는 '不常'으로 표현합니다.

- 他常常一喝酒就很晚回家。
  그는 자주 술만 마시면 늦게 집에 온다.

- 因为最近工作很忙，所以常常加班。
  최근 일이 바쁘기 때문에 자주 초과 근무를 한다.

- 希望你以后常常跟我联系。
  저는 앞으로 당신과 자주 연락하기를 바랍니다.

- 我最近常常跟老李见面。
  나는 요즘 라오리와 자주 만난다.

> **Tip** '常常'의 용법
> ❶ '常常'은 형용사 용법이 없습니다. 따라서 명사를 수식하는 관형어로 쓰일 수 없습니다.
> 예 这是常常的事。(×)
> ❷ '常常'은 '经常'에 비해 일관성이 떨어지며 객관적인 상황뿐만 아니라 주관적 바람을 나타낼 때도 사용할 수 있습니다.
> 예 希望我们以后经常练习。(×)
> 希望我们以后常常联系。
> 앞으로 우리 자주 연락하기를 바랍니다.

02 有时(候)　　어떤 때는

'有时(候)'는 '어떤 때는', '이따금', '때로는'의 의미를 나타내는 부사입니다. 일반적으로 '有时(候)+행위/상태'의 형태로 쓰며, 때에 따른 상황을 설명할 때 사용합니다.

- 这里有时刮风，有时下雨。
  이곳은 어떤 때는 바람이 불고 어떤 때는 비가 온다.

- 周末我有时出去见朋友，有时去我家附近的公园散散步。
  주말에 나는 어떤 때는 나가서 친구를 만나고, 어떤 때는 우리 집 근처의 공원에 가서 산책을 한다.

- 有时候他到我这儿来。
  어떤 때는 그가 이곳으로 온다.

- 有时候我请他来我家吃饭。
  어떤 때는 그를 우리 집에 초대해서 밥을 먹는다.

03 从~起   ~부터 시작하여

'从~起'는 행위나 상태가 발생하는 시점을 나타낼 때 사용하는 표현입니다. 시간이나 공간에 있어서의 시작점을 모두 나타낼 수 있기 때문에 '从+시간/장소+起'의 형태로 쓸 수 있습니다.

- 从今天起我要去健身房锻炼身体。
  오늘부터 헬스클럽에 가서 몸을 단련할 것이다.

- 我从上大学起就开始打工了。
  대학교에 들어가서부터 아르바이트를 하기 시작했다.

- 听天气预报说，从明天起开始下大雪。
  일기예보를 들으니 내일부터 많은 눈이 내리기 시작한다고 한다.

- 我决定从10月1号起戒烟。
  나는 10월 1일부터 금연하기로 결정했다.

04 不然   그렇지 않으면

'不然'은 결과나 결론의 구문을 이끄는 것으로, '不然+결과/결론'의 형태를 가집니다. '不然' 대신 '要不然/要不/不然的话/否则' 등의 표현이 올 수도 있는데, '要不然'이나 '不然的话'를 쓸 경우에는 가정의 어기를 좀 더 강조하게 됩니다.

- 你应该给爸爸打电话告诉他这件事，不然他会担心的。
  당신은 마땅히 아빠에게 전화를 걸어서 이 일을 알려야 한다. 그렇지 않으면 그는 걱정할 것이다.

- 他肯定出事了，不然的话，为什么还没回来？
  그는 분명히 일이 생긴 것이다. 그렇지 않으면 왜 아직까지 돌아오지 않는 것인가?

- 你快走，不然他会找你算账的。
  당신 빨리 가세요. 그렇지 않으면 그가 당신을 가만히 안 둘 거예요.

- 你得快点儿出发，不然赶不上火车了。
  당신 좀 빨리 출발해야 해요. 그렇지 않으면 기차를 놓칠 거예요.

> **Tip** '要不然'의 발음
> '要不然'을 사용할 경우 '不'를 경성으로 발음하는 것을 꼭 기억해 두세요.

OPIc중국어 실전공략

다음 질문에 아래와 같이 개요를 작성한 후, 말해 보세요.

Q1. 根据调查显示，你喜欢做菜。你通常什么时候做菜呢？你常常做菜吗？
조사에서 당신은 요리를 좋아한다고 했습니다. 언제 요리를 하나요? 요리를 자주 하나요?

| 과제 | 취미 말하기 |
| 수행방법 | 요리를 하는 때와 횟수 말하기 |

스토리맵(Story Map)

도입 — 취미 언급하기
- 요리하는 것을 굉장히 좋아함

전개 — 요리 횟수, 요리하는 때, 요리해 주는 대상 등 취미에 대해 구체적으로 말하기
- 평상시 바빠서 자주 못하지만 주말에 가족들에게 만들어 줌
- 엄마가 한 음식보다 맛은 없지만 모두 즐거워하고 엄마도 도울 수 있음
- 친구를 초대해서 자신 있는 요리를 해 주기도 함
- 모두들 나의 요리 솜씨가 괜찮다고 함
- 현재 요리학원에 다님, 모두 나보다 뛰어나지만 나도 언젠가는 그들을 뛰어넘을 것임

마무리 — 취미에 대한 계획이나 감상 등 말하기
- 요리는 내 생활의 일부가 되었음

Q2. 你是从什么时候开始对做菜感兴趣的？什么事情或者什么人让你感兴趣呢？现在仍然感兴趣吗？

당신은 언제부터 요리에 흥미를 가지게 되었습니까? 어떤 일 혹은 누구로 인해 흥미를 가지게 되었나요? 지금도 여전히 흥미를 갖고 있나요?

과제	취미 말하기
수행방법	요리에 흥미를 가지게 된 시기와 영향을 준 인물, 현재 요리에 대한 흥미의 정도 말하기

● 스토리맵(Story Map)

도입 — 취미 언급하기
- 초등학교 때부터 요리하는 것을 좋아함
- 천성적으로 요리를 좋아하는 것 같음

전개 — 요리에 흥미를 가지게 된 계기나 인물 등 취미에 대해 구체적으로 말하기
- 초등학교 3학년 때 어느 날 엄마와 서점에 감
- 엄마가 산 요리책 속의 그림을 봄, 보자마자 요리를 만들어 보고 싶어짐
- 그때부터 엄마가 요리할 때마다 옆에서 배우고 질문함
- 현재는 서점에 갈 때마다 레시피 책을 구입해서 만들어 봄
- 맛있다고 생각되면 바로 엄마에게 맛보게 함
- 어떤 때는 식당의 음식이 맛있으면 재료를 기억한 후 집에 와서 만들어 봄

마무리 — 취미에 대한 느낌이나 감정 말하기
- 내가 만든 요리를 누군가가 맛보는 것은 행복한 일임

Q3. 根据调查显示，你很喜欢做菜。你平时常常做菜吗？你觉得做菜时最重要的是什么？

조사에서 당신은 요리를 좋아한다고 했습니다. 당신은 평상시에 자주 요리를 합니까? 요리할 때 중요한 것은 무엇인가요?

과제	취미 말하기
수행방법	요리하는 빈도와 요리할 때 가장 중요한 점 말하기

● 스토리 맵(Story Map)

도입 · 주제 언급하기
- 평소에 바빠서 나는 주로 주말이 되면 요리를 함

전개 · 구체적으로 설명하기
- 요리의 관건은 아래와 같이 몇 가지가 있음
- 첫째, 재료의 선택이 중요함
  좋은 재료가 없으면 원하는 맛을 만들어 내지 못함
- 둘째, 불이 매우 중요함
  어떤 요리는 오래 끓이면 딱딱해지고 영양분과 수분이 날아가서 맛이 없음,
  어떤 요리는 오래 끓여야 본래의 맛이 살아남
- 셋째, 맛에 주의해야 함
  소금·기름·조미료를 적게 사용해야 함

마무리 · 의견을 총괄하고 내용 마무리하기
- 이런 점에 유의하면 분명히 맛있는 요리를 할 수 있으리라 보장함

실전공략 말하기 Tip

★ 아래 표현들을 활용하여 답변을 만들 수 있습니다.

~를 초대해 …에 손님으로 오게 합니다.	请~来…做客。
~은 내 생활의 일부가 되었습니다.	~成了我生活的一部分。
~하자마자 …하고 싶었습니다.	一~就想…
나는 ~이 매우 행복한 일이라고 생각합니다.	我觉得~是很幸福的事。
첫째~, 둘째~, 마지막으로~	第一~，第二~，最后~
나는 ~할 것이라 보장합니다.	我保证~

IH공략 플러스 +

1. 친구를 초대하여 음식을 대접하는 상황 설명하기

so so! 有时候也请朋友们来我家吃饭，我做些菜让他们尝一尝。他们说味道还可以。

UP! 有时候也请朋友们来我家做客，我就做些拿手菜让他们尝一尝。他们吃完以后都说挺不错的，觉得我的厨艺还可以。

➡ 다양한 어휘의 사용을 시도해 보세요. '来~做客(~에 와서 손님이 되다)', '拿手菜(자신 있는 요리)', '厨艺(요리 솜씨)'와 같은 어휘들을 이용해서 조금 더 수준 있는 표현을 만들어 보세요.

2. 요리할 때의 주의점에 대한 마무리 멘트하기

so so! 我觉得做菜的时候应该注意这些。

UP! 做菜的时候注意这些的话，我保证你做出的菜肯定很好吃！

➡ 결론을 말할 때 대화체를 사용하면 더욱 공감을 불러일으킵니다. '~的话(~라면)'와 같은 가정법이나 '保证(보장하다)'과 같은 확신의 어기를 담은 어휘들을 사용하여 청자로 하여금 공감할 수 있도록 답하면 good! good!

실전공략 따라잡기

다음 모범답안을 잘 읽어 보고 주요 표현을 익혀 보세요. 🔊 mp3_26

Q1. 根据调查显示，你喜欢做菜。你通常什么时候做菜呢？你常常做菜吗？
조사에서 당신은 요리를 좋아한다고 했습니다. 언제 요리를 하나요? 요리를 자주 하나요?

<u>说实话</u>，我非常喜欢做菜。
(암기! 솔직히 말하면)

平时工作很忙，不能 <u>常常</u> 做菜，但是每到周末我都会给家人做一些家常菜。
(패턴 01 / 자주 ~하다)

虽然我做的菜 <u>没有</u> 我妈做的好吃，可是他们觉得我的心意最重要。不仅家人们吃
(A没有B / A는 B만 못하다)

得很开心，而且还能 <u>帮</u> 妈妈 <u>的忙</u>，我真的感到很幸福。<u>有时候</u> 也请朋友们来我家
(帮~的忙 ~를 돕다) (패턴 02 / 어떤 때는)

做客，我就做些拿手菜 <u>让他们尝一尝</u>。他们吃完以后都说 <u>挺</u>不错<u>的</u>，觉得我的
(让+행위자+술어 (행위자)에게 (술어)하게 하다) (挺~的 매우 ~하다)

厨艺还可以。这几个月我抽空儿去补习班学习做菜，我们班的同学们 <u>比我做得还</u>
(A比B+술어+得+보어 A가 B보다 (술어의 정도가 보어만큼) 하다)

<u>好</u>，但我想 <u>总有一天</u> 我会超过他们的。
(암기!) (언젠가는: 미래의 어느 때를 가리킴)

现在做菜已经成了我生活中的一部分。

家常菜 jiācháng cài 일상 가정 요리 | 心意 xīnyì 마음씨 | 拿手菜 náshǒucài 잘하는 요리, 손꼽을 만한 요리
[활용] 拿手歌 náshǒugē 자신 있는 노래 [활용] 很拿手 hěn náshǒu 매우 자신 있다 | 厨艺 chúyì 요리 솜씨

Q2. 你是从什么时候开始对做菜感兴趣的？什么事情或者什么人让你感兴趣呢？现在仍然感兴趣吗？

당신은 언제부터 요리에 흥미를 가지게 되었습니까? 어떤 일 혹은 누구로 인해 흥미를 가지게 되었나요? 지금도 여전히 흥미를 갖고 있나요?

从我上小学起，就喜欢做菜，也许我天生就喜欢做菜吧。

小学三年级的时候，有一天妈妈带我去书店，当时妈妈买的书就是关于做菜的。回家一看到书里面的插图，我就想以后有机会自己也要做一做。从那以后，妈妈每次做菜我都在旁边看着，学学她的方法。如果有不懂的地方，就马上问她，让她帮我解决。现在我每次去书店，就买菜谱，一看到好的，就马上买回来，然后照着菜谱上的说明做。我自己觉得味道还不错的时候，就让妈妈也尝一尝。还有去饭店吃饭的时候，如果有觉得不错的，都会记下材料，回来也自己做做看，享受做菜的乐趣。

我觉得有人品尝我做的菜，是很幸福的事。

天生 tiānshēng 타고나다, 선천적이다 | **插图** chātú 삽화 | **菜谱** càipǔ 요리책, 메뉴, 레시피 | **享受** xiǎngshòu 누리다, 즐기다 | **乐趣** lèqù 즐거움, 재미 | **品尝** pǐncháng 맛보다, 시식하다

Q3. 根据调查显示，你很喜欢做菜。你平时常常做菜吗？你觉得做菜时最重要的是什么？
조사에서 당신은 요리를 좋아한다고 했습니다. 당신은 평상시에 자주 요리를 합니까? 요리할 때 중요한 것은 무엇인가요？

平时工作很忙。所以我一般只有到周末才做菜。

我觉得做菜的关键有以下几点：第一是选择材料。没有好的材料，就做不出自己想要的味道。第二是火候。做菜的火候很重要，有些菜不可以烧很久，不然老了，不仅咬不动，而且营养和水分也没有了，不好吃。但是有些菜却需要慢慢炖，才能炖出香味。这也是需要知识和手艺的。最后要注意味道：现在的人注重少盐少油。做菜的时候，不要放太多油，而且尽量少放盐和味精，保持菜肴的原汁原味。

做菜的时候注意这些的话，我保证你做出的菜肯定很好吃！

关键 guānjiàn 관건, 매우 중요하다 활용 问题的关键在~ wèntí de guānjiàn zài~ 문제의 포인트는 ~에 있다 활용 关键时刻 guānjiàn shíkè 결정적인 순간 활용 关键问题 guānjiàn wèntí 핵심 문제, 포인트 문제 | 火候 huǒhou 불[요리할 때 불의 세기, 강도, 시간 등을 가리킴] | 烧 shāo 끓이다 | 咬 yǎo 깨물다, 베어 물다 | 营养 yíngyǎng 영양 | 炖 dùn 오래 끓이다, 고다 | 注重 zhùzhòng 중시하다 | 味精 wèijīng 화학 조미료 | 菜肴 càiyáo 요리, 음식

Mini OPIc

다음 질문에 대해 개요를 작성해 보고, 실제처럼 말해 보세요. 🎧 mp3_27

Q1. 根据调查显示，你很喜欢爬山。一般什么时候去，常常跟谁一起去，为什么喜欢爬山？

> 조사에서 당신은 등산하는 것을 좋아한다고 했습니다. 주로 언제 등산을 가나요? 누구와 함께 가나요? 왜 등산을 좋아하나요?

● 스토리**맵** 작성하기

도입

⬇

전개

⬇

마무리

Q2. 你一般什么时候去爬山？去哪儿爬山呢？一个人去还是和别人一起去？
당신은 언제 등산을 합니까? 어디로 갑니까? 혼자 가요, 아니면 다른 사람들과 함께 가요?

● 스토리 맵 작성하기

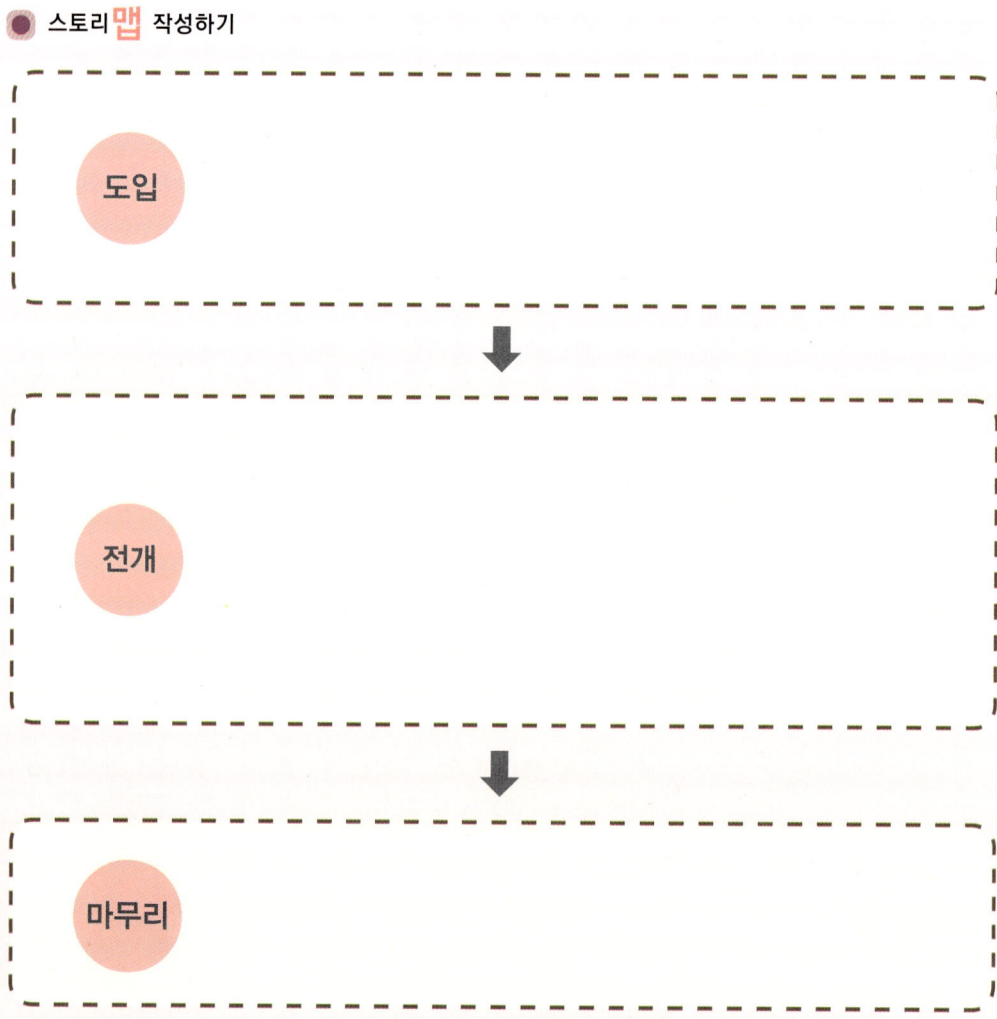

Q3. 给你提供一个情景：你打算跟朋友周末去爬山，请给朋友打电话问问关于这次爬山的计划。

상황을 제공하겠습니다. 당신은 친구와 주말에 등산을 가려고 합니다. 친구에게 전화를 걸어서 등산 계획에 대해 말해 보세요.

● 스토리맵 작성하기

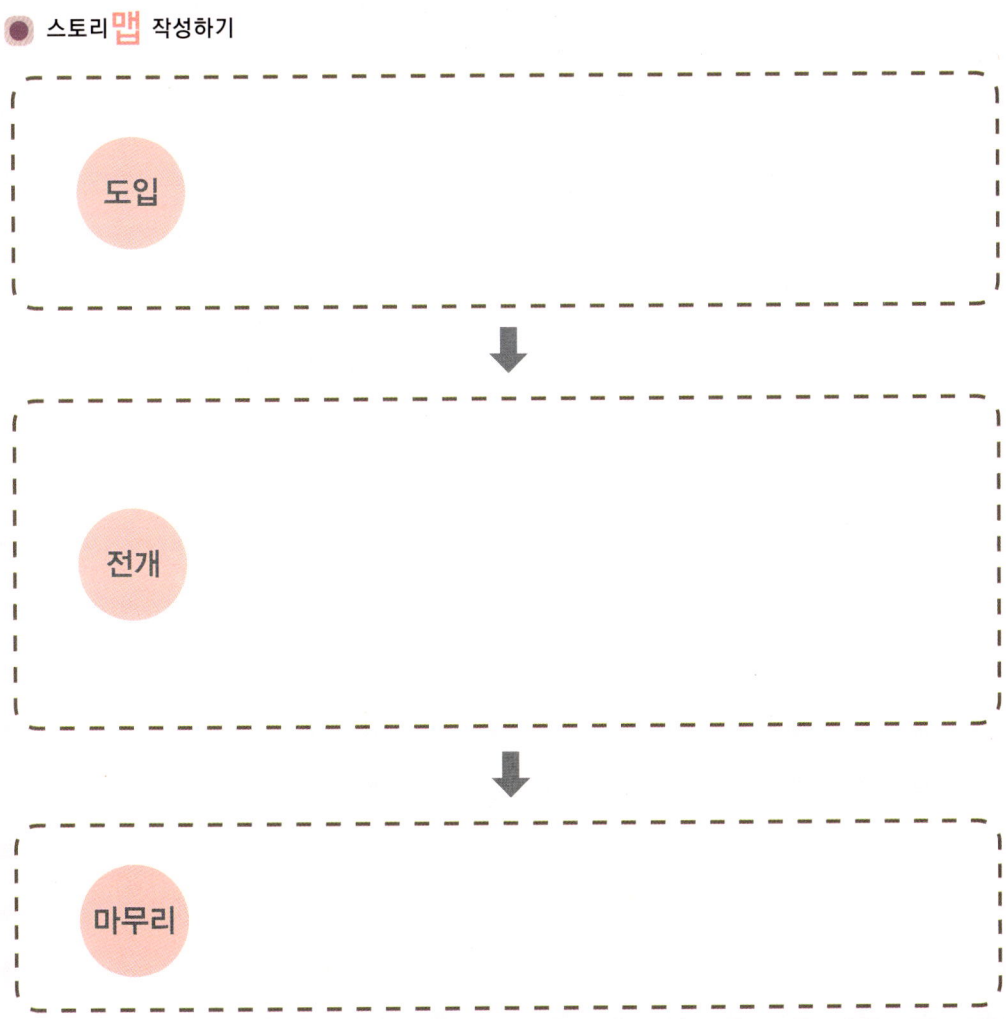

知之者不如好之者,
好之者不如乐之者。

알기만 하는 사람은 좋아하는 사람만 못하고,
좋아하는 사람은 즐기는 사람만 못하다.

제3부
주제별 공략

- **Day 10** 자기소개
- **Day 11** 거주지
- **Day 12** 직장
- **Day 13** 학교
- **Day 14** 취미
- **Day 15** 스포츠
- **Day 16** 쇼핑
- **Day 17** 건강
- **Day 18** 여행과 출장
- **Day 19** 과학 상품

Day 10

자기소개

학습목표
❶ 가장 기본이 되는 자기소개 관련 표현 익히기
❷ 예문과 함께 유용 패턴 익히기
❸ 예시 답변을 통해 표현 공략법 익히기

OPIc뿐만 아니라 모든 외국어의 기본은 자기소개입니다. 이름, 나이, 가족 관계 등 기본적인 인적사항부터 외모, 직업, 성격, 취미 등을 말할 수 있는데, 이제부터는 좀 더 풍부한 자기소개가 필요합니다. 직업의 종류와 업무 내용, 성격의 장점과 단점, 취미의 종류와 좋아하는 이유 등을 좀 더 구체적이고 다양하게 표현해 보세요.

'자기소개' 관련 문형 체크하기

1. 직업

- 我是（医务工作者 / 公司职员），在（一家医院 / 一家公司）当（护士 / 部门长）。
  저는 (의료계 종사자 / 회사 직원)입니다. (한 병원 / 한 회사)에서 (간호사 / 부서장)(으)로 있습니다.

2. 성격

- 我是比较（外向 / 内向）的人，喜欢（跟人打交道 / 一个人安安静静地呆在家里）。
  저는 비교적 (외향적인 / 내향적인) 사람입니다. (사람들과 사귀는 것을 / 혼자서 조용히 집에 있는 것을) 좋아합니다.

- 要说我的缺点吧，就是（性格太急 / 不喜欢运动）。
  저의 단점을 말한다면 바로 (성격이 너무 급하다 / 운동을 좋아하지 않는다)는 것입니다.

3. 취미

- 我的爱好就是（打棒球 / 看书）。
  저의 취미는 (야구를 하는 것 / 독서를 하는 것)입니다.

- 我的生活离不开（棒球 / 书）了，（棒球 / 书）是我的最爱。
  제 생활은 이미 (야구와 / 책과) 분리할 수 없습니다. (야구는 / 책은) 저의 최고의 사랑입니다.

4. 종합

- 我就是愛（玩 / 笑）愛（喝酒 / 哭）的人。
  저는 바로 (놀기 / 웃기) 좋아하고 (술 마시기 / 울기) 좋아하는 사람입니다.

고득점 공략 Point

1. **다양한 내용을 소개하라!**
   인적 사항만 간단하게 소개하기보다는 외모, 직업, 성격, 취미 등 다양한 방면에서 자신을 소개하는 것이 좋습니다.

2. **단점보다는 장점 위주로 표현하라!**
   되도록 장점 위주로 설명하고, 단점을 제시할 경우에도 긍정적 방향으로 전환하여 단점을 극복하려는 태도를 보이는 것을 잊지 마세요.

3. **다양하고 풍부하게 표현하라!**
   다양하고 풍부한 표현을 위해서는 단어 양이 관건입니다. 여러 방면에서 많은 단어를 습득할 수 있도록 평소에 많은 노력을 기울이세요.

OPIc중국어 패턴공략 🎧 mp3_28

01 我姓~, 叫… 제 성은 ~이고, 이름은 …이라고 합니다

중국어에서 가장 일반적인 이름 말하기는 성(姓)을 말하고 뒤에 성과 이름을 같이 말하는 방법입니다. '我姓+성씨, 叫+(성씨)+이름'의 형태를 기본으로 하며, '我姓+성씨, 叫+성씨+이름+이름의 글자 설명'의 형태로도 표현할 수 있습니다.

- **我姓**李, **叫**李真英。
  저는 성이 '이'이고 이진영이라고 합니다.

- **我姓**李, **叫**真英, 真实的真, 英俊的英。
  저는 성이 '이'이고 '진영'이라고 합니다. 진실의 진, 영준의 영입니다.

- **我姓**郑, **叫**郑智敏。
  저는 성이 '정'이고 정지민이라고 합니다.

- **我姓**郑, **叫**郑智敏, 智慧的智, 敏捷的敏。
  저는 성이 '정'이고 정지민이라고 합니다. 지혜의 지, 민첩의 민입니다.

> **Tip** 중국식 이름 소개
> 우리나라에서는 '저는 (성씨+이름)입니다'라고 말하지요? 중국에서는 '我叫+(성씨+이름)' 외에도 '我姓+(성씨), 叫+(성씨+이름)'이라고 말할 수 있고, '我姓+(성씨)'와 같이 성만 말하기도 합니다.

02 我(的)性格~ 성격이 ~하다

'性格'는 성격이라는 의미입니다. 일반적으로 '我(的)性格+구체적 성격'의 형태로 써서 자신의 성격을 소개할 수 있습니다.

- **我的性格**比较外向, 喜欢跟人打交道。
  저의 성격은 비교적 외향적이고, 사람과 교제하는 것을 좋아합니다.

- **我性格**活泼开朗, 朋友们都喜欢我。
  저의 성격은 활발하고 쾌활합니다. 친구들 모두 저를 좋아합니다.

- **我的性格**比较内向, 不爱说话。
  저의 성격은 비교적 내성적이고 과묵합니다.

- **我性格**有点儿小心眼儿, 缺乏自信。
  저의 성격은 소심한 편이고, 자신감이 결여되어 있습니다.

> **Tip** 성격 소개하기
> 성격은 외향적, 내성적, 적극적, 소극적 등등 사람마다 다양하지요? 다양한 어휘와 표현으로 자신의 성격을 구체적으로 말할 수 있도록 연습해야 합니다.

03 我的爱好是~   내 취미는 ~이다

취미를 말할 때는 우리말 구문과 말하는 방식이 같습니다. '是자문'을 이용하여 '我的爱好是+취미 종류 혹은 활동'과 같이 나타냅니다.

- 我的爱好是看好莱坞电影。
  저의 취미는 할리우드 영화를 보는 것입니다.

- 我的爱好就是看棒球比赛。
  저의 취미는 바로 야구 경기를 보는 것입니다.

- 我的爱好是听古典音乐。
  저의 취미는 클래식 음악을 듣는 것입니다.

- 我的爱好就是玩电脑游戏。
  저의 취미는 바로 컴퓨터게임을 하는 것입니다.

> **Tip** '爱好'의 발음
> 취미를 뜻하는 '爱好'에서 '好'는 'hǎo'가 아닌, 'hào'입니다. 성조에 주의하세요.

04 虽然~，但是…   비록 ~이지만…하다

'虽然~，但是…'는 앞의 사실을 인정하면서 다른 의견을 말할 때 사용하는 구문으로, 전환의 의미를 나타냅니다. 일반적으로 주어가 하나일 때는 주어는 '虽然' 앞뒤에 올 수 있고, 주어가 두 개일 때는 '虽然+주어1+~，但是+주어2+…'와 같이 씁니다.

- 我虽然不爱说话，但是喜欢交朋友。
  저는 과묵하기는 하지만 친구 사귀는 것을 좋아합니다.

- 虽然有一些压力，但是我喜欢我的工作。
  비록 약간의 스트레스가 있지만 저는 저의 일을 좋아합니다.

- 虽然也有缺点，但是会改掉的。
  비록 단점도 있지만 고칠 수 있을 것입니다.

- 我虽然还是个学生，但是毕业以后会找到一份好工作的。
  저는 비록 아직 학생이지만 졸업 후에는 좋은 직장을 구할 것입니다.

> **Tip** '虽然~，但是…'로 자기소개 하기
> '虽然~，但是…'는 자기소개에서 단점을 표현할 때 활용할 수 있습니다. '虽然+단점, 但是+극복하려는 의지/태도'와 같이 단점을 인정하면서도 긍정적인 방향으로 전환하여 말하면 좋은 말하기가 되겠죠?

OPIc중국어 실전공략

다음 질문에 아래와 같이 개요를 작성한 후, 말해 보세요.

Q. 请介绍一下你自己。
당신에 대해 소개해 주세요.

| 과제 | 자기소개 하기 |
| 수행방법 | 인적 사항, 외모, 성격, 직업, 취미 등 다방면으로 풍부하게 표현하기 |

● 스토리 맵(Story Map)

도입 — **준비 멘트**
– 자기 소개를 하겠음

전개 — **구체적인 사항 소개**
– 이름: 이진영. 진실의 진, 영민의 민, 올해 34세
– 외모: 키는 크지도 작지도 않음, 갸름한 얼굴과 까만 눈
– 직업: 무역회사 영업부 근무, 해외무역 담당
– 성격: 외향적, 유머가 있고 사람들과 어울리는 것을 좋아함. 고객들이 모두 좋아하고 회사에서 인간관계도 좋음
– 취미: 로맨스소설 보기 – 낭만적인 내용을 보면 눈물이 남
  미국드라마 보기 – 새로 나온 드라마는 밤을 새워서라도 봄
– 단점: 운동을 좋아하지 않음 → 지금부터라도 매일 단련할 것임

마무리 — **정리 멘트**
– 지금은 혼자 살고 있지만 언젠가는 백마 탄 왕자가 나타날 것임

실전공략 말하기 Tip

★ **아래 표현들을 활용하여 답변을 만들 수 있습니다.**

현재 ~회사의 ~부서에서 근무합니다. 저의 주요 업무는 ~입니다.
....现在在~公司的~部工作，我的工作主要是~

저의 성격은 ~합니다. 이것이 바로 저의 가장 큰 장점입니다. .... 我性格~，这算是我最大的优点吧。

저의 취미는 ~입니다. 또 저는 ~을 좋아합니다. .... 我的爱好是~，还有我喜欢~

저는 바로 ~한 사람입니다. .... 我这个人就是~的人。

저의 단점을 말하라면 바로 ~입니다. .... 要说我的缺点就是~

IH공략 플러스 +

1. 성격 소개하기

so so! 我很幽默，喜欢跟人打交道。朋友们都喜欢我。

up! 我性格外向，幽默，喜欢跟人打交道，所以很多客户都喜欢我。而且在公司里，我的人际关系也不错。当然朋友们也喜欢跟我在一起。

➡ 성격을 말할 때 친구들과의 관계 외에 업무와도 연결시켜서 '고객이 좋아하고 회사에서의 인간관계도 좋다'와 같이 추가 설명을 해 주면 good!

2. 취미 소개하기

so so! 我喜欢看爱情小说，小说里的浪漫故事非常感动。我还喜欢看美国电视剧。

up! 我的爱好是看爱情小说。看到浪漫故事的感人之处，鼻子一酸就会流下眼泪。还有我喜欢看美国电视剧，一有新出的美剧，我就会熬夜把它看完。

➡ '감동했다'라는 표현은 중국어 말하기에서 취미, 인간관계, 경험 말하기 등 여러 방면에서 다양하게 쓸 수 있습니다. 이때 '我很感动'과 같이 표현하기보다는 '鼻子一酸就会流下眼泪 (코끝이 찡하니 눈물이 난다)'와 같이 좀 더 생동감 있게 표현해 보세요. '미드를 좋아한다'와 같은 표현도 '喜欢~'으로만 말하는 것보다 '熬夜把它看完(밤을 새워서 다 보다)'와 같이 구체적으로 말해 주면 훨씬 풍부한 말하기가 됩니다.

실전공략 따라잡기

다음 모범답안을 잘 읽어 보고 주요 표현을 익혀 보세요. 🎧 mp3_29

Q. 请介绍一下你自己
당신에 대해 소개해 주세요.

我来介绍一下。**我姓**李，**叫**李真英，真实的真，英俊的英，今年三十四岁。
_{패턴 01} 제 성은 ~이고 이름은 ~입니다

我个子<u>不</u>高<u>也不</u>矮，有一张瓜子脸和一双乌黑的眼睛。现在在一家贸易公司的营
不~也不… ~도 아니고 …도 아니다: 적당한 상태를 뜻함

销部工作，我的工作主要是海外贸易。**我性格**外向，幽默，喜欢跟人打交道，所
_{패턴 02} 제 성격은 ~입니다

以很多客户都喜欢我，而且在公司里，我的人际关系也不错，当然朋友们也喜

欢跟我在一起，这算是我最大的优点吧。**我的爱好是**看爱情小说，看到浪漫故事
_{패턴 03} 제 취미는 ~입니다

的感人之处，鼻子<u>一</u>酸<u>就</u>会流下眼泪。还有我喜欢看美国电视剧，<u>一</u>有新出的美
一~就… ~하자마자 바로 …하다   一~就… ~하기만 하면 …하다

剧，我<u>就</u>会熬夜<u>把它看完</u>。我这个人就是爱哭爱笑，感情丰富的人。要说我的缺
把+목적어+술어+α(결과보어)

点，就是不爱运动，<u>为了我的健康</u>，我打算<u>从</u>现在<u>开始</u>每天锻炼。我现在一个人
为了+목적 (목적)을 위하여   从~开始 ~부터 시작하다

住，_{패턴 04} **虽然**现在的生活孤孤单单，**但是**总有一天会找到我的白马王子，哈哈！
비록 ~이지만 …하다

个子 gèzi 키 | **不~(也)不…** bù~(yě)bù… ~도 아니고 …도 아니다 | **外向** wàixiàng (성격이) 외향적이다 [반의]
内向 nèixiàng (성격이) 내성적이다 | **幽默** yōumò 유머러스하다 | **打交道** dǎ jiāodao 왕래하다, 교제하다 [활용]
跟(和)~打交道 ~와 왕래하다, 교제하다 | **优点** yōudiǎn 장점 | **爱好** àihào 취미 | **熬夜** áoyè 밤을 새우다 | **缺点** quēdiǎn 단점 | **孤孤单单** gūgūdāndān 외롭다, 고독하다 ['孤单'의 중첩]

Mini OPIc

다음 질문에 대해 개요를 작성해 보고, 실제처럼 말해 보세요.

Q. 请介绍一下你自己

　　　당신에 대해 소개해 주세요.

● 스토리맵 작성하기

도입

전개

마무리

Day 11

거주지

학습목표
① 거주지 관련 표현 익히기
② 예문과 함께 유용 패턴 익히기
③ 예시 답변을 통해 표현 공략법 익히기

OPIc에서 거주지 관련 문제는 집 구조, 좋아하는 장소, 주거지 비교, 주거 환경, 이웃 관련 등의 내용이 출제됩니다. 집의 구조와 구조물, 위치와 분위기, 집이 나에게 주는 의미, 집 주위 환경, 이웃, 편의시설 이나 교통 환경 등 자신이 거주하는 곳을 이제부터 잘 관찰하여 준비하세요.

'거주지' 관련 문형 체크하기

1. 거주지

- 我住在（明洞 / 江南站）附近的一所（公寓 / 平房）里，我家在（十一 / 三）楼。
  저는 (명동 / 강남역) 근처의 한 (아파트 / 단독주택)에 삽니다. 우리 집은 (11 / 3)층입니다.

2. 거실의 분위기

- 我家的客厅看起来（不算大 / 很小），但（很雅致 / 布置得相当不错）。
  우리 집 거실은 보기에 (크다고 할 수는 없습니다 / 매우 작습니다). 그러나 (매우 우아합니다 / 배치가 상당히 좋습니다).

3. 방의 분위기

- 我的卧室很干净、整洁。
  저의 침실은 매우 깨끗하고 깔끔합니다.

- 父母的卧室又素净又整洁。
  부모님의 침실은 소박하고 깔끔합니다.

4. 구조물의 위치

- 屋角立着新买的空调。
  방의 모서리에는 새로 산 에어컨이 세워져 있습니다.

- 墙上还挂着他们的结婚照。
  벽에는 또 그들의 결혼사진이 걸려 있습니다.

5. 교통과 환경

- 我家周围的交通环境（不方便 / 很方便），车站离我家很（远 / 近），走(20分钟才 /5分钟就) 到。
  우리 집 주위의 교통 환경은 (불편합니다 / 편리합니다). 정거장이 집에서 매우 (멉니다 / 가깝습니다). 걸어서 (20분을 가야 겨우 / 5분이면 바로) 도착합니다.

- 我家周围的生活环境比以前方便得多。银行，书店，医院都在附近。
  우리 집 주위의 생활 환경은 이전보다 많이 편리합니다. 은행, 서점, 병원 모두 근처에 있습니다.

- 这就是我家。虽然不是那么大，但是我们一家四口人在这里充满欢乐。
  이것이 바로 우리 집입니다. 비록 그렇게 크지는 않지만, 우리 네 식구가 사는 이곳은 기쁨과 즐거움이 가득합니다.

- 住在这里，既舒适又方便，全家人都觉得很快乐。
  이곳에 사는 것은 편안하고 편리합니다. 가족 모두가 즐겁다고 느낍니다.

 고득점 공략 Point

1. 거주지의 주요 공간을 잘 파악하라!
   각 구조물의 위치를 정확하게 설명할 수 있어야 합니다.

2. 거주지의 분위기, 용도, 기능과 관련하여 풍부하고 다양한 표현을 익혀라!
   집 안이나 주변 환경의 분위기, 구조물의 용도 및 기능과 관련하여 다양한 어휘를 활용하는 것이 좋습니다.

3. 위치를 설명할 때 사용 어휘와 어순에 주의하라!
   위치를 설명할 때 사용하는 동사 '摆', '立', '放', '挂', '铺'의 사용에 주의해야 합니다.

OPIc중국어 패턴공략 🔊 mp3_31

01 看起来~ 보아하니/보기에 ~하다

'看起来'는 '看起来+인상/견해'의 형태로 쓰여 '보아하니 ~하다', '보기에 ~하다'라는 의미를 나타냅니다. '起来'는 동사 뒤에 위치하여 '~하자니'라는 의미로 인상이나 견해, 관점을 나타냅니다. 거주지의 규모나 분위기, 구조물의 분위기 등을 설명할 때 '看起来' 구문을 활용할 수 있습니다.

예 看起来特别整洁。 보기에 매우 우아하다. / 看起来很干净。 매우 깔끔해 보인다.

- 这沙发**看起来**很旧，坐起来却很舒服。
  이 소파는 보기에 오래 됐지만 앉아 보면 오히려 매우 편안하다.

- 我的房间**看起来**不太大，可是布置得很不错。
  이 방은 보기에 그다지 크진 않지만 배치가 잘되어 있다.

- **看起来**特别素净。
  보기에 굉장히 수수하다.

- **看起来**特别雅致。
  보기에 굉장히 우아하다.

> **Tip** 동사+起来
> 자주 쓰이는 '동사+起来' 구문을 암기해 두세요.
> 坐起来 앉아 보면
> 听起来 들어 보면, 듣자 하니
> 做起来 (행동을) 해 보면

02 동사+在~ ~에 (동사)해 있다

'동사+在'는 '주어+동사+在+구체적 위치'의 형태로 쓰여서 '(주어)가 (위치)에 (동사)해 있다'라는 뜻을 나타냅니다. 동사 뒤의 '在'는 동사의 고정 또는 안착의 의미를 나타내는 결과보어로 쓰입니다. 주거지 설명 시, 구조물의 위치를 말할 때 이 구문을 활용할 수 있습니다. '~이 ~에 걸려 있다 / 놓여 있다 / 진열되어 있다' 등 구조물의 위치를 동사에 따라 다양하게 표현할 수 있습니다.

- 分别**摆在**房间的两边。
  각각 방의 양쪽에 진열되어 있다.

- 台式电脑**放在**桌子上。
  데스크탑은 책상 위에 놓여 있다.

- 那幅画就**挂在**墙上。
  그 그림은 바로 벽에 걸려 있다.

- 花瓶**放在**酒柜上面。
  꽃병이 술 진열장 위에 놓여 있다.

03 동사+着~   ~가 (동사)해 있다

'着'는 동사 뒤에 위치하여 동작이나 상태의 지속을 나타내는 조사입니다. 구조물의 위치를 표현할 때 '구체적 위치+동사+着+구조물'의 형태로 쓰여 '(위치)에 (구조물)이 (동사)한 채로 있다'라는 의미를 나타냅니다.

- 墙上挂着全家照。
  벽에 가족사진이 걸려 있다.

- 床头柜上放着一些杂志。
  침대 머릿장에 몇 권의 잡지가 놓여 있다.

- 屋角儿立着一个书架。
  방 구석에는 책꽂이가 세워져 있다.

- 地上铺着爸爸从印度买来的地毯。
  바닥에는 아빠가 인도에서 사 온 카펫이 깔려 있다.

04 既~又…   ~이기도 하고 …이기도 하다 / ~할 뿐만 아니라 …하기도 하다

'既~又…'는 두 가지 성질이나 상황을 동시에 나타낼 때 사용하는 구문입니다. '既'와 '又' 뒤에는 음절 수가 같은 단어 혹은 동일한 구조의 구문이 와야 하고, 단음절 동사나 긍정부정을 나열한 형태는 쓸 수 없습니다.(예 既说又哭(×) / 既对又不对(×)) 거주지 설명 시, 공간의 용도나 분위기 등을 말할 때 '既+용도나 분위기+又+용도나 분위기'의 형태로 사용할 수 있습니다.

- 既有全新的数码电视，又有一个大大的新式沙发。
  새로운 디지털 텔레비전도 있고 큰 신식 소파도 있다.

- 既是我的卧室，又是我的书房。
  나의 침실이자 서재이다.

- 既能休息又能学习。
  쉴 수도 있고 공부를 할 수도 있다.

- 既能看电视，又能查找新闻。
  텔레비전을 볼 수도 있고 뉴스를 찾아볼 수도 있다.

OPIc중국어 실전공략

다음 질문에 아래와 같이 개요를 작성한 후, 말해 보세요.

Q. 在你家你最喜欢的空间是哪儿？里面都有什么？请讲一讲在你家你最喜欢的地方。
당신 집에서 가장 좋아하는 공간은 어디인가요? 안에는 무엇이 있나요? 당신 집에서 가장 좋아하는 공간을 말해 보세요.

과제	집에서 가장 좋아하는 공간 말하기
수행방법	집에서 가장 좋아하는 장소를 골라 구체적으로 묘사하기

● 스토리 맵(Story Map)

도입 — 거주지의 전체적인 특징 언급(구조, 분위기 등)
- 아파트에 삶, 방 두 개와 거실 하나, 크지 않지만 우아함
- 가장 좋아하는 곳은 거실: 깔끔한 배치

전개 — 가장 좋아하는 공간을 구체적으로 묘사하기
- 거실은 배치가 매우 좋음
- 거실의 양쪽: 소파가 있음
- 거실의 중간: 티테이블이 있음, 티테이블 위에 찻잔 세트와 잡지가 있음
- 거실 벽: 텔레비전과 홈시어터가 있음, 효과가 끝내줌
  내가 그린 그림이 걸려 있음, 공간에 예술적 분위기를 더함, 부모님이 좋아하심
- 거실 구석: 책장이 있음, 책장 안에는 각양각색의 책이 있음, 책 속에 빠지는 느낌이 좋음
- 거실의 기능: 평소 손님들도 우리 집에 왔을 때 거실에서 이야기하고 차를 마시는 것을 좋아함

마무리 — 좋아하는 공간에 대한 느낌이나 감정 말하기
- 거실이 가장 편안한 곳, 우리 가족 모두 편안하고 즐겁게 지냄

실전공략 말하기 Tip

★ 아래 표현들을 활용하여 답변을 만들 수 있습니다.

저는 ~에 삽니다. 방이 ~개에 거실이 ~개입니다. ……………………… 我住在~，~室~厅。
우리 집에서 제가 가장 좋아하는 곳은 ~라고 꼽을 수 있습니다. ………… 在我家，我最喜欢的地方就数~了。
~이 양쪽에 나뉘어 진열되어 있습니다. 벽에는 ~이 걸려 있습니다. ……… ~分别摆在两边，墙上挂着~
모서리에는 ~이 세워져 있습니다. ……………………………………… 角落立着~
저는 ~이 우리 집에서 가장 편안한 곳이라고 생각합니다. ……………… 我觉得~是我家最舒服的地方。

IH공략 플러스 +

1. 주거지와 구조 설명하기

SO SO! 我住在公寓里, 有两个房间一个客厅。不是那么大, 但很好。

UP! 我住在一所公寓里。两室一厅, 不算太大, 但是很雅致。

➡ 자신이 사는 주거지를 소개할 때는 주거지에 적합한 양사를 넣어 주세요. 방 개수 등 구체적 구조를 설명할 때는 '~室~厅'의 형식을 활용하면 좋습니다. 또한 극단적인 표현보다는 '算/不算(~한 편이다/~한 편은 아니다)'과 같은 어휘로 부분 부정을 나타내 보세요. 특히 집의 분위기를 설명할 때는 '雅致(우아하다), 整洁(깔끔하다), 朴素(소박하다)'와 같은 단어를 사용하면 good!

2. 구조물에 대해 설명하기

SO SO! 墙上挂着一台数码电视机, 还有家庭影院。效果很好。

UP! 墙上挂着一台40寸的数码电视机, 另外还有一套家庭影院, 效果非常棒！特别是看电影的时候, 能体会到身临其境的感觉。

➡ 구조물에 대해 구체적으로 설명할 때는 단순히 위치만 설명하기보다는, 구조물의 용도 및 기능, 그 구조물이 주는 분위기, 효과 등을 부가적으로 설명하면 훨씬 풍부한 답변이 됩니다. 청자의 감정을 자극할 만한 표현과 단어들을 다양하게 사용해 보세요.

실전공략 따라잡기

다음 모범답안을 잘 읽어 보고 주요 표현을 익혀 보세요.

Q. 在你家你最喜欢的空间是哪儿？里面都有什么？请讲一讲在你家你最喜欢的地方。
당신 집에서 가장 좋아하는 공간은 어디인가요? 안에는 무엇이 있나요? 당신 집에서 가장 좋아하는 공간을 말해 보세요.

我住在一所公寓里，两室一厅，不算太大，但是很雅致。在我家，我最喜欢的地方就数客厅了。

我家的客厅布置得相当不错，看起来特别整洁。一大两小的新式沙发分别摆在两边。中间是一张透明的茶几，茶几上边有一套茶具和一些杂志。墙上挂着一台40寸的数码电视机，另外还有一套家庭影院，效果非常棒！特别是看电影的时候，能体会到身临其境的感觉。电视对面的墙上还挂着一幅我亲手画的画儿，这也给我们家带来一些艺术的气息，父母比我还喜欢这幅画儿呢。客厅的角落立着一个书柜，书柜里有各种各样的书，偶尔沉浸在书海里的感觉也不错。平时客人们来我家的时候，都喜欢在客厅里聊天、喝茶。

我觉得客厅是我家最舒服的地方。我们全家人在这里过得既舒适又开心。

雅致 yǎzhì 고상하다, 품위 있다, 우아하다 | **客厅** kètīng 거실 | **布置** bùzhì 배치(하다) | **整洁** zhěngjié 단정하고 깔끔하다 | **摆** bǎi 진열하다, 놓다 활용 摆在+장소 (장소)에 진열되어 있다 활용 摆着+구조물 (구조물)이 진열되어 있다 | **挂** guà (고리, 못 등에) 걸다 활용 挂在+장소 (장소)에 걸려 있다 활용 挂着+구조물 (구조물)이 걸려 있다 | **身临其境** shēnlín qíjìng 그 장소에 직접 가다 | **气息** qìxī 숨결, 기운, 정신 | **角落** jiǎoluò 모서리 | **各种各样** gèzhǒng gèyàng 각양각색 | **偶尔** ǒu'ěr 간혹, 가끔 | **沉浸** chénjìn (생각 따위에) 잠기다, 빠지다

Mini OPIc

다음 질문에 대해 개요를 작성해 보고, 실제처럼 말해 보세요. 🎧 mp3_33

Q. 给你提供一个情景：你要把家里重新装修一下，请给装修公司打个电话，询问一下具体情况。
상황을 제공하겠습니다. 당신은 집에 새로 인테리어를 하려고 합니다. 인테리어회사에 전화를 걸어서 구체적인 상황을 문의해 보세요.

● 스토리 맵 작성하기

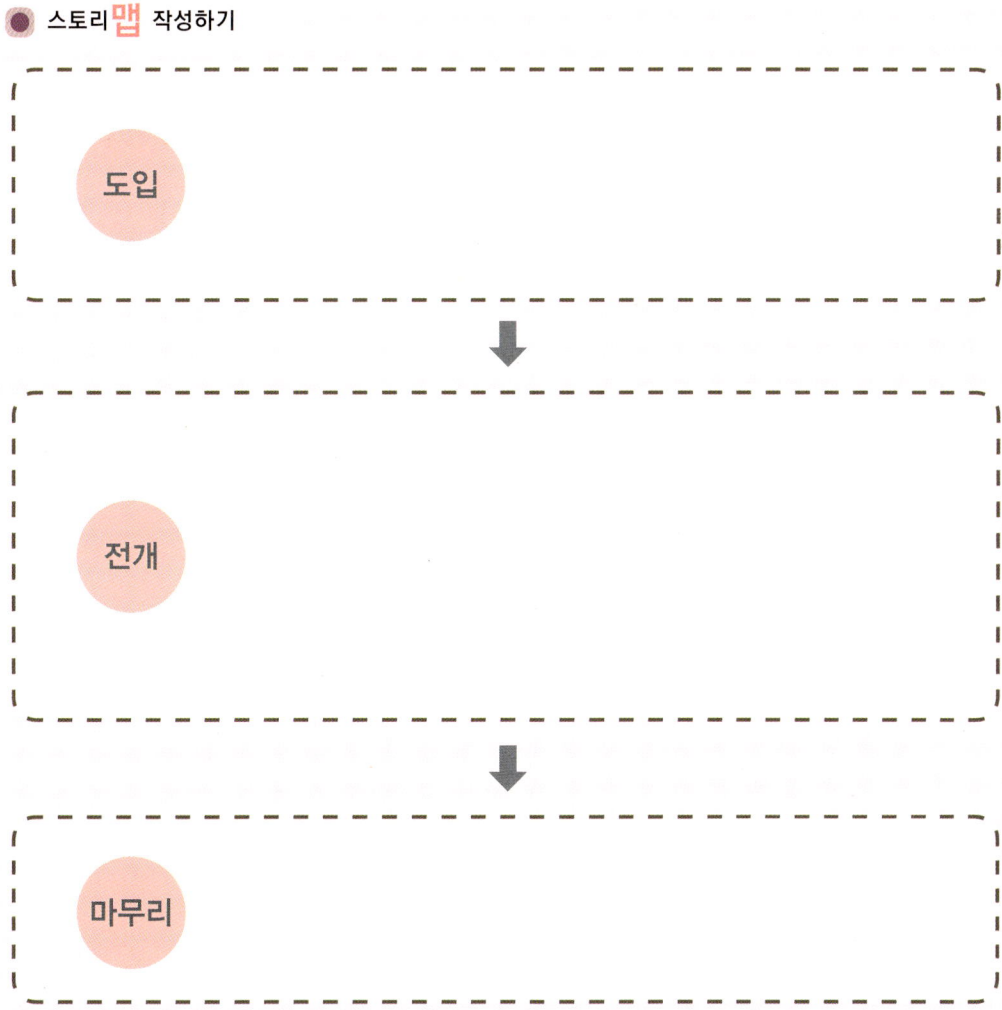

Day 12

직장

학습목표
1. 직장 관련 표현 익히기
2. 예문과 함께 유용 패턴 익히기
3. 답변을 통해 표현 공략법 익히기

OPIc에서 직장 관련 문제는 직업의 종류, 주요 업무, 업무에 대한 만족도, 상사나 부하 직원 혹은 동료들과의 인간관계, 그 외에 인물 묘사, 회의 프로젝트, 고객과의 약속, 출장 등 다양한 주제로 출제됩니다. 회사명과 업무 소개, 업무 종류와 업무 환경(동료, 인간관계, 업무에 대한 만족도, 발전 방향 등) 등에 대해 다양한 답변 형태를 준비해야 합니다.

'직장' 관련 문형 체크하기

1. 회사 연혁과 주요 업무 소개

- 我们公司成立于1990年。
  우리 회사는 1990년에 설립되었습니다.

- 我的主要工作是 (管理海外客户 / 开发新市场) 。
  저의 주요 업무는 (해외 거래처를 관리하는 것 / 새로운 시장을 개발하는 것)입니다.

2. 직업에 대한 만족도

- 我对自己的工作 (还是挺满意的 / 比较满意) 。
  저는 저의 직업에 (여전히 만족하고 있습니다 / 만족하는 편입니다).

- 有机会去很多地方，还能认识很多人，而且收入也比较高。多好啊！
  많은 곳을 갈 기회가 있고 또 많은 사람들을 만날 수 있습니다. 게다가 수입도 높은 편입니다. 얼마나 좋아요!

3. 업무

- 在工作上能发挥自己的能力。
  업무에 있어서 자신의 능력을 발휘할 수 있습니다.

- 应该积极表现，争取机会，向前发展。
  적극적으로 표현하고 기회를 쟁취하여 앞으로 발전해 나가야 합니다.

4. 인간관계

- 每次都是硬着头皮去跟他喝酒。
  매번 억지로 그와 술을 마십니다.

- 进入社会以后发现人际关系非常重要，要搞好和同事之间的关系。
  사회 진출 이후에는 인간관계가 매우 중요하다는 것을 발견할 수 있습니다. 동료와의 관계를 잘해야 합니다.

고득점 공략 Point

1. 자신의 업무내용을 파악하라!
업무의 장단점을 기억하여 자세하고 풍부하게 표현해야 합니다.

2. 예를 들어 설명하면 이해가 쉬워진다!
업무 관련 상황을 예를 들어 설명하면 청자가 이해하기 쉽고 공감을 불러일으킬 수 있습니다.

3. 자신의 비전을 제시하라!
자신의 업무 환경에 대한 긍정적 비전을 제시하면 좋은 말하기가 됩니다.

OPIc중국어 패턴공략 🎵 mp3_34

01 我在~工作   저는 ~에서 일합니다

'我在~工作'는 자신의 직업이나 업무를 소개할 때 쓰는 표현입니다. 주로 '我在+회사명/부서명+工作'의 형태로, '저는 ~(회사 또는 부서)에서 일합니다'라는 의미를 나타냅니다. 구체적인 위치를 넣어서 '我在+구체적 위치+회사명/부서명+工作', 즉, '저는 ~에 위치한 ~회사/~부서에서 일합니다'라고 말할 수도 있습니다.

- 我在一家电信公司工作。
  저는 한 통신사에서 일합니다.
- 我在首尔的一家贸易公司采购部工作。
  저는 서울의 한 무역회사 구매팀에서 일합니다.
- 我在钟路附近的一家公司工作。
  저는 종로 근처의 한 회사에서 일합니다.
- 我在一家电子公司的人事管理部工作。
  저는 한 전자회사의 인사팀에서 일합니다.

02 拿~来说   ~을 들어 이야기하자면

'拿~来说'는 어느 범위 중 특정한 하나의 방면에 대해 중점적으로 설명할 때 자주 쓰이는 구문입니다. '拿+예시 영역+来说'의 형태를 가지며 회사 생활을 말할 때나 동료·상사·업무·회식 문화 등 다양한 방면을 소개할 때 활용할 수 있습니다.

- 拿人际关系来说，你对别人好，别人也会对你好的。
  인간관계를 들어 말하자면, 당신이 다른 사람에게 잘하면 다른 사람도 당신에게 잘할 것이다.
- 拿开会来说，每天开会给我很大的压力。
  회의를 들어 말하자면, 매일 회의를 하는 것은 나에게 큰 스트레스가 된다.
- 拿我来说，每天都得加班。
  나로 말하자면, 매일 초과근무를 해야만 한다.
- 拿部长来说，他对职员非常严格，而且经常发脾气。
  부장님으로 말하자면 직원에게 매우 엄격한 데다가 자주 성질을 낸다.

03 既要~又要… ~해야 할 뿐만 아니라 …해야 한다

'既~又…'는 '~이기도 하고 …이기도 하다'라는 의미이고, '要'는 '~해야 한다'라는 당위를 나타냅니다. 따라서 '既要~又要…'는 마땅히 이루어져야 하는 두 가지 내용을 나타낼 수 있습니다. 업무 내용이나 동료와의 관계 등을 표현할 때 활용할 수 있습니다.

- 既要工作，又要照顾孩子。
  일을 해야 하고 아이도 돌봐야 한다.
- 既要写报告，又要准备开会。
  보고서도 써야 하고 회의도 준비해야 한다.
- 既要见客户，又要管理工厂。
  고객도 만나야 하고 공장도 관리해야 한다.
- 既要看上司的脸色，又要培训新职员。
  상사의 눈치도 살펴야 하고 신입사원도 교육시켜야 한다.

04 越来越~ 점점 더 ~하다

'越来越'는 시간이 흐름에 따라 변화하는 상태를 나타냅니다. '越来越+상황/상태의 변화'의 형태를 가지며, '越来越'의 뒷부분에는 '很, 非常……'과 같은 정도부사를 사용할 수 없습니다. (예 越来越很难. (×) / 越来越难. (o) 점점 더 어렵다.) '越来越'구문은 직장 관련 답변의 마무리 부분에서 자신의 업무 영역의 발전 방향 등을 긍정적 방향으로 이끌어 낼 때 활용하면 좋습니다.

- 我们公司会发展得越来越好的。
  우리 회사는 점점 더 발전할 것이다.
- 我的工作效率越来越高。
  나의 업무 효율은 점점 더 높아진다.
- 最近找工作越来越难。
  최근 직업을 찾는 것이 점점 더 어렵다.
- 我和同事之间的关系越来越好了。
  나와 동료 사이의 관계가 점점 더 좋아진다.

> **Tip** 비슷한 패턴 알아 두기
> '越A越B'의 형식도 있습니다. 이는 'A할수록 B하다'라는 의미입니다.
> 예 工作越顺利，我们就越紧张。
> 업무가 순조로울수록 우리는 긴장합니다.

OPIc중국어 실전공략

다음 질문에 아래와 같이 개요를 작성한 후, 말해 보세요.

Q. 根据调查显示，你是一名公司职员。你是做什么工作的？你喜欢你的工作吗？
조사에서 당신은 직장인이라고 했습니다. 당신은 무슨 일을 하나요? 당신의 일을 좋아합니까?

과제	업무에 대해 말하기
수행방법	업무 종류와 만족도, 향후 비전 등 자세하게 말하기

● 스토리 맵(Story Map)

도입
회사 및 업무 소개하기
- 현재 무역회사 마케팅팀에서 근무함
- 주요 업무는 영업판매: 기존 고객 관리와 새 고객 개발, 외근이 잦음

전개
업무 만족도, 업무 환경 등 자신의 업무에 대해 구체적으로 설명하기
- 업무에 대해 비교적 만족함
- 고객들이 나를 신임하고 월급도 높은 편임
- 어떤 때는 상사의 눈치를 살피며 억지로 일을 해야 함, 회식 자리에서는 권하는 술을 마시기 싫어도 마셔야 함
- 상사도 만족시켜야 하고 동료와의 관계도 원만해야 함: 스트레스가 매우 큼
- 회사에서의 인간관계가 좋음, 업무 능력도 모두의 인정을 받음

마무리
언급한 내용에 대해 정리하고 비전 제시하기
- 스트레스가 있지만 열심히 일하고 적극적으로 표현하고 더 많은 기회를 쟁취해야 함
- 나의 노력하에 점점 더 발전할 것임

실전공략 말하기 Tip

★ 아래 표현들을 활용하여 답변을 만들 수 있습니다.

저의 업무는 주로 ~하는 것입니다.	我的业务主要是~
저는 제 직업에 ~합니다. ~일 뿐만 아니라 ~이기도 합니다.	我对自己的工作~，不仅~ 而且~
~을 들어 말하자면	拿~来说
비록 스트레스가 있지만 마땅히 ~해야 합니다.	虽然有压力，但应该~
저는 ~하에서 ~할 것이라는 것을 믿습니다.	我相信~之下，我会~的。

IH공략 플러스 +

1. 자신의 주요 업무 소개하기

so so! 我的业务主要是营销, 所以常常跟客户见面。

up! 我的业务主要是营销, 负责管理已有的客户和开发新的客户, 所以大部分时间都需要外出跟客户见面, 处理事务。

➡ 업무 소개에 대비해서 자기의 업무에 대해 비교적 구체적으로 말할 수 있도록 연습하세요. 예문과 같이 '영업'이 주요 업무라면 '고객을 자주 만난다'라는 간단한 표현보다 '기존 고객 관리와 새로운 고객 유치', '외근을 해서 고객을 만나고 업무를 처리한다'와 같이 좀 더 구체적으로 표현하면 더욱 풍부한 답변이 되겠죠?

2. 업무 환경 중 단점에 대해 완곡하게 표현하기

so so! 有时候得听上司的命令, 不得不去工作。

up! 但是有时候得看上司的脸色, 硬着头皮去工作, 不得不勉强自己。

➡ '상사의 말을 따라야 한다'라는 내용은 '상사의 명령을 들어야 한다(听上司的命令)'라는 표현보다는 '상사의 눈치를 살피다(看上司的脸色)'와 같이 비교적 완곡한 표현이 좋습니다. '硬着头皮'와 같은 고정 구문을 적극적으로 이용하면 good! good!

실전공략 따라잡기

다음 모범답안을 잘 읽어 보고 주요 표현을 익혀 보세요. 🎧 mp3_35

Q. 根据调查显示，你是一名公司职员。你是做什么工作的？你喜欢你的工作吗？
조사에서 당신은 직장인이라고 했습니다. 당신은 무슨 일을 하나요? 당신의 일을 좋아합니까？

我**在**一家贸易公司的市场部**工作**。我的业务主要是营销，负责管理已有的客户和开发新的客户，所以大部分时间都需要外出跟客户见面，处理事务。
(패턴 01: 나는 ~에서 일한다)

我对自己的工作比较满意，**不仅**客户们喜欢我、信任我，**而且**工资也比较高，我觉得在工作上还是挺顺利的。但是有时候得**看**上司**脸色**，**硬着头皮**去工作，不得不勉强自己。就**拿**喝酒**来说**吧，聚会时面对上司和同事敬的酒，喝不了也得喝。**既要**让上司满意，**又要**搞好和同事之间的关系，实在压力很大。不过我在公司的人际关系还挺不错的，而且工作能力也**受到**大家**的认可**。
(不仅~, 而且… ~일 뿐만 아니라 …이기도 하다)
(dèi 암기!)
(看~脸色 ~의 눈치를 살피다)
(패턴 02: ~로 말하자면)
(패턴 03: ~해야 할 뿐만 아니라 …해야 한다)
(受到~的认可 ~의 인정을 받다)

虽然有压力，但也应该认真工作，积极表现，争取更多的机会。我相信在我的努力之下，我会发展得**越来越**好的。
(패턴 04: 점점 더 ~하다)

贸易公司 màoyì gōngsī 무역회사 | 市场部 shìchǎngbù 마케팅팀 | 营销 yíngxiāo 영업(하다) | 负责 fùzé 책임지다 [활용] 负责~工作 fùzé~gōngzuò ~일을 책임지다 [활용] 由~负责 yóu~fùzé ~가 책임지다 | 客户 kèhù 고객(사) | 顺利 shùnlì 순조롭다 [활용] 工作顺利 gōngzuò shùnlì 업무가 순조롭다, 일이 잘되다 [활용] ~得很顺利 ~de hěn shùnlì ~한 정도가 매우 순조롭다 [활용] 顺利地完成了~ shùnlì de wánchéng le ~ 순조롭게 ~을 완성하다 | 上司 shàngsi 상사 | 硬着头皮 yìng zhe tóupí 억지로, 무리하다 | 不得不~ bùdebù ~하지 않으면 안 된다 [유의] 必须 bìxū 반드시 ~해야 한다 [유의] 必然 bìrán 반드시, 필연적으로 | 勉强 miǎnqiǎng 마지못하다, 내키지 않다 | 认可 rènkě 승낙, 허가

Mini OPIc

다음 질문에 대해 개요를 작성해 보고, 실제처럼 말해 보세요. 🎧 mp3_36

Q. 给你提供一个情景：有一家公司叫延明公司，你们公司打算和这家公司一起合作，请提3~4个问题，来考察一下这家公司的情况。

상황을 제공하겠습니다. 저는 옌밍이라는 회사에서 일합니다. 당신의 회사는 이 회사와 합작을 하려고 합니다. 3~4가지 질문을 통해 이 회사의 상황을 알아보세요.

● 스토리맵 작성하기

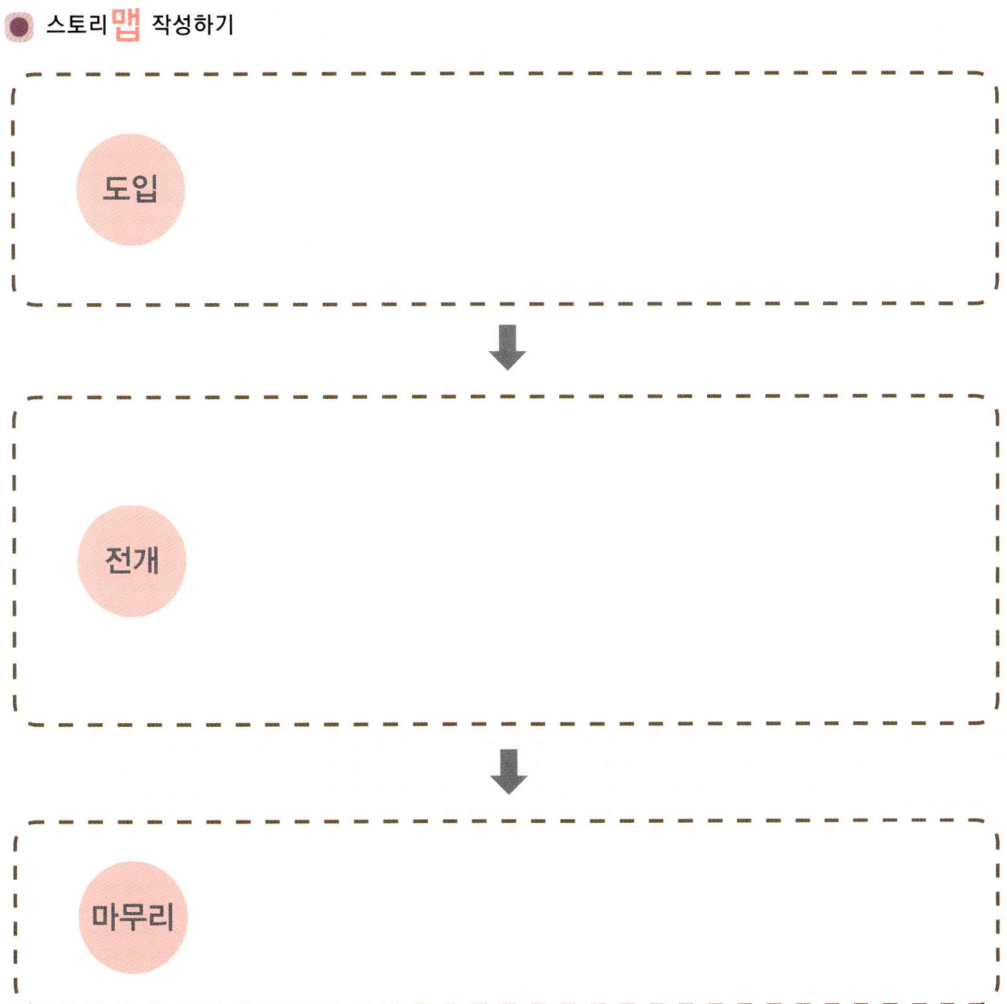

Day 13

학교

학습목표
① 학교 관련 표현 익히기
② 예문과 함께 유용 패턴 익히기
③ 예시 답변을 통해 표현 공략법 익히기

OPIc에서 출제되는 학교 관련 문제는 학교 시설이나 주위 환경 소개, 학교에서의 활동 경험, 결석·지각·동아리·시험에 관련된 롤플레이 형식의 문제가 많이 출제됩니다. 학교 위치 및 주위 환경, 친구나 선생님 등 인물 소개뿐만 아니라, 수업이나 특별 활동, 체육 활동, 시험, 출석 등을 주제로 다양한 상황을 설정하여 롤플레이 유형에 대비해야 합니다.

'학교' 관련 문형 체크 하기

1. 학교 관련 인물 소개

- 其中（印象最深刻的 / 跟我最要好的）是（初中一年级的班主任李老师 / 李敏杰）。
  그중 (인상이 가장 깊었던 사람 / 나와 가장 친했던 사람)은 (중학교 1학년 때 담임이신 이 선생님 / 이민철)입니다.

2. 수업 태도

- 上学的时候我是个不爱学习的人，常常迟到。
  학교에 다닐 때 나는 공부를 좋아하지 않는 사람이어서 자주 지각했습니다.

- 我从来不迟到，从来没缺过课。
  저는 지각을 해 본 적이 없고 결석을 해 본 적도 없습니다.

3. 시험

- 为了准备考试，昨天熬夜看书了。
  시험 준비를 위해 어제 밤을 새워서 책을 봤습니다.

- 为了准备期末考试，我得复习功课。
  기말고사 준비를 위해 나는 복습을 해야 합니다.

4. 교내 활동

- 当时，我参加了学校的足球俱乐部。
  당시 나는 학교의 축구 클럽에 가입했습니다.

- 在校园生活中，我最喜欢的就是学生会活动。
  교내 활동 중 내가 가장 좋아하는 것은 학생회 활동입니다.

고득점 공략 Point

1. 학교 관련 어휘를 먼저 습득하라!
학교 관련 어휘들을 먼저 학습하는 것이 답변하기의 기본 순서입니다.

2. 상황 설명 시 문제의 원인과 이유를 정확히 밝혀라!
학교 관련 롤플레이 문제의 답변 시 무엇보다 상황 파악과 자세한 설명이 필요합니다. 또한 상황 설명 시 상대의 이해를 구하는 문장도 기억하세요.

3. 긍정적 답변, 희망의 메시지로 완성하라!
어떤 상황이든 긍정적인 답변으로 마무리하는 것이 좋습니다.

OPIc중국어 패턴공략 🎧 mp3_37

01 本来 본래, 원래

'本来'는 '本来+이전의 상황/계획'의 형태로 사용하며, '본래/본디/원래 ~하려고 했다'라는 의미를 나타냅니다. 계획이나 상황이 변경되거나 차질이 생겼을 때 원래의 계획을 언급하며 사용할 수 있는 표현으로, 부사이지만 주어 앞에 위치할 수 있습니다.

- **本来**我打算跟朋友去图书馆学习呢。
  본래 나는 친구와 도서관에 공부하러 가려고 했다.

- **本来**我想参加这次的活动。
  본래 나는 이번 활동에 참가하려고 했다.

- **本来**我想要告诉您这件事。
  본래 나는 당신에게 이 일을 알려 주려고 했다.

- **本来**我学习很好，现在退步了很多。
  본래 나는 공부를 잘했는데 지금은 많이 퇴보했다.

> **Tip** '本来'의 다른 용법
> '本来'는 '원래'의 의미 외에도, 부사로서 '응당', '당연히'의 의미를 나타내기도 합니다.
> 예 你**本来**就不应该这么做。
> 당신은 응당 이렇게 해서는 안 되는 거였어요.
> **本来**嘛, 一个小孩懂什么道理。
> 당연하지요. 어린애가 무슨 도리를 알겠어요?

02 恐怕 아마도 ~일 것이다

'恐怕'는 부사로서 '아마도 ~일 것이다'라는 추측의 의미를 나타냅니다. 주로 '恐怕+부정적 결과'의 형태로 쓰고 두려움과 걱정의 심리를 내포합니다.

- 明天有重要的约会，不过**恐怕**去不了。
  내일 중요한 약속이 있지만 못 갈 것 같다.

- 我的腿受伤了，**恐怕**参加不了比赛了。
  다리를 다쳐서 시합에 참석하지 못할 것 같다.

- 今天起得太晚了，**恐怕**去不了了。
  오늘 늦게 일어나서 가지 못할 것 같다.

- 他是外国人，**恐怕**听不懂。
  그는 외국인이라서 못 알아들을 것 같다.

03 看样子~   보아하니

'看样子'는 '看样子+상황에 따른 추론/예측'의 형태로 쓰여 '보아하니 ~하다'라는 추론의 의미를 나타냅니다. 상황이 주어지고 그 상황을 바탕으로 결론을 도출하거나 결과를 예측할 때 쓰는 표현으로, 문제의 해결 방법을 제시할 때 사용할 수 있습니다.

- 看样子我今天做不完了。
  보아하니 오늘 다 못할 것 같다.

- 看样子我应该跟他商量一下。
  보아하니 마땅히 그와 상의를 해야 할 것 같다.

- 看样子我还是不能参加了。
  보아하니 나는 참가하지 못할 것 같다.

- 看样子我只能在家复习功课了。
  보아하니 집에서 복습이나 해야겠다.

04 得~   ~해야 한다

'得'는 조동사로 '주어+得+응당, 사실, 이치, 의무적 동작 행위'의 형태를 가지며 동사 앞에 위치합니다. '응당/사실상/이치상/의무적 필요에 의해 ~해야 한다'라는 의미입니다.

- 我得准备明天的考试。
  나는 내일 시험을 준비해야 한다.

- 你得告诉他我明天找他去。
  당신은 그에게, 내가 내일 찾아간다고 알려야 한다.

- 我得去医院检查一下。
  나는 병원에 검사를 받으러 가야 한다.

- 我得照顾孩子，不能出去。
  나는 아이를 돌봐야 해서 나갈 수 없다.

> **Tip** '得'의 다양한 발음
> '~해야 한다'라는 의미의 '得'는 'de'가 아니라 'děi'라고 읽어야 합니다. '得'의 발음에 주의하세요.

OPIc중국어 실전공략

다음 질문에 아래와 같이 개요를 작성한 후, 말해 보세요.

Q. 给你提供一个情景：你本来打算参加今天的考试，可是你突然生病了，不能参加考试了，所以请给老师打个电话，说明一下情况并询问解决办法。

상황을 제공하겠습니다. 당신은 본래 오늘 시험에 참가하려고 했는데 갑자기 병이 나서 참가할 수 없게 되었습니다. 선생님께 전화를 걸어서 상황을 설명하고 해결 방법을 제시하세요.

과제	상황 설명과 해결 방법 제시
수행방법	병으로 인한 시험 불참 상황 설명과 양해 구하기, 해결 방법 제시하기

스토리맵(Story Map)

도입 — 불참 의사 말하기
- 오늘 마땅히 시험에 참가해야 하지만, 불참해야 할 것 같음

⬇

전개 — 구체적 이유 언급, 해결 방법 제시하기
- 불참 이유: 아침에 갑자기 배가 심하게 아픔
- 어제 아버지 생신에 가족 모두 외식을 했음, 음식을 많이 먹고 저녁에 아이스크림도 먹음
- 시험 준비를 위해 밤 새워서 책을 보고 두 시간만 잠
- 아침에 설사를 함, 가족들도 배가 아픔: 음식이 신선하지 않았던 것 같음
- 병원에 가야 함

해결 방법 제시 – 재시험 가능 여부 문의
- 매우 중요한 시험인 것을 앎: 복습도 하고 충실히 준비했음

⬇

마무리 — 양해 구하고 해결 방법 제시
- 상황 이해를 부탁드림, 기회를 한 번 더 주시기를 희망함

실전공략 말하기 Tip

★ 아래 표현들을 활용하여 답변을 만들 수 있습니다.

원래 ~합니다. 그러나 …할 것 같습니다. ………………………………………… 本来~，可是恐怕…
왜냐하면 ~때 갑자기 …했기 때문입니다. ……………………………………… 因为~时，突然…
보아하니 저는 ~해야 할 것 같습니다. 양해해 주세요. ……………… 看样子，我得~，请你谅解。
좀 봐주세요. 제가 ~할 수 있게 해 주실 수 있나요? ………………… 请你通融一下，让我~好吗？
저는 ~를 희망합니다. 부탁드립니다. ……………………………………… 我希望~，拜托您了。

IH공략 플러스 +

1. 배탈이 나게 된 배경 설명하기

so so! 那里的菜非常好吃，我吃了很多，肚子很饱。

up! 那里的菜好吃得不得了，我吃了很多，肚子都撑坏了。

➡ 여러분이 사용하는 어휘를 이제는 업그레이드해 보세요. '맛있다'라는 표현은 '好吃'에서 정도보어를 이용한 '好吃得不得了(엄~청 맛있다)'로, '배가 부르다'라는 표현은 '饱'에서 '撑坏了(배가 터질 지경이다)'로 up! 시켜 보세요. 더욱 생동감이 느껴집니다!

2. 재시험 가능 여부에 대해 정중하게 문의하기

so so! 我能不能补考呢？请让我补考一次好吗？

up! 我能不能以后参加补考？如果可以的话，请你通融一下，让我补考一次，好吗？

➡ 상대에게 대안을 제시할 때는 양해를 구하는 표현을 넣어 주는 것이 더 좋습니다. '通融(융통성을 발휘하다)', '谅解(양해하다)'와 같은 어휘들을 기억하세요.

실전공략 따라잡기

다음 모범답안을 잘 읽어 보고 주요 표현을 익혀 보세요. 🎧 mp3_38

Q. 给你提供一个情景：你本来打算参加今天的考试，可是你突然生病了，不能参加考试了，所以请给老师打个电话，说明一下情况并询问解决办法。
상황을 제공하겠습니다. 당신은 본래 오늘 시험에 참가하려고 했는데 갑자기 병이 나서 참가할 수 없게 되었습니다. 선생님께 전화를 걸어서 상황을 설명하고 해결 방법을 제시하세요.

老师，您好！我是智敏。**本来**我应该参加今天的考试，可是**恐怕**参加不了。
因为今天早上起床时，突然肚子**疼得很厉害**。昨天是我爸爸的生日，所以我们
全家人都去外边吃饭。那里的菜**好吃得不得了**，我吃了很多，肚子都**撑坏了**，回家
后又吃了冰淇淋。加上昨晚**为了**准备考试，熬夜看书，只睡了两个小时，早上起床
的时候就开始拉肚子。好像昨天吃的菜有问题，材料不太新鲜，我的家人也都肚子
疼着呢。**看样子我得**去医院看病，请您谅解。老师，我参加**不了**今天的考试，那么
该怎么办呢？我能不能以后参加补考？如果可以的话，**请您通融一下**，让我补考一
次，好吗？我知道这次考试非常重要，而且我已经复习功课了，准备得也很充分。

我希望老师能理解我的情况，再次给我一个机会，拜托您了。

参加 cānjiā 참가하다, 참석하다 활용 参加协会 cānjiā xiéhuì 협회에 참가하다 활용 参加俱乐部 cānjiā jùlèbù 클럽(동호회)에 참가하다 활용 参加活动 cānjiā huódòng 활동에 참가하다 활용 参加比赛 cānjiā bǐsài 시합에 참가하다 | 厉害 lìhai 심하다, 대단하다 활용 ~得很厉害 ~de hěn lìhai ~한 정도가 심하다 | 不得了 bùdéliǎo 매우 심하다, 큰일났다 활용 ~得不得了 ~de bùdéliǎo ~한 정도가 매우 심하다 | 撑 chēng 꽉 채우다, 팽팽해지다 활용 撑坏了 / 撑破了 chēnghuài le / chēngpò le 배불러 죽겠다, 너무 배부르다 | 熬夜 áoyè 밤을 새우다 | 拉肚子 lā dùzi 설사하다 | 谅解 liàngjiě 양해하다, 이해해 주다 | 补考 bǔkǎo 재시험을 보다 | 通融 tōngróng 융통성을 발휘하다

Mini OPIc

다음 질문에 대해 개요를 작성해 보고, 실제처럼 말해 보세요. mp3_39

Q. 你喜欢什么校园活动？有没有关于校园活动的特别经验？请详细地说一说。
당신은 어떤 교내 활동을 좋아하나요? 교내 활동과 관련해서 특별한 경험이 있습니까? 자세히 말해 보세요.

● 스토리 맵 작성하기

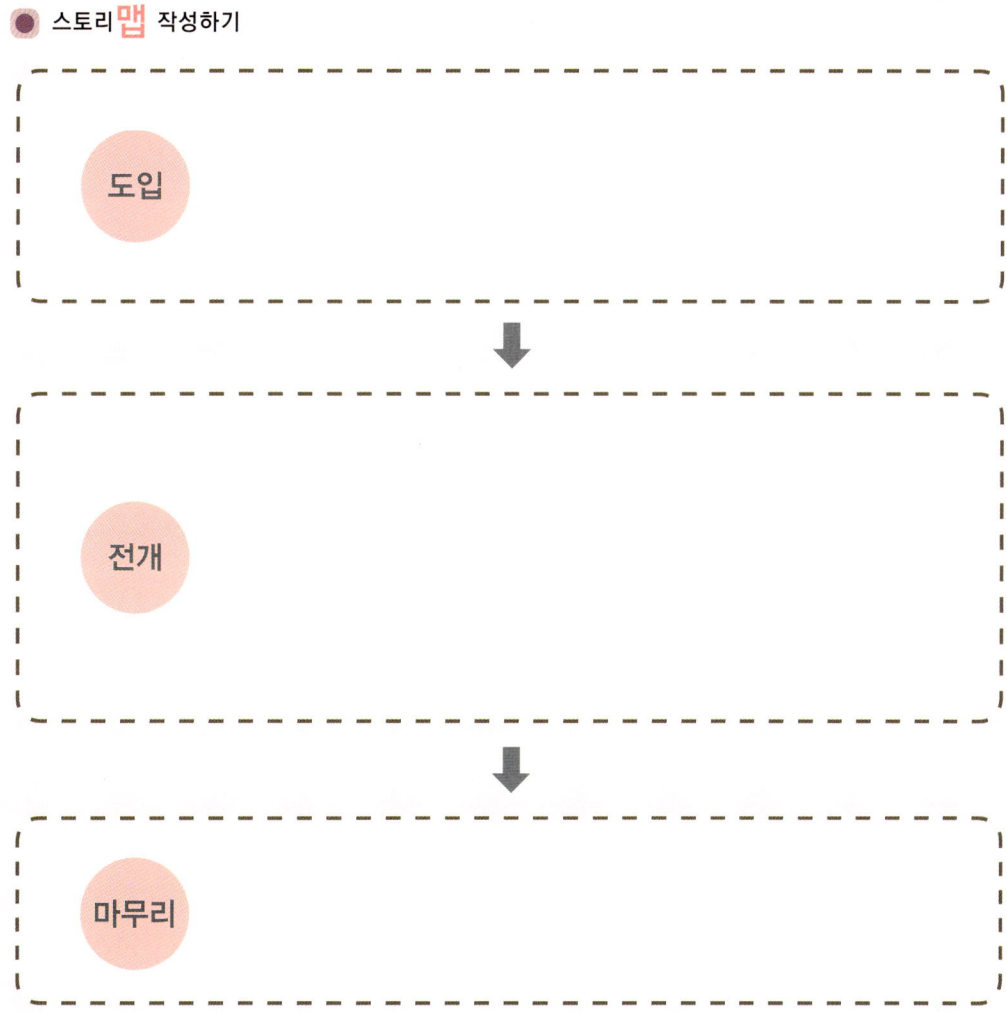

Day 14

취미

학습목표
1. 영화 관련 표현 익히기
2. 예문과 함께 유용 패턴 익히기
3. 예시 답변을 통해 표현 공략법 익히기

OPIc의 취미 관련 주제로 자주 나오는 질문은 좋아하는 취미 종류(장르), 그 취미를 좋아하는 이유, 취미를 행하는 장소 및 방법, 취미와 관련하여 좋아하는 인물(가수, 영화배우, 운동선수 등), 취미를 통한 심리적 혹은 육체적 효과 등이 있습니다. 자신의 취미에 대해 다방면으로 자세하고 구체적으로 표현하는 능력이 필요합니다.

※ 이 과에서는 여러 가지 취미 중 '영화'에 대해 학습합니다.

'취미(영화)' 관련 문형 체크하기

1. 종류

- 我爱看电影,其中我最喜欢的还是(喜剧片 / 恐怖片)。
  저는 영화 보는 것을 좋아합니다. 그중 가장 좋아하는 것은 (코미디영화 / 공포영화)입니다.

2. 이유

- 虽然电影的故事情节(挺复杂的 / 不那么刺激的),但我觉得还是值得一看。
  비록 이 영화의 줄거리는 (매우 복잡하지만 / 자극적이지는 않지만), 그래도 볼 만한 가치가 있습니다.

3. 느낌

- 有时候(感动得流下眼泪 / 笑得肚子都疼了)。
  어떤 때는 (감동적이어서 눈물이 나올 정도입니다 / 웃겨서 배가 아플 정도입니다).

- 这个故事让我想起(往事 / 他),引起了我的共鸣。
  이 스토리는 나로 하여금 (옛일을 / 그를) 생각하게 하여 공감을 불러일으킵니다.

4. 효과

- 看着电影总觉得时间过得很快。
  영화를 보고 있으면 언제나 시간이 빨리 흐릅니다.

- 电影成了（自己心灵的避风港 / 我生活的一部分）。
  음악은 (내 영혼의 휴식처가 / 내 생활의 일부분이) 되었습니다.

고득점 공략 Point

1. 자신이 가장 좋아하는 취미의 종류를 파악하라!
가장 좋아하는 취미의 종류와 기본적인 정보, 좋아하는 이유를 준비하세요.

2. 취미를 즐기는 장소, 시간, 방법을 준비하라!
취미를 위해서 자주 가는 곳, 활동 방법 등을 풍부한 감정으로 표현하세요.

3. 취미를 통한 효과와 효능을 밝혀라!
마음의 휴식, 스트레스 해소, 감정 조절 등 취미로 인한 효과나 효능으로 마무리하면 깔끔한 구성이 됩니다.

OPIc중국어 패턴공략　🎧 mp3_40

01　其中~　그중에서

'其中'은 '그중에서'라는 의미로, 처소나 범위를 나타내는 표현입니다. 취미와 관련하여 말할 때, '其中+취미와 관련된 종류의 범위'의 형태로 말할 수 있습니다.

- **其中**我最喜欢的还是日本恐怖片。
  그중 내가 가장 좋아하는 것은 일본 공포영화이다.
- **其中**我最喜欢的就是科幻片。
  그중 내가 가장 좋아하는 것은 SF영화이다.
- **其中**动作片是我最喜欢的。
  그중 액션영화는 내가 가장 좋아하는 것이다.
- **其中**香港动作片是我最爱看的。
  그중 홍콩 액션영화는 내가 가장 즐겨 보는 것이다.

02　让~　(사람)으로 하여금 (술어)하게 하다

'让'이 사역동사로, '让+사람+술어'의 형태로 써서 '(사람)으로 하여금 (술어)하게 하다', '(사람)에게 (술어)하게 하다'라는 의미를 나타냅니다. 허가나 방임을 나타내는 구문이며, 반드시 겸어문을 수반합니다. 취미와 관련하여 '让+사람+취미 활동이 주는 감정/느낌'의 형태로 사용할 수 있습니다.

- **让**人感觉不可思议。
  사람으로 하여금 상상도 못하게 한다.
- **让**我想起了他说过的一句话。
  나로 하여금 그가 했던 말을 생각나게 한다.
- **让**你更轻松更快乐。
  당신으로 하여금 홀가분하고 즐겁게 한다.
- **让**我最感动的电影是《阿凡达》。
  내가 가장 감동받은 영화는 《아바타》이다.

03 동사/형용사+得~   (동사/형용사)의 정도가 ~어떠하다

'得'는 정도보어를 만드는 구조조사로 사용될 경우, '술어(동사/형용사)+得+정도의 표현을 나타내는 보어'의 형태를 가집니다. 취미와 관련하여 말할 때 취미가 주는 감동이나 느낌을 이 구문을 활용하면 좀 더 감각적으로 표현할 수 있습니다.

- 哭得眼睛都疼了。
  울어서 눈이 아플 정도이다.

- 感动得流下了眼泪。
  감동적이어서 눈물이 날 정도이다.

- 笑得肚子都疼了。
  웃겨서 배가 아플 정도이다.

- 乐得我都跳起来了。
  기뻐서 펄쩍 뛰어올랐다.

> **Tip** '得'의 다양한 발음
> 정도보어를 만드는 '得'의 발음은 'de'입니다.
> 여러 가지 발음을 가진 글자이니, 어떤 상황에서 어떻게 발음해야 하는지 꼭 숙지하세요.

04 ~是我的最爱   ~은 나의 최고의 사랑이다

'~是我的最爱'의 구문은 자신이 가장 좋아하는 사물을 말할 때 사용하는 표현입니다. 취미와 관련하여 '가장 좋아하는 취미 활동+是我的最爱'의 형태로 말할 수 있습니다.

- 好莱坞电影是我的最爱。
  할리우드 영화는 나의 최고의 사랑이다.

- 美国电视剧是我的最爱。
  미국드라마는 나의 최고의 사랑이다.

- 日本电影是我的最爱。
  일본영화는 나의 최고의 사랑이다.

- 中国武侠电影是我的最爱。
  중국무협영화는 나의 최고의 사랑이다.

> **Tip** '~是我的最爱'는 우리말로 해석하면 어색할지 몰라도 유용한 표현이니, 잘 기억해 두세요.

OPIc중국어 실전공략

다음 질문에 아래와 같이 개요를 작성한 후, 말해 보세요.

Q. 根据调查显示，你爱看电影。你喜欢什么类型的电影？是爱情片还是动作片？为什么喜欢那种？

조사에서 당신은 영화를 보는 것이 취미라고 했습니다. 당신은 어떤 종류의 영화를 좋아하나요? 멜로영화를 좋아하나요, 아니면 액션영화를 좋아하나요? 왜 그 장르를 좋아하나요?

| 과제 | 취미의 종류와 좋아하는 이유 설명하기 |
| 수행방법 | 좋아하는 영화의 종류와 이유, 영화를 통한 느낌이나 효과 말하기 |

● 스토리 맵(Story Map)

도입 — 취미 말하기
- 영화를 가장 좋아함: 매주 보러 감
- 여러 가지 영화를 좋아하지만 그중 코미디영화를 가장 좋아함

전개 — 구체적 이유와 효과 말하기
- 영화 관람은 일상생활에서의 스트레스를 푸는 방법 중의 하나임
- 특히 코미디영화는 생활을 가볍고 즐겁게 해 줌
- 연기자들의 과장된 언어와 재미있는 말투가 긴장을 풀고 즐길 수 있게 함
- 어떤 때는 웃겨서 배가 아플 정도임

가장 좋아하는 배우와 이유 말하기
- 주성치를 가장 좋아함
- 연기를 잘할 뿐 아니라 아주 독특함
- 유머가 영화 속에서 충분히 발휘됨

마무리 — 내용을 총괄하고 자신의 취미에 대한 생각 말하기
- 고민이 있거나 마음 아픈 일이 있을 경우 코미디영화를 볼 것을 권유함
- 코미디영화는 스트레스를 날릴 수 있음
- 영화는 나의 최고의 사랑임

실전공략 말하기 Tip

★ 아래 표현들을 활용하여 답변을 만들 수 있습니다.

저는 ~하는 것을 가장 좋아합니다. …등을 모두 좋아합니다.	我最爱~, …什么的, 我都喜欢。
그중 가장 좋아하는 것은 여전히 ~입니다.	其中我最喜欢的还是~
특히 ~은 당신의 생활을 …하게 해 줄 것입니다.	特别是~会让你的生活…
만약 ~라면 바로 …하세요.	如果~, 就…吧。
~은 저의 최고의 사랑입니다.	~是我的最爱。

IH공략 플러스 +

1. 좋아하는 영화 장르에 대해 설명하기

so so! 我最爱看电影了，其中我最喜欢喜剧片。

up! 我最爱看电影了，每个星期都去看。爱情片、动作片、恐怖片什么的，我都喜欢，其中我最喜欢的还是喜剧片。

➡ 좋아하는 사물에 대해 말할 때는 단도직입적으로 가장 좋아하는 것 하나만 말하는 것보다, 좋아하는 사물과 관련하여 여러 가지 정보를 알려 주고 그중 가장 좋아하는 것 하나를 꼽아 보세요. 훨씬 풍부한 답변을 만들 수 있습니다.

2. 좋아하는 배우에 대해 구체적으로 설명하기

so so! 我最喜欢周星驰的电影，他是香港演员，演得非常好。

up! 我最喜欢周星驰的电影，他是个香港演员，演技非常好，而且非常独特。我觉得他的幽默在电影里发挥得淋漓尽致！

➡ 좋아하는 인물을 말할 때는 좋아하는 이유를 좀 더 다양한 어휘를 사용해서 표현해 보세요. '연기하다'를 뜻하는 단어는 '演'이 가장 흔하게 쓰이지만 '演技'도 이번 기회에 암기해 두세요. 또한 '淋漓尽致(통쾌하다)'라는 성어도 기억해 놓으면 자주 활용할 수 있어서 good!

실전공략 따라잡기

다음 모범답안을 잘 읽어 보고 주요 표현을 익혀 보세요. 🎧 mp3_41

Q. 根据调查显示，你爱看电影。你喜欢什么类型的电影？是爱情片还是动作片？为什么喜欢那种？

조사에서 당신은 영화를 보는 것이 취미라고 했습니다. 당신은 어떤 종류의 영화를 좋아하나요? 멜로영화를 좋아하나요, 아니면 액션영화를 좋아하나요? 왜 그 장르를 좋아하나요?

我最爱看电影了，每个星期都去看。爱情片、动作片、恐怖片<u>什么的</u>，我都喜欢，<u>其中</u>我最喜欢的还是喜剧片。

我们在日常生活中往往<u>受到</u>一些<u>压力</u>，而看电影就是<u>缓解压力</u>的好方法。特别是看喜剧片<u>会让</u>你的生活更轻松、更快乐。虽然喜剧片的故事情节不能让人<u>感动得流下眼泪</u>，但是演员们夸张的表情和有趣的对话能让人完全放松，尽情享受。有时候<u>笑得肚子都疼了</u>。在笑的时候你的烦恼也会全部消失。我最喜欢周星驰的电影，他是个香港演员，演技非常好，而且非常独特。我觉得他的幽默在电影里<u>发挥得淋漓尽致</u>！

如果有什么烦恼或者伤心的事，就去看喜剧电影<u>消除压力</u>吧。电影<u>是我的最爱</u>。

喜剧片 xǐjùpiàn 코미디영화 | **缓解** huǎnjiě 완화시키다 | **轻松** qīngsōng 홀가분하다 [활용] ~得轻松 ~de qīngsōng ~한 정도가 가볍다 [활용] 觉得(感到)很轻松 juéde(gǎndào) hěn qīngsōng 매우 홀가분하게 느끼다 [활용] 轻松地+[동] 홀가분하게 (동사)하다 [활용] 轻松的工作 qīngsōng de gōngzuò 가뿐한 일 [활용] 轻松的程度 qīngsōng de chéngdù 가뿐한 정도 | **夸张** kuāzhāng 과장하다 | **有趣** yǒuqù 재미있다 [활용] ~得很有趣 ~de hěn yǒuqù ~한 정도가 매우 재미있다 [활용] 有趣的活动 yǒuqù de huódòng 재미있는 활동 | **尽情享受** jǐnqíng xiǎngshòu 즐거움을 만끽하다 | **演员** yǎnyuán 연기자, 배우 | **演技** yǎnjì 연기 | **淋漓尽致** línlí jìnzhì (글이나 말이) 통쾌하다 | **消除** xiāochú 해소하다, 제거하다

Mini OPIc

다음 질문에 대해 개요를 작성해 보고, 실제처럼 말해 보세요. 🎧 mp3_42

Q. 给你提供一个情景：周末朋友们来你家玩儿。朋友们都喜欢看电影，所以你们打算租DVD看，可是不知道看什么电影好，请给DVD音像店打个电话询问一下。

상황을 제공하겠습니다. 주말에 친구들이 당신 집에 놀러 옵니다. 친구들이 영화 보는 것을 좋아해서 DVD를 빌려 보려고 합니다. 그러나 어떤 영화가 좋은지 모르겠습니다. DVD대여점에 전화를 걸어서 문의해 보세요.

● 스토리맵 작성하기

도입

↓

전개

↓

마무리

Day 15

스포츠

학습목표
❶ 스포츠 관련 표현 익히기
❷ 예문과 함께 유용 패턴 익히기
❸ 예시 답변을 통해 표현 공략법 익히기

OPIc에서 출제되는 스포츠 관련 문제에서는 주로 좋아하는 스포츠의 종류, 그 스포츠를 좋아하는 이유, 스포츠를 하는 장소나 시간, 스포츠가 주는 신체적 또는 심리적 효과 등을 묻습니다. 자신이 좋아하는 스포츠 종목과 특성은 물론, 그 스포츠를 좋아하는 이유나 좋아하게 된 계기 및 시기, 스포츠 후의 효과나 느낌, 시합을 한 경험, 영향을 준 인물이나 사건 등 다방면으로 준비를 해야 합니다.

'취미(영화)' 관련 문형 체크하기

1. 종류

- 我参加了学校的（棒球 / 网球）俱乐部。
  나는 학교의 (야구 / 테니스) 클럽에 가입했습니다.

2. 시간과 장소

- 每个周末就去（公司附近的小公园进行比赛 / 我家附近的游泳馆学游泳）。
  매 주말이면 (회사 근처의 작은 공원에 가서 경기를 합니다 / 우리 집 근처의 수영장에 가서 수영을 배웁니다).

3. 효과

- 这是一种适合锻炼全身的运动。
  이것은 전신 단련에 적합한 운동의 일종입니다.

- 通过比赛，能（学到团队精神 / 体会到信任和鼓励）。
  경기를 통해 (팀워크 정신을 배울 수 있습니다 / 믿음과 격려를 깨달을 수 있습니다).

4. 느낌

- 我永远不会忘记那种感觉的。
  나는 영원히 이런 감정을 잊을 수 없을 것입니다.

- 给我的生活增添了宝贵的一笔。
  내 생활에 소중한 기억을 더해 주었습니다.

고득점 공략 Point

1. **기본 어휘를 이용하면서도 업그레이드된 표현을 만들어라!**
   기본적인 스포츠의 종류와 특징과 관련된 어휘나 표현을 꼭 준비해야 합니다.

2. **경기 관련 용어뿐만 아니라 경기를 통한 느낌과 감정을 잘 전달하라!**
   믿음, 격려, 열정, 팀워크 등의 감정과 느낌을 답변에 꼭 채워 넣으세요.

3. **스포츠 경기가 나에게 주는 의미와 교훈을 부여하라!**
   스포츠가 주는 생활상의 변화나 감정의 변화도 잊지 마세요.

OPIc중국어 패턴공략 🎵 mp3_43

01 我是~迷 나는 ~광이다

'迷'는 '애호가'를 가리키는 말입니다. 일반적으로 '我是+좋아하는 활동/영역(명사)+迷'의 형태로, '나는 ~광이다', '나는 ~팬이다'라는 의미를 나타냅니다. 취미의 종류를 말할 때 자주 사용하는 표현입니다.

- 我是运动迷。
  나는 운동광이다.

- 我是棒球迷。
  나는 야구 팬이다.

- 我是游泳迷。
  나는 수영광이다.

- 我是球迷。
  나는 축구 팬이다.

Tip 자주 쓰이는 '~迷'
汉语迷 중국어 팬 / 影迷 영화 팬 / 歌迷 노래광 / 书迷 책 애호가 / 运动迷 운동광

02 ~的时候 ~일 때

'~的时候'는 어느 한때나 시점을 가리키는 표현으로, '시점/때를 나타내는 구+的时候'의 형태로 씁니다. '~时'로 줄여서 말할 수도 있습니다. 스포츠를 처음 좋아하게 되었던 때, 스포츠나 취미활동을 하던 중의 한때를 말할 때 사용할 수 있습니다.

- 刚上大学的时候，我参加了学校的足球俱乐部。
  막 대학에 입학했을 때 나는 학교의 축구클럽에 가입했다.

- 在奔跑的时候，在给队员们加油的时候，我都觉得非常激动。
  분주히 뛰어다닐 때, 팀원들을 응원할 때, 나는 굉장히 감정이 격해진다.

- 初中一年级的时候，爸爸带我去看比赛。
  중학교 1학년 때 아버지는 나를 데리고 경기를 보러 가셨다.

- 看比赛的时候，心里就痒痒的，也想参加。
  경기를 볼 때 참가하고 싶어서 안달이 난다.

03 能体会(到)~   ~을 깨달을 수 있다

'体会'는 '体验(체험하다)'과 '领会(깨닫다)'를 합친 의미, 즉, '체험하여 터득하다'라는 의미입니다. 일반적으로 '能体会(到)+도리, 개념, 방법, 이치'의 형태로 써서 '~을 깨달을 수 있다', '~을 이해할 수 있다'라는 의미를 나타냅니다. 스포츠를 통해서 깨닫게 된 도리나 이치 등을 설명할 때 사용할 수 있습니다.

- 在比赛中, 能体会到别人的想法和感情。
  경기 중 다른 사람의 생각과 감정을 느낄 수 있다.

- 我能体会到队员之间相互信任和相互鼓励的那种气氛。
  팀원 간의 상호 믿음과 상호 격려의 분위기를 느낄 수 있다.

- 在比赛中, 能体会到队员们的热情。
  경기 중 팀원들의 열정을 느낄 수 있다.

- 在比赛中, 能体会到他们的辛苦和努力。
  경기 중 그들의 고생과 노력을 느낄 수 있다.

> **Tip** 体会 vs. 体验
> '体验'은 '(체험)하다'라는 의미입니다. 직접 체험함, 즉, '亲身经历'를 뜻하는 말로, '体会'처럼 체험 후의 깨달음은 내포하지 않습니다.
> 예 我真想到你们公司去体验体验当记者的滋味儿。
> 저는 정말 당신 회사에 가서 기자의 맛을 체험해 보고 싶습니다.

04 感到~   ~을 느끼다

'感到'는 '感到+느낌, 감정'의 형태로, '~을 느끼다'라는 의미를 나타냅니다. 신체적 또는 심리적 느낌을 뜻하는 단어를 목적어로 가지지만, 시각이나 청각과 관련된 단어는 함께 쓸 수 없습니다. 예 感到黑(×) 검어짐을 느끼다

- 我跟爸爸在一起, 感到很幸福。
  나는 아빠와 함께 있어서 매우 행복하다.

- 我们进球场的时候感到一股热烈的气氛。
  우리는 구장에 들어섰을 때 뜨거운 열기를 느낄 수 있었다.

- 我们都感到非常凉快。
  우리는 모두 매우 시원함을 느낀다.

- 我感到他对我有意思。
  나는 그가 나에게 관심이 있다는 것을 느꼈다.

OPIc중국어 실전공략

다음 질문에 아래와 같이 개요를 작성한 후, 말해 보세요.

Q. 根据调查显示，你喜欢踢足球。你一般在哪儿踢球？什么时候去？跟谁去？是从什么时候开始对足球感兴趣的？

조사에서 당신은 축구하는 것을 좋아한다고 했습니다. 보통 어디에서 축구를 하나요? 언제 하나요? 누구와 하나요? 언제부터 흥미를 가졌나요?

과제	좋아하는 스포츠의 연습 장소, 함께하는 인물, 흥미 유발 시기 설명하기
수행방법	축구에 대한 흥미 유발 시기와 이유, 현재의 연습 시간 및 장소, 관련 인물 등 자세히 말하기

● 스토리맵 (Story Map)

도입 — 좋아하는 스포츠 말하기
- 나는 축구팬임
- 어릴 적부터 좋아함

전개 — 흥미 유발시기와 이유 말하기
- 어릴 적 아빠와 자주 축구 경기를 보러 감, 경기 규칙을 설명해 주심
- 선수들이 뛰어다니는 모습을 보면 활력과 에너지를 느낌
- 축구는 내 생활의 일부가 되었음
- 시합 소식을 들으면 참가하고 싶어서 안달이 남

현재 축구 연습 시간, 연습 장소, 관련 인물 말하기
- 최근 회사 축구클럽에 가입함
- 매 주말 구장에 가서 동료들과 함께 연습함
- 시합을 열기도 함, 시합 중 팀원 간의 상호 믿음과 격려의 분위기를 느낌

마무리 — 느낌이나 이치 등 말하기
- 뛸 때, 패스할 때, 골을 넣을 때 뜨거운 열기를 느낌, 성취감과 만족감도 느낌
- 축구는 내 인생의 파트너임

실전공략 말하기 Tip

★ 아래 표현들을 활용하여 답변을 만들 수 있습니다.

저는 ~팬입니다. …부터 ~을 좋아했습니다. ·· 我是个~迷，从…就喜欢~
요즘 ~클럽에 가입했습니다. ·· 最近我参加了~俱乐部。
보통 매 ~마다 ~가서 ~와 함께 연습합니다. ·································· 一般每~都去~，和~一起练习。
시합 과정 중 저는 ~을 느낄 수 있습니다. ······································· 在比赛的过程中，我能体会到~
~일 때 …한 분위기를 느낄 수 있습니다. ··· 在~的时候，能感到…的气氛。

IH공략 플러스 +

1. 좋아하는 스포츠의 연습 시간에 대해 설명하기

so so! 足球是我生活的一部分。平时我很忙，但是一听说有比赛就非常想参加。

UP! 足球已成了我生活的一部分。平时**不管**多忙，一听说有比赛，心里就痒痒的，也想参加。

➡ 답변에서 가장 중요한 것 중 하나는 전달력입니다. 청자에게 자신의 감정을 충실하고 정확하게 표현할 수 있어야 합니다. '바쁘지만 시합이 있다는 이야기를 들으면 참가하고 싶다'보다는 '얼마나 바쁘든(不管~) 시합이 있다는 소리만 들으면(一~就~) 참가하고 싶어 근질근질하다(心里痒痒)'라는 표현이 축구에 대한 화자의 열정이 더 잘 전달되겠죠?

2. 좋아하는 스포츠 경기의 느낌에 대해 묘사하기

so so! 在比赛的时候，能感到热烈的气氛，很有满足感和成就感。

UP! 在奔跑的时候，在传球的时候，在进球的时候，都能感到热烈的气氛，还能获得成就感和满足感！

➡ 축구 경기를 할 때는 어떤 행동을 하나요? 전력 질주를 하고(奔跑), 공을 패스하고(传球), 골을 넣고(进球), 공을 이리저리 차고(踢来踢去)······. 이처럼 구체적인 행동을 표현할 수 있도록 단어를 보충해 보세요. 매우 생동감 있는 답변이 될 것입니다.

실전공략 따라잡기

다음 모범답안을 잘 읽어 보고 주요 표현을 익혀 보세요. 🔴 mp3_44

Q. 根据调查显示，你喜欢踢足球。你一般在哪儿踢球？什么时候去？跟谁去？是从什么时候开始对足球感兴趣的？
조사에서 당신은 축구하는 것을 좋아한다고 했습니다. 보통 어디에서 축구를 하나요? 언제 하나요? 누구와 하나요? 언제부터 흥미를 가졌나요?

<u>我是个足球迷</u>，从小就喜欢足球。小时候爸爸常常带我去看足球比赛，跟我讲解足球比赛的规则。队员们流着汗，在球场上<u>踢来踢去</u>，虽然我坐在看台上，但是却能真实地感受到他们的活力和动力。足球已成了我生活的一部分，平时<u>不管</u>多忙，一听说有比赛，心里就痒痒的，<u>也</u>想参加。最近我参加了我们公司的足球俱乐部。一般每到周末都去足球场，<u>和</u>公司同事们<u>一起</u>练习。有时候我们还进行比赛，输赢无所谓。<u>在</u>比赛<u>的过程中</u>，我<u>能体会到</u>队员之间相互信任和相互鼓励的那种气氛。在奔跑<u>的时候</u>，在传球<u>的时候</u>，在进球<u>的时候</u>，都能<u>感到</u>热烈的气氛，还能获得成就感和满足感！足球就是我的人生伙伴！

패턴 01: 我是个足球迷 나는 ~광이다
A来A去 이리저리 A하다, 계속 A하다
不管~, 也… 설령 ~라 할지라도 …하다
和~一起 ~와 함께
패턴 03: 在~过程中 ~하는 과정 중에
~을 깨달을 수 있다
패턴 02: ~일 때
패턴 04: ~을 느끼다

踢足球 tī zúqiú 축구를 하다 | **比赛** bǐsài 시합, 경기 [활용] **一场比赛** yì chǎng bǐsài 시합 한 경기 [활용] **进行~比赛** jìnxíng~bǐsài ~시합을 진행하다 | **俱乐部** jùlèbù 클럽, 동호회 | **输** shū 지다 [활용] **A输给B** Ashū gěiB A가 B에게 지다 | **赢** yíng 이기다 [활용] **A赢B** AyíngB A가 B를 이기다 | **体会** tǐhuì 체득하다 [활용] **体会精神** tǐhuì jīngshen 정신을 체득하다 [활용] **体会滋味儿** tǐhuì zīwèir 감정을 체득하다 [활용] **体会含义** tǐhuì hányì 숨은 뜻을 깨닫다 [활용] **体会道理** tǐhuì dàolì 이치를 체득하다 | **信任** xìnrèn 신임(하다) | **鼓励** gǔlì 격려하다 | **奔跑** bēnpǎo 빨리 뛰다, 전력으로 질주하다 | **传球** chuánqiú 공을 패스하다 | **进球** jìnqiú 골을 넣다

Mini OPIc

다음 질문에 대해 개요를 작성해 보고, 실제처럼 말해 보세요. mp3_45

Q. 请你解决以下的问题：本来你跟朋友约好了今天一起去看棒球比赛，可是你可能会迟到。请给朋友打电话说明一下情况，并提出解决方法。

다음 문제를 해결해 주세요. 본래 당신은 오늘 친구와 함께 야구 경기를 보러 가기로 약속했습니다. 그러나 당신은 아마 늦을 것 같습니다. 친구에게 전화를 걸어서 상황을 설명하고 해결 방법을 제시해 보세요.

● 스토리맵 작성하기

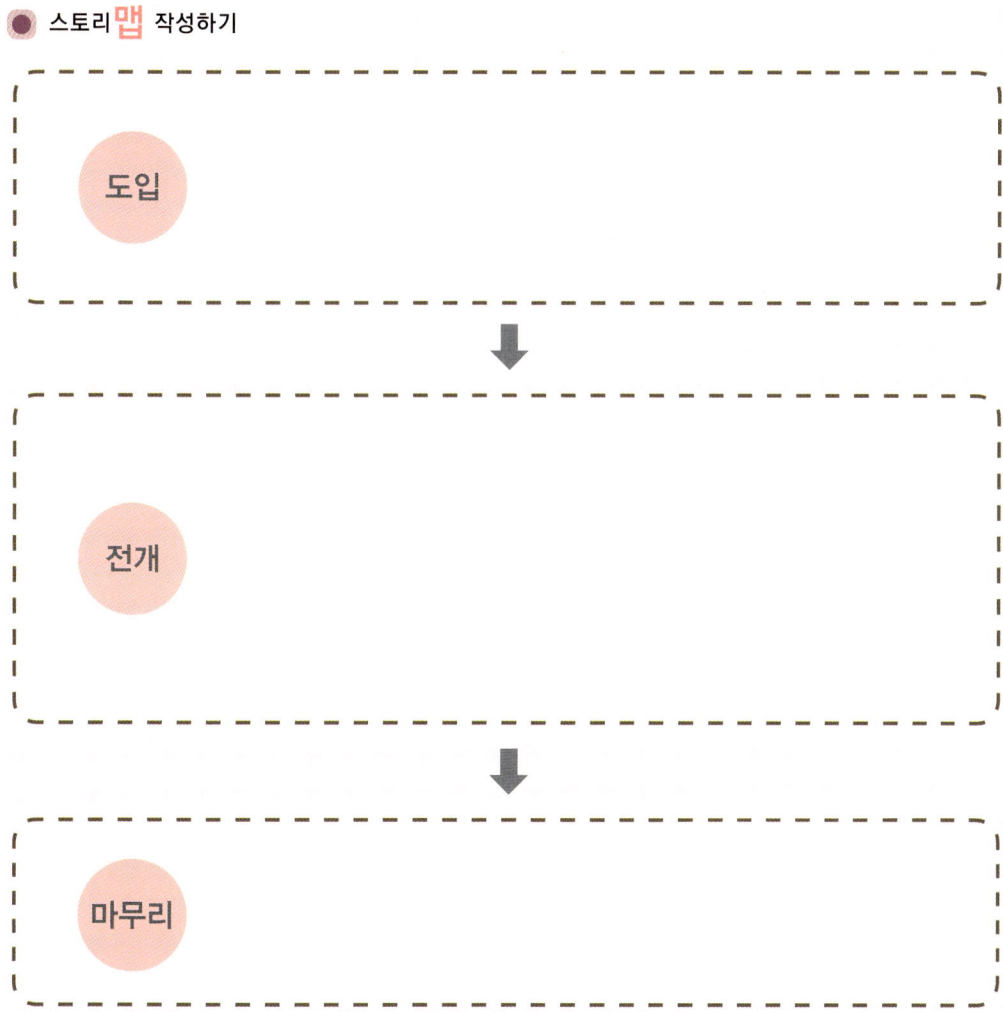

Day 16

쇼핑

학습목표
1. 쇼핑 관련 표현 익히기
2. 예문과 함께 유용 패턴 익히기
3. 예시 답변을 통해 표현 공략법 익히기

OPIc에서 출제되는 쇼핑 관련 문제는 쇼핑 장소, 방법, 시간, 관련 인물 등을 묻는 유형을 비롯하여 구매 문의, 물건 교환 및 환불, 불만 신고 등의 롤플레이 유형도 자주 출제됩니다. 자주 가는 쇼핑 장소와 이유, 쇼핑 시간, 구매 방법 및 구매 이유 등을 철저히 준비해야 합니다.

'쇼핑' 관련 문형 체크하기

1. 쇼핑 유형

- 有时很冲动，一看到喜欢的就要买下来。
  어떤 때는 매우 충동적이어서 좋아하는 물건만 보면 바로 사야 한다.

- 我是个月光族，赚多少就花多少，特别喜欢买东西。
  나는 월광족이다. 돈을 버는 대로 소비하고, 물건 사는 것을 굉장히 좋아한다.

2. 쇼핑 횟수

- 一到 (周末 / 星期六)，就 (跟朋友 / 一个人) 去 (明洞逛街 / 百货商店)。
  (주말 / 토요일)만 되면 (친구와 / 혼자서) (명동에 쇼핑하러 / 백화점에) 간다.

3. 구매 방법

- 我喜欢 (电视购物 / 网上购物)。足不出户，就可以买。
  나는 (홈쇼핑 / 인터넷쇼핑)을 좋아한다. 나갈 필요 없이 바로 살 수 있어서이다.

4. 구매 이유

- 在那儿能买物美价廉的东西。
  그곳에서는 품질도 좋고 가격도 싼 물건을 살 수 있다.

- 那儿可以讨价还价。
  그곳에서는 가격을 흥정할 수 있다.

고득점 공략 Point

1. 과제에 충실하라!
언제, 어디서, 무엇을, 왜 등의 쇼핑 관련 기본 사항은 꼭! 준비하세요.

2. 긍정적 내용을 작성하라!
부정적인 내용을 언급해도 긍정적 방향으로의 전환이 필요합니다. 자신의 쇼핑 습관에 단점이 있더라도 반성하는 태도나 극복하려는 의지를 함께 말해 보세요.

3. 어떤 과제든 충분한 이유를 설명하라!
충분한 이유와 설명이 고득점의 비결입니다.

4. 핵심 문장에 살을 붙여라!
뼈대를 구축하고 풍부한 내용을 채우세요. 단, 주제에 벗어나지 않는 내용이어야 합니다.

OPIc중국어 패턴공략 🎧mp3_46

01 不管~都… ~을 막론하고 모두 …하다

'不管~都…' 구문은 '不管+예측 상황+都+변하지 않는 결과'의 형태로 써서, 어떤 상황에서도 결과는 변함이 없음을 나타냅니다. 예측 상황은 의문대사, 병렬, 선택, 형용사 정반형의 형태로 써야 합니다.

- **不管**多贵我**都**要买。
  얼마나 비싸든 나는 사려고 한다. [의문대사]

- **不管**是韩国的还是美国的**都**喜欢买。
  한국 것이든 미국 것이든 모두 사는 것을 좋아한다. [선택]

- **不管**男女老少，**都**喜欢这种款式。
  남녀노소 모두 이런 종류의 스타일을 좋아한다. [병렬]

- **不管**好不好看，我**都**喜欢买。
  예쁘든 안 예쁘든 나는 모두 사는 것을 좋아한다. [형용사 정반형]

02 一~就… ~하기만 하면 …하다

'一~就…'는 '一+ 조건+就+결과'의 형태로, 조건이 이루어지면 바로 어떠한 결과가 나타남을 뜻합니다. 이때 동사 앞의 '一'는 짧은 시간에 이루어지는 동작을 가리킵니다.

- **一**看到名牌包**就**买。
  명품 가방을 보기만 하면 바로 산다.

- **一**看到物美价廉的东西**就**买。
  품질도 좋고 가격도 싼 물건을 보면 바로 산다.

- **一**看到有红色的**就**买下来。
  빨간색만 보면 바로 산다.

- **一**到星期六**就**去明洞逛街。
  토요일만 되면 명동에 쇼핑을 간다.

> **Tip** '一~就…'의 다른 용법
> '一~就…'는 '~하자마자 …하다'라는 의미로, 어떤 동작이 연이어 발생하는 것을 나타내기도 합니다.
> 예 一下课**就**回家了。
> 수업이 끝나자마자 집으로 갔다.

03 买不起   살 수 없다

'买不起'는 일반적으로 '구입할 수 없는 이유+买不起'의 형태를 가집니다. '동사+不起'는 경제적 능력 혹은 역량이 부족하여 할 수 없음을 나타내고, 반대의 표현은 '동사+得起'로 나타냅니다.

- 打折的时候，我就去买平时觉得太贵而买不起的东西。
  세일을 할 때, 나는 평상시 너무 비싸서 살 수 없다고 생각했던 물건들을 산다.

- 那里卖的都是外国名牌货，价格很贵，买不起。
  그곳에서 파는 것들은 모두 해외 명품이라 가격이 매우 비싸서 살 수 없다.

- 那件衣服虽然很漂亮，但我买不起。
  그 옷은 예쁘기는 하지만 나는 살 수 없다.

- 这些名牌包实在太贵了，我买不起。
  이런 명품 가방은 사실 너무 비싸서 나는 살 수 없다.

> **Tip** 자주 쓰이는 '동사+不起'
> 다음은 자주 쓰이는 '동사+不起' 구문입니다. 통째로 암기해 두세요.
> 吃不起 (비싸서) 먹을 수 없다 / 交不起 (돈이 없어서) 납입할 수 없다 / 住不起 (비싸서) 거주할 수 없다 / 穿不起 (비싸서) 입을 수 없다 / 拿不起 (무거워서) 들 수 없다.

04 多~啊!   얼마나 ~한가!

'多~啊!'는 감탄을 나타내는 구문입니다. 일반적으로 '多+감정을 나타내는 형용사+啊！'의 형태로 쓰고, '얼마나 (형용사)한가!'라는 의미로 과장의 어감을 가집니다.

- 那里可以讨价还价。多有意思啊!
  그곳은 가격을 흥정할 수 있다. 얼마나 재미있는가!

- 价格又便宜，质量又好。多好啊!
  가격이 싸고 품질이 좋다. 얼마나 좋은가!

- 价格比百货商店便宜多了。多划算啊!
  가격이 백화점보다 더 싸다. 얼마나 합리적인가!

- 在家里打开电视就可以了。多方便啊!
  집에서 텔레비전만 켜면 된다. 얼마나 편리한가!

OPIc중국어 실전공략

다음 질문에 아래와 같이 개요를 작성한 후, 말해 보세요.

Q. 根据调查显示，你喜欢购物。你常常买东西吗？一般在哪儿购物呢？喜欢买什么？
조사에서 당신은 물건 구매하는 것을 좋아한다고 했습니다. 물건을 자주 사나요? 보통 어디에서 사나요? 무엇을 사는 것을 좋아하나요?

과제	쇼핑 장소와 종류 설명하기
수행방법	물건 구매 횟수와 장소, 구매 물건 종류 말하기

스토리맵 (Story Map)

도입 — 좋아하는 쇼핑 종류 말하기
- 물건 사는 것을 매우 좋아함. 상점 구경이든 홈쇼핑, 인터넷 쇼핑이든 모두 좋아함
- 수입이 많진 않지만 물건 사는 것은 일종의 향유임

전개 — 쇼핑 장소와 종류, 이유 등 말하기
- 저녁까지 바쁘게 일하고 피곤한 몸을 이끌며 집으로 옴. 별일 없으면 텔레비전이나 인터넷을 켬
- 품질이 좋고 가격이 싼 물건을 보다가 좋아하는 것이 있으면 구매함
- 주말에는 친구와 쇼핑함
- 상점을 구경하면서 길거리의 많은 사람들을 구경함
- 작은 상점에서 가격도 흥정할 수 있음. 얼마나 재미있는가!
- 백화점 세일 소식을 들으면 평소 못 사는 것을 가서 삼

마무리 — 내용 총괄하기
- 친구들은 내가 '쇼핑광'이라고 함
- 당신이 생각하기에는 어떠한가?(반문의 어투로 마무리)

실전공략 말하기 Tip

★ 아래 표현들을 활용하여 답변을 만들 수 있습니다.

저는 ~하는 것을 굉장히 좋아합니다. …을 막론하고 모두 좋아합니다. ········· 我非常喜欢~，不管…都喜欢
~한 물건을 보다가 ~면 바로~합니다. ································ 看~东西，如果~就~
한편으로 ~하면서 한편으로 …합니다. ······································· 一边~一边…
~할 수 있으니 얼마나 재미있어요? ··· 能~多有意思阿！
저는 ~라고 생각합니다. 당신은요? ······································ 我觉得~，你觉得呢？

IH공략 플러스 +

1. 좋아하는 쇼핑 종류에 대해 설명하기

so so! 我非常喜欢买东西。喜欢逛商店也喜欢网上购物。

up! 我非常喜欢买东西。不管是逛商店，电视购物还是网上购物，我都喜欢。

➡ 문장을 만들 때 전달력을 높일 수 있는 방법 중 하나가 바로 关联词와 같은 구문을 이용하여 문장을 연결하는 것입니다. '不管~都…(~을 막론하고 모두 …하다)'와 같은 구문을 이용해 보세요. 좀 더 업그레이드된 문장을 만들 수 있습니다.

2. 쇼핑 시 상황에 대해 묘사하기

so so! 那里有很多又便宜又好看的东西。我一边逛商店一边看路上的人们。真有意思！

up! 那里有好多又便宜又好看的东西。我一边逛商店一边看路上熙熙攘攘的人群，还能跟小贩们讨价还价，多有意思啊！

➡ 생동감 있는 답변을 만들어 보세요. 거리에 사람들이 많은 모습은 '熙熙攘攘(사람들의 왕래가 빈번하다)'과 같은 성어로 묘사해 보세요. '讨价还价(가격을 흥정하다)'라는 단어를 이용해서 쇼핑의 묘미를 말하거나 '多~阿(얼마나 ~한가)'를 이용해서 쇼핑의 재미를 표현해 주면 더욱 좋겠지요?

실전공략 따라잡기

다음 모범답안을 잘 읽어 보고 주요 표현을 익혀 보세요. 🎧mp3_47

Q. 根据调查显示，你喜欢购物。你常常买东西吗？一般在哪儿购物呢？喜欢买什么？
조사에서 당신은 물건 구매하는 것을 좋아한다고 했습니다. 물건을 자주 사나요? 보통 어디에서 사나요? 무엇을 사는 것을 좋아하나요?

我非常喜欢买东西。**不管**是逛商店，电视购物还是网上购物，我**都**喜欢。虽然我的收入不算那么多，可我喜欢买东西，而且**对**我**来说**购物也是一种享受。

我一天到晚忙着工作，拖着疲惫的身体回到家。回家后没什么事干，就打开电视看购物节目，**或者**打开电脑的网页，看一些物美价廉的东西，**如果**有喜欢的**就**买下来。我**一**到周末**就**跟朋友去逛街。那里有好多**又**便宜**又**好看的东西。我**一边**逛商店**一边**看路上熙熙攘攘的人群，还能跟小贩们讨价还价，**多**有意思**啊**！如果偶尔听到百货商店有打折的消息，就马上去买平时觉得太贵而**买不起**的东西。

朋友们都说我是个购物狂，太爱花钱了。可我觉得那些东西都是我需要的，你觉得呢？

购物 gòuwù 구매하다 〔활용〕购物券 gòuwùquàn 상품권 | 收入 shōurù 수입 | 拖 tuō 끌다, 늘어뜨리다 | 疲惫 píbèi 완전히 지치다 | 干 gàn 일을 하다 | 网页 wǎngyè 인터넷 홈페이지 | 物美价廉 wùměi jiàlián 품질이 좋고 값도 싸다 | 熙熙攘攘 xīxī rǎngrǎng 사람들의 왕래가 빈번하고 왁자지껄한 모양 | 小贩 xiǎofàn 행상인 | 讨价还价 tǎojià huánjià 흥정하다 〔유의〕讲价 jiǎngjià 〔유의〕砍价 kǎnjià | 打折 dǎzhé 할인하다 〔활용〕打七折 dǎ qī zhé 30퍼센트 세일 | 购物狂 gòuwùkuáng 쇼핑 중독, 쇼핑광 | 需要 xūyào 필요(하다)

Mini OPIc

다음 질문에 대해 개요를 작성해 보고, 실제처럼 말해 보세요. mp3_48

Q. 给你提供一个情景：你跟朋友去百货商店逛了逛。回家的路上发现你的钱包不见了，你去百货商店的失物招领中心，说明一下你的情况。

당신에게 상황을 제공하겠습니다. 당신은 친구와 백화점에 가서 쇼핑을 했습니다. 돌아오는 길에 당신의 지갑이 없어진 것을 알았습니다. 백화점의 분실물센터에 가서 당신의 상황을 설명하세요.

● 스토리맵 작성하기

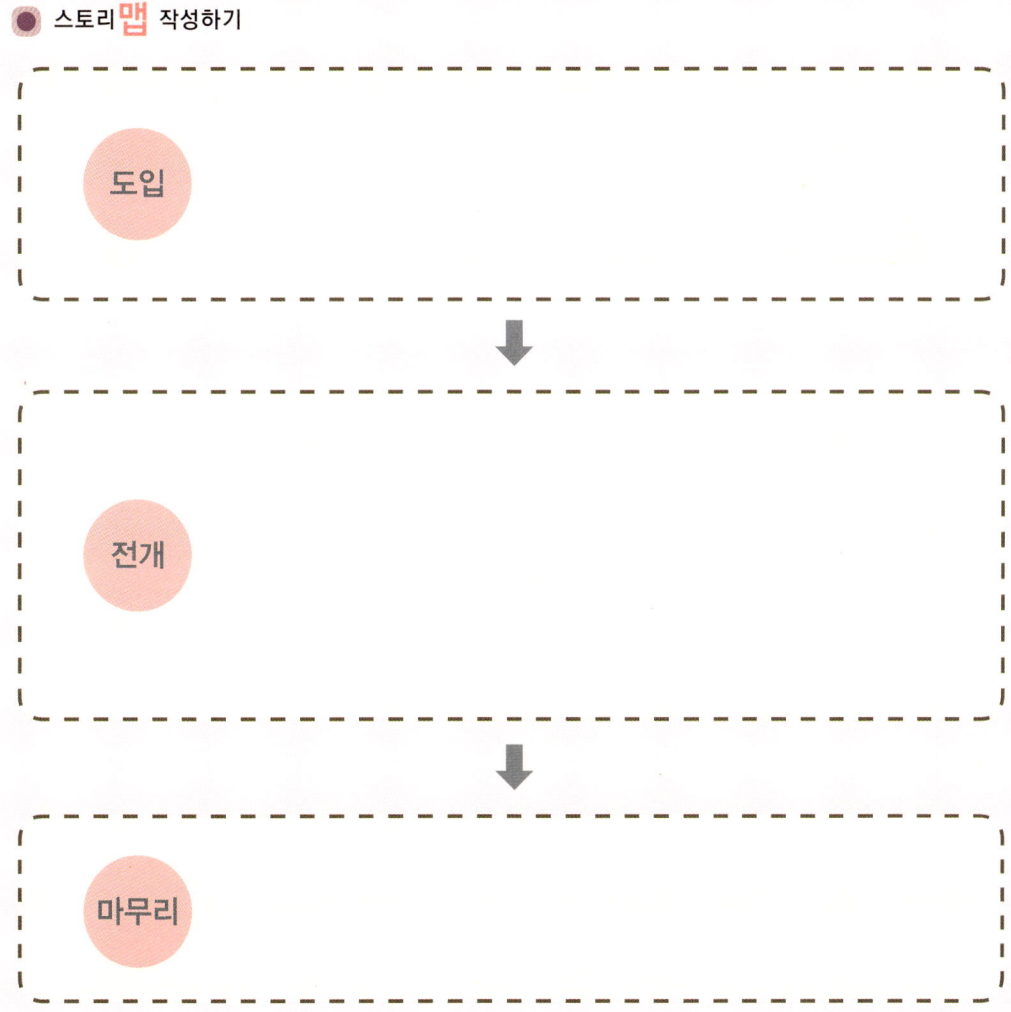

Day 17

건강

학습목표
❶ 건강 관련 표현 익히기
❷ 예문과 함께 유용 패턴 익히기
❸ 예시 답변을 통해 표현 공략법 익히기

OPIc에서 출제되는 건강 관련 문제는 건강 문제 발생, 건강 유지 방법, 헬스클럽 이용 후 효능이나 변화 등의 주제로 자주 출제됩니다. 건강 유지 방법(주위 사람들의 건강 유지법, 자신의 건강 유지법), 헬스클럽과 관련하여 육체적·심리적 효과나 효능, 건강 문제를 통한 변화, 건강 문제 해결 방법 등 여러 가지 주제의 답변을 준비해야 합니다.

'건강' 관련 문형 체크하기

1. 건강 유지

- 为了保持健康人们选择很多方法。
  건강을 유지하기 위해 사람들은 많은 방법을 선택합니다.

- 保持健康的最好方法还是饮食调整。
  건강을 유지하는 가장 좋은 방법은 음식을 조절하는 것입니다.

2. 건강 유지의 방법

- 不要偏食，身体需要各种各样的营养。
  편식하지 말아야 한다. 몸은 각양각색의 영양을 필요로 합니다.

- 常吃刺激的东西对胃有不好的影响。
  자극적인 음식을 자주 먹으면 위에 좋지 않은 영향을 줍니다.

- 保持好的心情是人们幸福的基本条件。
  좋은 기분을 유지하는 것은 사람들의 행복의 기본 조건입니다.

3. 운동의 효과

- 不但能减肥，而且自然而然地消除压力，一举两得。
  다이어트도 될 뿐만 아니라 자연히 스트레스도 풀리므로, 일거양득입니다.

- 不但身材变得更苗条，而且身体变得更健康。
  몸매가 날씬해질 뿐만 아니라 몸도 더 건강해집니다.

고득점 공략 Point

1. **건강과 관련된 다양한 어휘와 표현들을 정복하라!**
   건강과 관련된 내용, 즉 운동, 음식, 헬스클럽, 다이어트, 질병 등 다양한 내용을 학습해야 합니다.

2. **건강 유지 방법들에 대한 효과, 효능, 변화 관련 내용들을 익혀라!**
   건강 유지 방법에 관련된 내용은 기본적으로 준비하세요.

3. **일관성과 논리를 갖춘 문장을 표현하라!**
   본인의 상황에 맞는 내용을 논리적으로 설명할 수 있도록 준비하세요.

OPIc중국어 패턴공략 🔊 mp3_49

01 保持~   유지하다

'保持'는 비교적 긴 시간 동안 지속하여 유지함을 나타냅니다. 주로 수준, 성적, 전통, 명예, 연락 등의 단어와 결합하여 사용합니다. 건강 유지를 위한 방법이나 대상을 설명할 때, '保持+건강 유지 대상(몸매, 현 건강 상태)'의 형태로 사용할 수 있습니다.

- 为了保持健康需要一定的运动。
  건강을 유지하기 위해서는 일정한 운동이 필요하다.

- 为了健康首先要保持弱碱性体质。
  건강을 위해서는 먼저 약알칼리성 체질을 유지해야 한다.

- 保持健康的方法很多。
  건강을 유지하는 방법은 매우 많다.

- 保持一个好的心态也很重要。
  좋은 마음가짐을 유지하는 것도 매우 중요하다.

> **Tip** 자주 쓰이는 '保持' 구문
> 다음은 자주 쓰이는 '保持' 구문입니다. 통째로 암기해 두세요.
> 保持水平 실력을 유지하다 / 保持成绩 성적을 유지하다 / 保持传统 전통을 유지하다 / 保持名誉 명예를 유지하다 / 保持联系 연락을 유지하다

02 不但~而且…   ~일 뿐만 아니라 …이기도 하다

'不但~而且…'는 점층 관계를 나타내는 구문으로, '而且' 뒷부분의 내용을 더 강조합니다. 일반적으로 '不但+상황/상태+而且+상황/상태'의 형태로 사용됩니다. '不但'이 이끄는 내용과 '而且'가 이끄는 내용의 주어가 같다면 '주어+不但~而且…'로 쓰고, 주어가 다르다면 '不但+주어1, 而且+주어2'로 씁니다. 건강 유지 방법의 효능 또는 운동 후의 변화나 상태 등을 설명할 때 이 구문을 활용할 수 있습니다.

- 不但体重减少了很多，而且身上的肌肉也越来越多了。
  체중이 많이 줄었을 뿐만 아니라 몸에 근육도 점점 많아졌다.

- 不但对身体好，而且心情也越来越好了。
  몸에 좋을 뿐만 아니라 기분도 점점 좋아졌다.

- 不但心情变好，而且自然而然地消除了压力。
  기분이 좋아질 뿐 아니라 자연히 스트레스도 없어졌다.

- 不但很累而且容易生气。
  피곤할 뿐만 아니라 쉽게 화를 낸다.

03 更~   더욱

'更'은 비교의 어감을 가지고 있습니다. 원래의 수준보다 정도가 더 심해짐을 나타내므로 비교 형식에 많이 사용되고, 단독으로 사용할 수도 있습니다. 일반적으로 '更+형용사/동사구'의 형태로 쓰고, 건강과 관련하여 상태를 비교할 때 이용할 수 있습니다.

- 我的身材比以前更苗条了。
  나의 몸매가 이전보다 더 날씬해졌다.

- 我的身体比以前更结实了。
  나의 몸이 이전보다 더 튼튼해졌다.

- 我比以前更有力气了。
  나는 이전보다 더 힘이 생겼다.

- 我的身体比以前更健康了。
  나의 몸이 이전보다 더 건강해졌다.

04 变得~   ~한 상태로 변하다

'变得~'는 정도를 나타내는 표현입니다. 일반적으로 '变得+구체적 변화의 정도나 상태'의 형태로 쓰고, 비교의 어감을 나타냅니다. 건강과 관련해서 운동 후 몸 상태나 몸매의 변화를 말할 때 이용할 수 있습니다.

- 这样的运动能让你的身材变得更性感。
  이런 종류의 운동은 당신의 몸매를 더욱더 섹시하게 만들어 준다.

- 过了一个月以后，心情变得更轻松了。
  한 달이 지난 후 기분이 훨씬 가뿐해졌다.

- 我的身材变得苗条了。
  나의 몸매가 날씬하게 변했다.

- 是为了让我的身材变得更好看一点儿。
  나의 몸매를 좀 더 예쁘게 변하게 하기 위해서이다.

OPIc중국어 실전공략

다음 질문에 아래와 같이 개요를 작성한 후, 말해 보세요.

Q. 根据调查显示，你喜欢去健身房锻炼。你一般在哪儿锻炼？一般什么时候去？常常去吗？现在和以前比起来，有什么变化吗？请详细地说一说。

조사에서 당신은 헬스클럽에 가는 것을 좋아한다고 했습니다. 보통 어디에서 단련하나요? 언제 갑니까? 자주 갑니까? 이전과 비교해서 어떤 변화가 있나요? 자세히 말해 주세요.

과제	헬스클럽의 장소, 헬스클럽에 가는 시간이나 횟수, 운동을 통한 변화 설명하기
수행방법	헬스클럽 이용에 관한 설명, 헬스 전후의 몸매·심리·생활상의 변화 등 자세히 설명하기

● 스토리맵(Story Map)

도입
- 헬스클럽에 대한 개괄(장소, 이용 시간, 횟수 등)
  - 건강 유지에 가장 좋은 방법은 운동임
  - 자주 회사 근처의 헬스클럽에 가서 단련함

전개
- 이전과 이후의 변화 비교하여 말하기

헬스클럽 이용 전
- 평상시 동료와 술 마시고 집에 가서 야식을 먹음
- 주말에는 집에서 DVD를 보다가 배고프면 라면을 끓여 먹음
- 몇 달이 지난 후 몸이 뚱뚱해지고 쉽게 피로해짐
- 걸핏하면 사람들에게 화를 내고 조금의 인내심도 없음

헬스클럽 이용 후
- 퇴근 후 헬스클럽에 가서 두 시간 동안 단련
- 두 달 후 5킬로그램이 빠짐
- 이전보다 건강해지고 몸의 근육도 점점 많아짐
- 동료들이 안색이 이전보다 좋아졌다고 함
- 사람들을 대하는 태도도 더 따뜻해짐

마무리
- 내용 총괄하고 느낌 말하기
  - 매일 즐겁고 행복한 생활을 보내고 있음

실전공략 말하기 Tip

★ 아래 표현들을 활용하여 답변을 만들 수 있습니다.

저는 건강을 유지하는 가장 좋은 방법은 ~라고 생각합니다. ·················· 我觉得保持健康的最好方法是~
저는 걸핏하면 ~했습니다. ·· 我动不动就~
저는 ~하기로 결심했습니다. ·· 我下决心~
몸이 ~하게 변했고 또 이전보다 …해졌습니다. ·· 身体变得~也比以前…
현재는 매일 ~한 생활을 하고 있습니다. ·· 现在每天过着~的生活。

IH공략 플러스 +

1. 화를 내고 인내심 없는 자신의 성격에 대해 설명하기

so so! 我常常生气, 没有耐心。

up! 我动不动就向别人发脾气, 一点儿耐心都没有。

➡ 좀 더 다양한 표현을 기억해 두세요. '화를 내다'라는 의미로 '发脾气(성질을 내다)'라는 어휘를 사용하고 그 앞에 '动不动就(걸핏하면)'같은 수식어를 넣어 주면 good! '인내심이 없다'라는 표현은 '一点儿~都没有(조금의 ~도 없다)'의 구문을 이용하면 전달력을 높일 수 있습니다.

2. 헬스클럽 이용 후 변화에 대해 묘사하기

so so! 现在减了5公斤, 而且身体更健康了, 有很多肌肉了。同事们都说我的脸色比以前好了, 对别人也很好。

up! 现在我减了5公斤, 而且身体变得越来越结实, 也比以前更健康了, 身上的肌肉也越来越多了! 同事们都说我的脸色比以前好多了, 对别人的态度也温和了很多。

➡ 변화를 나타내는 형태에는 여러 가지가 있습니다. '比', '越来越', '~多了', '~了很多'뿐만 아니라 정도보어를 이용한 '变得(~한 정도로 변하다)'도 기억해 두세요. '健康(건강하다)'이라는 단어 이외에 '结实(튼튼하다)'를, '사람한테 잘하다'라는 표현은 '对人很好' 이외에 '态度(태도)'나 '温和(따뜻하다)' 같은 단어를 사용한 표현도 기억하세요.

실전공략 따라잡기

다음 모범답안을 잘 읽어 보고 주요 표현을 익혀 보세요. 🔊 mp3_50

Q. 根据调查显示，你喜欢去健身房锻炼。你一般在哪儿锻炼？一般什么时候去？常常去吗？现在和以前比起来，有什么变化吗？请详细地说一说。

조사에서 당신은 헬스클럽에 가는 것을 좋아한다고 했습니다. 보통 어디에서 단련하나요? 언제 갑니까? 자주 갑니까? 이전과 비교해서 어떤 변화가 있나요? 자세히 말해 주세요.

我觉得**保持**健康的最好方法还是运动，所以我平时常常去公司附近的健身房锻炼。以前我下班后常**和**同事们**一起**喝酒，而且回家以后还要再吃一点儿夜宵。然后躺在沙发上看电视，看电视看累了才去睡觉。周末呢，哪儿也不去，就呆在家里看DVD，肚子饿了就煮方便面吃。这样过了几个月我的身体就不行了。**不但**胖了很多，**而且**很容易累。工作上有压力时，我**动不动就**向别人**发脾气**，**一点儿**耐心**都没有**。所以我**下决心**去健身房锻炼身体。每天下班后直接去健身房练两个小时以后再回家。这样**过了两个月了**，现在我减了5公斤，而且身体**变得**越来越结实，也**比**以前**更**健康了，身上的肌肉也越来越多了！同事们都说我的脸色**比**以前**好多了**，对别人的态度也**温和了很多**。现在我每天都过着开心、幸福的生活。

夜宵 yèxiāo 야식 | 呆 dāi 머무르다 | 煮 zhǔ 끓이다, 삶다 | 向 xiàng ~에게 | 发 fā (감정을) 드러내다 | 脾气 píqi 성격, 성깔 [활용] 脾气好 píqi hǎo 성격이 좋다 [활용] 脾气很大 píqi hěn dà 성깔이 대단하다 | 耐心 nàixīn 인내(심) | 结实 jiēshi 견고하다, 튼튼하다 [주의] 结实 jiēshí 열매를 맺다 | 肌肉 jīròu 근육 | 脸色 liǎnsè 안색, 얼굴빛

Mini OPIc

다음 질문에 대해 개요를 작성해 보고, 실제처럼 말해 보세요. 🔊 mp3_51

Q. 你或者身边的人为了健康都做些什么呢？你觉得保持健康的最好方法是什么？请说一说。

당신 혹은 주위 사람들은 건강을 위하여 무엇을 하나요? 당신이 생각하기에 건강을 유지하는 데 가장 좋은 방법을 무엇입니까? 말해 보세요.

● 스토리맵 작성하기

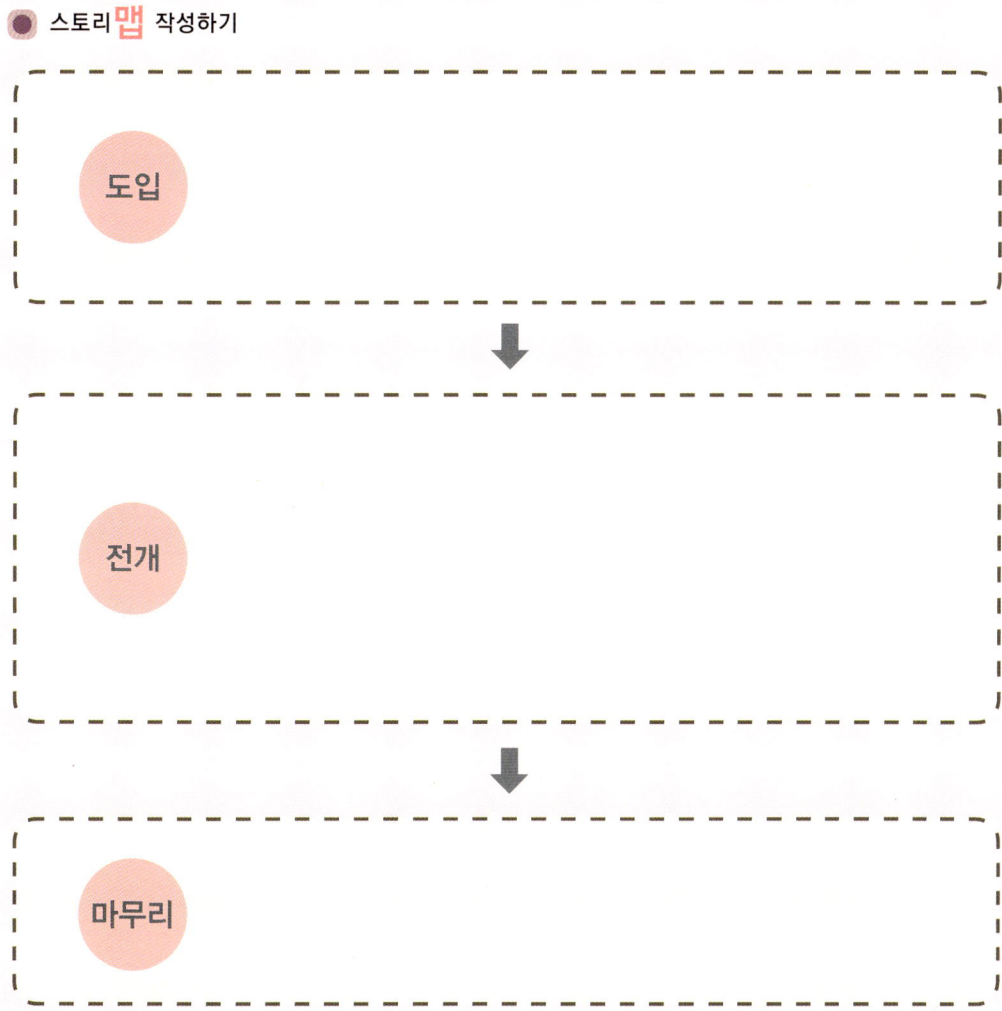

Day 18

여행과 출장

학습목표
1. 여행과 출장 관련 표현 익히기
2. 예문과 함께 유용 패턴 익히기
3. 예시 답변을 통해 표현 공략법 익히기

OPIc에서 출제되는 여행과 출장 관련 문제는 여행지·출장지 소개, 여행·출장 경험, 여행·출장 과정, 여행지 문의와 취소, 출장 스케줄 안내와 확인, 여행·출장 중 돌발 상황 등의 유형이 출제됩니다. 여행·출장의 장소, 과정, 경험과 연관된 내용으로 답변을 준비해야 합니다.

'여행과 출장' 관련 문형 체크하기

1. 상황

- 我的爱好就是旅游，一有时间就去。
  저의 취미는 바로 여행입니다. 시간만 있으면 갑니다.

- 我们公司经营对外贸易，我在贸易部工作，会经常出差。
  우리 회사는 무역업을 하는데 저는 무역부에서 일해서 자주 출장을 갑니다.

2. 스케줄, 계획

- 我打算去中国旅游，也想顺便见见朋友。
  저는 중국에 여행을 가는 김에 친구를 좀 만날 계획입니다.

- 我们打算先去饭店然后再去参观工厂。
  우리는 먼저 호텔에 간 후 다시 공장을 참관하려고 합니다.

3. 과정

- 我们到北京（游览了很多名胜古迹 / 拜访了合作公司的总部）。
  우리는 베이징에 도착해서 (많은 명승고적을 유람했습니다 / 협력사의 본사를 방문했습니다).

4. 경험, 과정

- 这是一个难得的机会，(我们应该玩儿个痛快！/ 希望双方合作愉快)。
  이것은 매우 얻기 힘든 기회이므로 (우리는 마땅히 신나게 놀아야 합니다 / 쌍방의 협력이 유쾌하기를 바랍니다).

고득점 공략 Point

1. 여행이든 출장이든 과정과 경험은 꼭 준비하라!
여행이나 출장에 대해 말할 때는 과정, 경험 등의 기본적인 내용은 반드시 준비해야 합니다.

2. 순차적이고 생동감 있게 표현하라!
순서 있게 구성하고 생동감 있는 묘사로 표현해야 합니다.

3. 문장의 구성에 주의하라!
답변에서는 도입부와 마무리도 중요합니다. 도입부와 마무리도 깔끔하게 구성하는 것을 잊지 마세요.

OPIc중국어 패턴공략 🎧 mp3_52

01 先~然后… 먼저 ~하고 그 다음에 …하다

'先~然后…'는 시간을 기준으로 하여 상황의 전후 관계를 나타내는 구문으로, 일반적으로 '先+상황1, 然后(再)+상황2'의 형태로 씁니다. 여행이나 출장의 과정을 설명할 때 이용할 수 있습니다.

- **先**要访问贵公司的总部，**然后**再去参加宴会。
  먼저 당신들의 회사 본부를 방문하고 그 다음에 연회에 간다.

- **先**坐火车，**然后**再换地铁。
  먼저 기차를 타고 그 다음에 지하철로 갈아탄다.

- **先**休息一会儿，**然后**去参观工厂。
  먼저 좀 쉬고 그 다음에 공장을 참관한다.

- **先**吃点儿便饭，**然后**去参加会议。
  먼저 간단히 식사를 하고 그 다음에 회의에 참석하러 간다.

02 关于~ ~에 관하여

'关于'는 '~에 관하여', '~와 관련해서'라는 의미로, 언급하려는 화제와 관련된 사물, 범위, 내용 등을 나타내는 표현입니다. 주로 '关于+범위, 사물, 내용, 문제'의 형태로 쓰고, 문의할 때나 상황 이해에 많이 사용합니다.

- **关于**飞机的时间，我们坐下午的飞机。
  비행기 시간에 관하여, 우리는 오후 비행기를 탄다.

- **关于**选择酒店的问题，我们希望住在公司附近的酒店里。
  호텔 선택 문제에 관하여, 우리는 회사 근처의 호텔에 머물기를 바란다.

- **关于**运输，我想再问几个问题。
  운송에 관해, 나는 몇 가지 질문을 더 묻고 싶다.

- **关于**这个问题，我直接跟他联系。
  이 문제에 관해, 나는 직접 그와 연락한다.

> **Tip** '关于'의 위치
> '关于'로 이루어진 조사구가 한정어로 사용될 경우에는 주어 앞에만 올 수 있습니다.
> 예 我关于这个问题会告诉他的。(×)
> 　　**关于**这个问题，我会告诉他的。(○)
> 　　이 문제에 관해 저는 그에게 알려 줄 것입니다.

03 ~还是… ~인지 아니면 …인지

'还是'는 선택의문문을 나타내는 부사입니다. '사항1+还是+사항2'의 형태로 써서 두 가지의 조건 중 하나를 선택하는 구문이고, 앞뒤의 동사가 같을 경우 뒤의 동사는 생략할 수 있습니다.

- 您要先去公司见董事长还是先回饭店休息?
  당신은 먼저 회사에 가서 회장님을 뵙겠습니까, 아니면 먼저 호텔에 가서 쉬겠습니까?

- 您对这次的安排满意还是不满意?
  당신은 이번 일정에 만족합니까, 만족하지 않습니까?

- 你们要住我家还是要住酒店?
  당신들은 우리 집에 머물 겁니까, 아니면 호텔에 머물 겁니까?

- 您喜欢吃西餐还是中餐?
  당신은 서양식을 좋아합니까, 아니면 중식을 좋아합니까?

> **Tip** '还是'의 용법
> '还是'는 평서문에서도 쓸 수 있습니다. 이때는 선택의 결과가 부정확하고, 문장 내에서 목적어로 사용됩니다.
> 예 我不知道他到底喜欢吃中国菜还是日本菜。
> 나는 그가 도대체 중국요리를 좋아하는지 일본요리를 좋아하는지 모르겠다.

04 难得 얻기 어렵다

'难得'는 '얻기 어렵다', '구하기 어렵다'라는 의미로, 주로 귀한 물건이나 기회 등과 함께 쓰입니다. '难得的+기회, 사람, 물건'과 '기회, 사람, 물건+정도부사+难得'의 두 가지 형태로 쓸 수 있습니다.

- 这是很难得的机会，你还犹豫什么?
  이것은 매우 얻기 힘든 기회입니다. 당신은 무엇을 망설이나요?

- 我们双方合作这么顺利十分难得。
  우리 쌍방의 협력이 이렇게 순조롭기가 매우 드뭅니다.

- 这是很难得的材料，你们要注意。
  이것은 매우 얻기 힘든 자료입니다. 당신들은 주의하세요.

- 这样的机会很难得。
  이런 기회는 매우 얻기 힘든 것이다.

OPIc중국어 실전공략

다음 질문에 아래와 같이 개요를 작성한 후, 말해 보세요.

Q. 给你提供一个情景：你明天要去国外出差，请先给合作公司打电话问3~4个问题，了解一下出差的情况。

상황을 제공하겠습니다. 당신은 내일 외국으로 출장을 갑니다. 협력회사에 전화를 걸어서 3~4가지 질문을 통해 출장 상황을 알아보세요.

과제	출장 상황 관련 질문하기
수행방법	협력회사에 전화를 걸어서 3~4가지 질문을 통해 출장 상황 관련 문의하기

● 스토리 맵(Story Map)

도입 — 전화를 건 이유 말하기
- 삼진회사 경영팀 정지민이라고 함
- 내일 회장님이 귀사 방문 협상에 참가할 것임
- 준비 상황에 대해 몇 가지 질문하겠음

전개 — 상황 관련 질문하기

비행 시간
- 본래 아침 8시 비행기 탑승 예정이었음
- 회장님의 회의 참석 후 오후 3시 비행기 탑승, 5시 상하이공항 도착 예정임
- 마중 나오는 사람과 통역 여부 문의

숙박 문제
- 예약한 호텔의 위치 문의
- 공항 근처일 경우 먼저 호텔에서 휴식 후 회사 방문 예정임, 회사 근처일 경우 먼저 회사 방문 후 호텔로 돌아와 휴식할 예정임
- 협상 전 공장 참관 요구, 가능 시간 문의

마무리 — 내용 총괄하고 바람 말하기
- 이번 협력은 쌍방이 매우 어렵게 얻은 기회임
- 쌍방의 협력이 유쾌하기를 바람

실전공략 말하기 Tip

★ 아래 표현들을 활용하여 답변을 만들 수 있습니다.

저는 먼저 ~을 알고 싶습니다. ·· 我想先了解一下~
본래는 ~이지만 …합니다. ·· 本来~, 可是…
~문제에 관하여 ··· 关于~问题
만약 ~한 것이라면 …하기를 원합니다. ··· 如果~的, 要…
이번 협력은 ~입니다. …를 희망합니다. ··· 这次合作是~, 希望…

IH공략 플러스 +

1. 상대 회사에 마중 인력과 통역 여부 문의하기

so so! 你们公司谁来接我们呢？有翻译吗？因为我们董事长不会说汉语，所以我想应该有翻译陪他。

up! 贵公司派谁来接我们呢？是您还是别的人？安排了负责翻译的人员吗？因为董事长不会说汉语，所以我想应该有翻译陪同着他。

➡ 상대 회사를 가리킬 때 '你们公司'로 표현해도 되지만, 비스니스에서는 '贵公司'로 표현하는 것이 좋습니다. 또 통역에 대해 문의할 때도 단순히 '有翻译吗?(통역사가 있는가?)'라고 하는 것보다 '安排翻译的人员(통역 인원을 배치하다)'과 같이 문장을 더 확장해 보세요. '陪同(모시고 다니다, 동행하다)'과 같은 단어를 사용하여 문장을 다양하고 풍부하게 만드는 것도 좋습니다.

2. 협력의 성공을 기원하는 인사말

so so! 这次合作非常重要。我希望双方合作愉快！

up! 这次合作对我们双方来说都是难得的机会。希望双方合作愉快。

➡ '이번 협력이 중요하다'라는 의미는 '非常重要' 대신 '难得的机会'와 같이 표현해 보세요. 다양한 표현을 만들기 위해서는 평소에 많은 문장을 접하고 여러분의 것으로 소화시켜야 합니다. 중요한 표현들이 입에서 술~술 나올 수 있도록 평소에 암기해 두세요.

실전공략 따라잡기

다음 모범답안을 잘 읽어 보고 주요 표현을 익혀 보세요. 🎧 mp3_53

Q. 给你提供一个情景：你明天要去国外出差，请先给合作公司打电话问3~4个问题，了解一下出差的情况。

상황을 제공하겠습니다. 당신은 내일 외국으로 출장을 갑니다. 협력회사에 전화를 걸어서 3~4가지 질문을 통해 출장 상황을 알아보세요.

你好！这里是韩国三进公司，我是经营部的叫郑智敏。我明天要陪我们公司的董事长去访问贵公司，并参加商业谈判，所以我想先了解一下你们<u>准备得怎么样</u>了。(정도보어 형식 / 술어+得+의문사)

<u>首先</u>，我们本来打算乘坐早上8点的飞机，可是董事长早上得<u>先</u>参加一个会议，<u>然后</u>才能出发，所以我们可能坐下午3点的飞机，5点<u>到达</u>上海机场。那么贵公司派谁来接我们呢？是您<u>还是</u>别的人？安排了负责翻译的人员吗？因为董事长不会说汉语，所以我想应该有翻译陪同着他。<u>其次</u>，<u>关于</u>住宿问题，你们预订的饭店是机场附近的还是公司附近的？如果是机场附近的，董事长要<u>先</u>去饭店休息一会儿，<u>然后</u>再去公司；如果是公司附近的，董事长会<u>先</u>访问公司，<u>然后</u>再回饭店休息。<u>最后</u>，谈判之前董事长要求参观一下你们的工厂。我们什么时候去参观更好呢？明天晚上可以吗？

这次合作<u>对</u>我们双方<u>来说</u>都是难得的机会，希望双方合作愉快，明天见！
(~에 대해 말하자면 / 얻기 어렵다)

访问 fǎngwèn 방문(하다) | **贵公司** guì gōngsī 귀사 [반의] **本公司** běn gōngsī 본사[화자의 회사 측을 뜻함] | **商业谈判** shāngyè tánpàn 비즈니스 협상 | **了解** liǎojiě 이해하다[사람이나 상황에 대한 정보를 정확히 알아보거나 조사하는 것을 뜻함] [유] **理解** lǐjiě 이해하다[판단이나 추리를 통한 깊은 이해를 뜻함. '알아보다, 조사하다'의 의미는 없음] | **乘坐** chéngzuò (교통수단을) 타다['骑', '坐'의 의미를 모두 포함함] | **翻译** fānyì 통번역하다, 통역사, 번역가 | **陪同** péitóng 수행하다, 동행하다 | **住宿** zhùsù 숙박 | **参观** cānguān 참관하다 | **工厂** gōngchǎng 공장 | **双方** shuāngfāng 쌍방

Mini OPIc

다음 질문에 대해 개요를 작성해 보고, 실제처럼 말해 보세요. 🔊 mp3_54

Q. 根据调查显示，你喜欢旅游，请讲一讲让你难忘的一次旅游。
조사에서 당신은 여행을 좋아한다고 했습니다. 잊을 수 없는 여행에 대해 말해 보세요.

● 스토리**맵** 작성하기

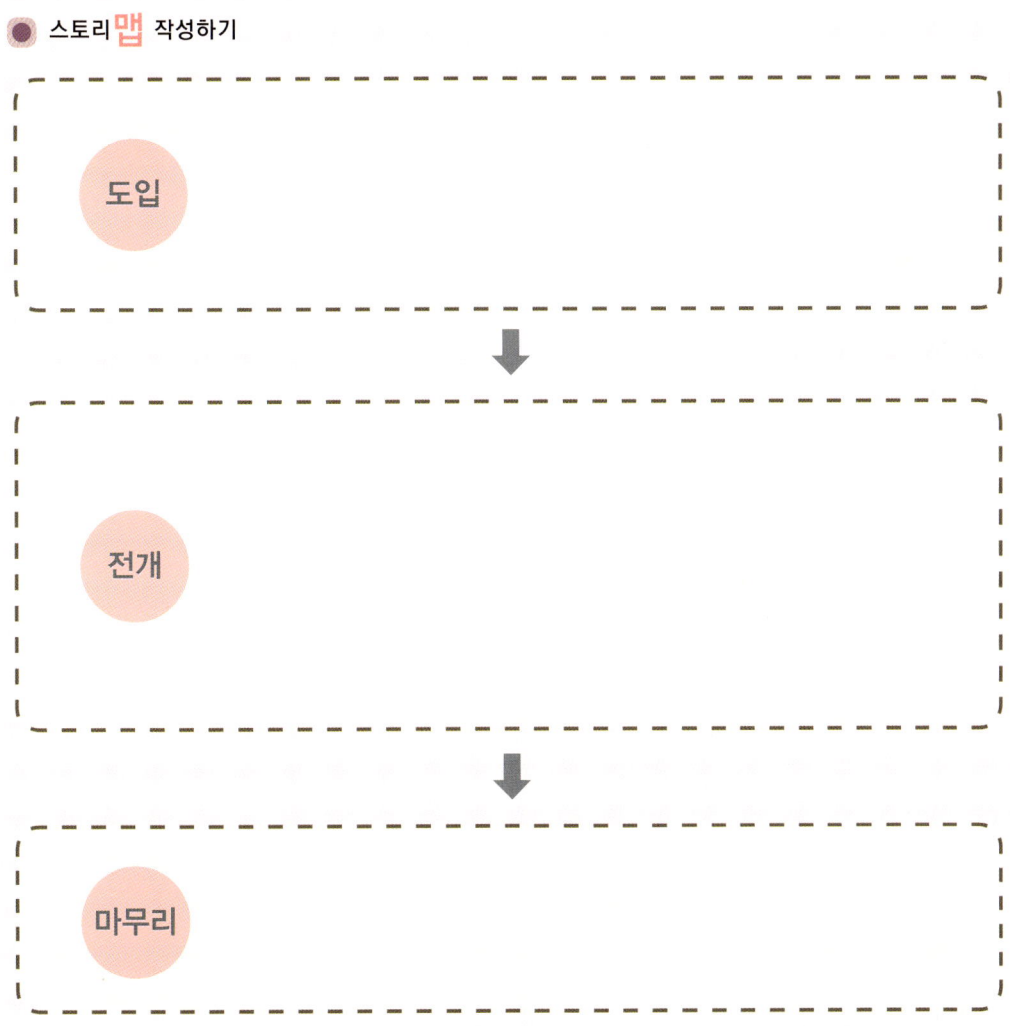

Day 19

과학 상품

학습목표
1. 과학 상품 관련 표현 익히기
2. 예문과 함께 유용 패턴 익히기
3. 예시 답변을 통해 표현 공략법 익히기

OPIc에서 출제되는 과학 상품 관련 문제는 디지털 상품, 즉, 노트북, 태블릿PC, 디지털 TV, MP3 등의 상품 소개, 이전과 현재의 상품 비교하는 유형 등이 출제됩니다. 자주 사용하는 과학 상품과 관련한 전문 용어를 익혀 두면 좋고, 상품의 특징과 기능, 그와 관련된 여러 가지 구입, 교환, 환불 문의 혹은 이와 관련된 돌발 상황을 예상하여 스토리를 만들어 보고 준비해야 합니다.

'과학 상품' 관련 문형 체크하기

1. 상황 설명

- 随着科技发展，科技产品的使用率越来越高。
  과학기술이 발전함에 따라, 과학기술 상품의 사용률이 점점 높아지고 있습니다.

- 尤其是智能手机的普及，给人们的生活带来很大的变化。
  특히 스마트폰의 보급은 사람들의 생활에 매우 큰 변화를 가져왔습니다.

- 不管（是老人还是小孩儿 / 男女老少）都喜欢用。
  (노인, 아이 / 남녀노소)를 막론하고 모두 사용하는 것을 좋아합니다.

2. 특징 및 기능

- 其中最大的特点就是携带方便。
  그중 가장 큰 특징은 휴대가 편리하다는 것입니다.

- 可以（由用户自己安装软件 / 随时随地的搜寻网络）。
  (사용자가 스스로 소프트웨어를 설치 / 언제 어디서든 인터넷을 검색)할 수 있습니다.

- 别看面积小，生活方面需要的功能却应有尽有。
  면적이 작지만 생활에 필요한 기능들이 모두 갖추어져 있습니다.

고득점 공략 Point

1. **요즘 사람들이 가장 자주 사용하는 과학 상품을 기억하라!**
   시대의 변화에 맞추어, 최근 등장한 과학 상품에 대해 말하는 것이 좋습니다.

2. **과학 상품의 특징과 장점을 나타낼 수 있는 어휘와 표현을 학습하라!**
   과학 상품의 외관 묘사, 특징, 기능을 나타내는 전문용어를 학습하세요.

3. **상황 또는 생활과 연계하여 말하라!**
   과학 상품 자체에 대해서만 설명하는 것보다, 그 상품을 사용함으로써 생겨난 생활상의 변화나 긍정적 영향으로 마무리하면 좋습니다.

OPIc중국어 패턴공략 🎧 mp3_55

01 随着~   ~함에 따라

'随着'는 과학 상품 소개뿐만 아니라, 일반적인 사회 상황에 대해 말할 때도 도입부에서 활용하면 좋습니다. 일반적으로 '随着+개인적/사회적 상황(생활수준, 사회 상황, 경제 발전, 과학기술 발전 등)'의 형태로 씁니다.

- **随着**科学的快速发展，科技产品的使用率越来越高。
  과학기술이 빠른 속도로 발전함에 따라 과학기술 상품의 사용률이 점점 높아지고 있다.

- **随着**经济收入的不断提高，人们更注重高品质的精神生活。
  사람들의 경제 수입이 끊임없이 높아짐에 따라 사람들은 높은 질의 정신적 생활을 더욱 중시한다.

- **随着**社会的发展，人们的生活水平也越来越高。
  사회가 발전함에 따라 사람들의 생활수준도 점점 높아지고 있다.

- **随着**人们生活水平的提高，科技产品的普及率也越来越高。
  사람들의 생활수준이 향상됨에 따라, 과학기술 상품의 보급률도 점점 높아지고 있다.

> **Tip** 자주 쓰이는 '随着' 구문
> 다음의 표현을 암기해 두세요!
> 随着生活水平的提高 생활수준이 향상됨에 따라 / 随着社会的发展 사회가 발전함에 따라 / 随着经济的发展 경제가 발전함에 따라 / 随着时代的不同 시대가 달라짐에 따라 / 随着科技发展 과학기술이 발전함에 따라

02 尤其是~   특히 ~이다

'尤其是~'는 하나의 범위 내에서 혹은 전체에서 가장 특출한 것을 꼽을 때 사용하는 표현입니다. 일반적으로 '尤其是+사물/기능명'의 형태로, '특히 ~이다'라는 의미를 나타냅니다.

- **尤其是**智能手机的出现让人们的生活更方便。
  특히, 스마트폰의 출현은 사람들의 생활을 더욱 편리하게 했다.

- 笔记本电脑有许多特点，**尤其是**携带很方便。
  노트북은 많은 특징이 있다. 특히, 휴대하기 매우 편리하다.

- **尤其是**平板电脑的出现给人们带来很大的方便。
  특히, 태블릿PC의 출현은 사람들에게 큰 편리함을 가져다주었다.

- 这个电脑具有很多功能，**尤其是**3D游戏更为突出。
  이 컴퓨터는 많은 기능을 가지고 있다. 특히, 3D 게임에서 더욱 두드러진다.

03 具有~ 구비하다

'具有'는 '구비하다', '가지고 있다'라는 의미이고, 주로 추상명사를 목적어로 가집니다. 일반적으로 '具有+기능, 특징'의 형태를 가지며, 과학기술 상품의 기능, 특징, 장점 등을 이야기할 때 사용할 수 있습니다.

- 智能手机具有独立的操作系统。
  스마트폰은 독립적 조작 시스템을 가지고 있다.

- 这种电脑具有强大的识别功能。
  이런 종류의 컴퓨터는 뛰어난 인식 기능을 가지고 있다.

- 这种手机具有多媒体播放功能。
  이런 종류의 휴대전화는 DMB 기능을 가지고 있다.

- 这种平板电脑具有与众不同的特点。
  이런 종류의 태블릿PC는 독특한 특징을 가지고 있다.

04 总之~ 결론적으로 말하자면

'总之'는 결론을 지을 때 사용하는 표현으로, '결론적으로 말하자면', '결국', '한마디로 말하면'이라는 의미를 나타냅니다. 어떤 주장에 대한 결론이나 사물의 특징 등을 종합하여 이야기할 때 사용하면 효과적입니다. 같은 의미로 '总而言之'라는 표현도 있습니다.

- 总之科学发展给人们带来了很大的变化。
  결과적으로 과학기술의 발전은 사람들에게 큰 변화를 가져왔다.

- 总之科学的发展让人们生活更丰富多彩。
  결과적으로 과학기술의 발전은 사람들의 생활을 더욱 다채롭게 한다.

- 总之智能手机给人们带来了更多的信息。
  결과적으로 스마트폰은 사람들에게 더욱더 많은 정보를 가져다주었다.

- 总之平板电脑的出现把我们的生活带入了一个全新的世界。
  결과적으로 태블릿PC의 출현은 우리들의 생활을 새로운 세계로 데려다 주었다.

OPIc중국어 실전공략

다음 질문에 아래와 같이 개요를 작성한 후, 말해 보세요.

Q. 你或者周围的人常用什么科技产品？这些产品有什么特点？请说一说你或者你周围的人常用的科产品。

당신 주위의 사람들은 어떤 과학기술 상품을 사용하나요? 이런 상품들에는 어떤 특징이 있나요? 당신 또는 당신 주위의 사람들이 자주 사용하는 과학 상품을 말해 보세요.

과제	자주 사용하는 과학 상품 소개하기
수행방법	태블릿PC의 특징과 기능에 대해 구체적으로 말하기

스토리맵(Story Map)

도입 — 소개할 과학 상품 언급하기: 태블릿PC
- 과학이 발전함에 따라 과학 상품의 사용률이 높아짐
- 특히 컴퓨터의 보급은 사람들의 생활에 변화를 가져옴
- 그중 태블릿PC가 가장 인기 있는 상품 중 하나임

전개 — 구체적 특징 및 기능 설명하기
- **외관**
  - 독립적인 모니터를 가지고 있음
  - 마음대로 회전이 가능함
- **기능1**
  - 강력한 인식 기능을 가지고 있음
  - 손가락이나 터치펜으로 조작함
  - 스크린은 전자감응을 이용한 터치로 입력이 가능함
- **기능2**
  - 휴대와 이동이 편리함
  - 노트북처럼 가벼워서 휴대가 용이함
  - 무선인터넷 접속이 가능함

마무리 — 내용 총괄하고 마무리하기
- 외관상 예쁠 뿐만 아니라 뛰어난 입력 기능과 인식 기능을 가지고 있음
- 데스크탑이나 노트북보다 빠르고 더 편리함

실전공략 말하기 Tip

★ 아래 표현들을 활용하여 답변을 만들 수 있습니다.

~함에 따라, 특히 …합니다 ·· 随着~，尤其是…
그중 ~은 가장 인기 있는 과학 상품 중 하나입니다. ···················· 其中~是最受欢迎的科技产品之一。
~을 구비하고 있습니다. ··· 具有~
이러한 ~은 …을 하기에 굉장히 적합합니다. ··· 这样的~非常适合…
결론적으로 ~합니다. ··· 总之~

IH공략 플러스 +

1. 태블릿 PC의 특징 설명하기

so so! 平板电脑有很多特点，具有单独的液晶显示屏。

up! 平板电脑在外观上具有与众不同的特点，具有单独的液晶显示屏。

➡ 특징을 설명할 때 나음절의 단어 혹은 성어 등을 알아 두면 매우 편리합니다. '有很多特点(매우 많은 특징이 있다)'이라는 표현 대신 '与众不同(남다르다)'과 같은 성어를 사용해 보세요. 답변의 수준도 높아지고 전달력 또한 좋아집니다.

2. 태블릿 PC에 대한 내용 마무리하기

so so! 我觉得平板电脑在外观上很漂亮，而且有很大的输入和识别功能。

up! 总之，平板电脑不但在外观上更漂亮而且具有强大的输入和识别功能，比台式和笔记本电脑更灵活，更方便。

➡ 결론을 말할 때 '觉得(~라고 생각하다)'나 '认为(~라고 여기다)' 같은 어휘를 이용할 수도 있지만 '总之(결론을 말하자면, 한마디로 말하면)'와 같은 표현을 이용하면 so~good! 또한 기능이나 특징을 나열만 하기보다는 '比~更~(~보다 더 ~하다)'과 같은 비교 구문을 이용해서 특징을 부각시켜 보세요.

실전공략 따라잡기

다음 모범답안을 잘 읽어 보고 주요 표현을 익혀 보세요. 🎧 mp3_56

Q. 你或者周围的人常用什么科技产品？这些产品有什么特点？请说一说你或者你周围的人常用的科产品。

> 당신 주위의 사람들은 어떤 과학기술 상품을 사용하나요? 이런 상품들에는 어떤 특징이 있나요? 당신 또는 당신 주위의 사람들이 자주 사용하는 과학 상품을 말해 보세요.

[패턴 01] 随着科学的发展，科技产品的使用率也越来越高。而这些产品让我们的生活更方便，[패턴 02] 尤其是电脑的普及，给人们的生活带来很大的变化。其中平板电脑是最受欢迎的科技产品之一。

- 随着: ~함에 따라
- 越来越: 점점 ~하다
- 尤其: 특히 ~이다
- 给+대상+带来+변화: ~에게 …을 가져오다

平板电脑有以下几个特点：首先，平板电脑在外观上具有[패턴 03]与众不同的特点。它具有单独的液晶显示屏，而它的显示屏可以随意旋转。其次，具有强大的识别能力。用户通过手指或者触控笔来进行操作，而不是传统的键盘和鼠标。具有触摸识别功能的液晶屏可以用电磁感应手写输入。最后，便于携带移动。它像笔记本电脑一样小而轻，可以随时转换使用场所，而且可以通过移动通讯网络来实现无线网络接入。这样的手写识别和无线网络通信功能非常适合外出携带。

- 与众不同: 남다르기! 구비하다: 주로 특징, 능력 등 추상적인 사물과 결합함
- 具有 – 能力: 능력을 구비하다
- 具有 – 功能: 기능을 구비하다
- 而: 순접을 나타냄

[패턴 04] 总之，平板电脑不但在外观上更漂亮而且具有强大的输入和识别功能，比台式和笔记本电脑更灵活，更方便。

- 总之: 결론적으로
- 不但~, 而且…: ~일 뿐만 아니라 …이기도 하다
- (A)比B更~: (A가) B보다 훨씬 ~하다

使用率 shǐyònglǜ 사용률 | 普及 pǔjí 보급되다 | 平板电脑 píngbǎn diànnǎo 태블릿PC | 与众不同 yǔzhòng bùtóng 남다르다 | 液晶显示屏 yèjīng xiǎnshìpíng 액정화면 | 旋转 xuánzhuǎn 빙빙 회전하다 | 识别 shíbié 식별하다 | 触控笔 chùkòngbǐ 터치펜 | 操作 cāozuò 조작하다, 다루다 | 键盘 jiànpán 키보드 | 触摸 chùmō 접촉하다 | 电磁感应 diàncí gǎnyìng 전자감응 | 输入 shūrù 입력하다 | 携带 xiédài 휴대하다 | 转换 zhuǎnhuàn 전환하다 | 无线网络 wúxiàn wǎngluò 무선 인터넷 | 接入 jiērù 접속하다 | 灵活 línghuó 민첩하다, 원활하다

Mini OPIc

다음 질문에 대해 개요를 작성해 보고, 실제처럼 말해 보세요. 🔊 mp3_57

Q. 给你提供一个情景：你买了一个数码照相机，可是只用了一次就坏了。请给商店打电话询问一下，能不能退货。

상황을 제공하겠습니다. 당신은 디지털카메라를 샀습니다. 그런데 딱 한 번 사용하고 망가졌습니다. 상점에 전화를 걸어서 환불이 가능한지 문의해 보세요.

● 스토리맵 작성하기

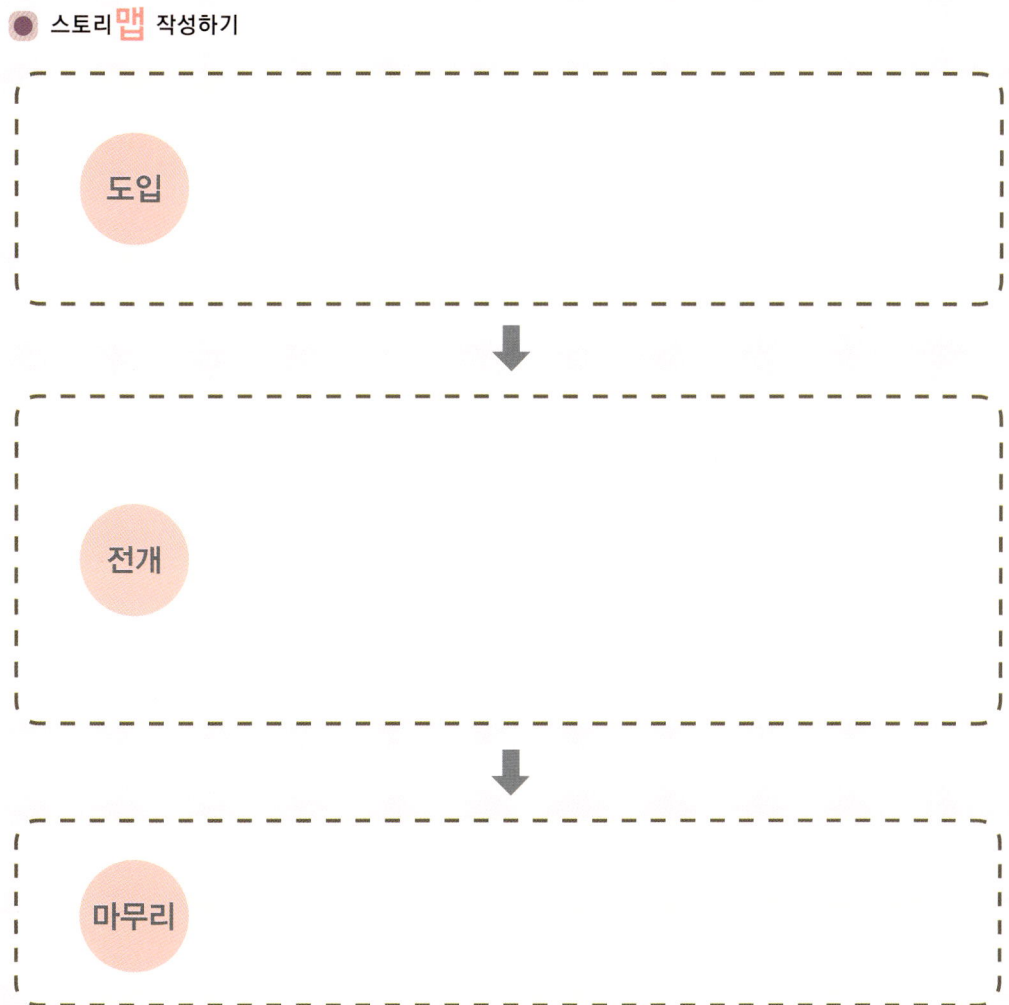

不到黄河不死心,
不撞南墙不回头。

황하에 닿지 않으면 포기하지 않고
남쪽 벽에 부딪치지 않으면 돌아서지 않는다,
자신의 목적을 달성하지 못하면 포기하지 않는다.

Actual Test

Day 20 모의OPIc

Day 20

모의OPIc

Q1. 请介绍一下自己。

자기 소개를 해 주세요.

※ '도입-전개-마무리'의 구도를 잡아 보세요.

모범답안 我叫郑智慧，今年三十二岁，在一家咨询顾问公司工作。我在公司主要负责管理客户，尤其是中国和日本等亚洲一带。我最大的优点就是能说三种语言，汉语、日语和英语。现在我正学德语呢，因为工作的原因，学外语自然而然就成为我的爱好了。除了学外语以外，我还喜欢跳舞，特别是探戈。现在每星期去补习班学探戈。我喜欢学习探戈时，随着音乐，跟舞伴一起热情舞动的感觉。我性格活泼，热情开朗，爱开玩笑。特别喜欢交朋友，而且交了很多外国朋友。我们经常通过微博互相沟通，了解彼此的生活。我这个人就是这么积极乐观，喜欢跟人交流的一个人。

해 석 저는 정지혜라고 합니다. 올해 32세이고, 한 컨설팅고문회사에서 일하고 있습니다. 저는 회사에서 고객관리를 담당하고 있습니다. 특히 중국과 일본 등 아시아 일대를 담당합니다. 저의 가장 큰 장점은 중국어, 일본어, 영어의 3개 국어를 할 줄 안다는 것입니다. 지금은 독일어를 배우고 있습니다. 업무로 인해, 외국어를 배우는 것이 자연히 제 취미가 되었습니다. 외국어를 배우는 것 이외에 저는 춤추는 것을 좋아합니다. 특히 탱고를 좋아합니다. 지금은 매주 학원에 가서 탱고를 배웁니다. 저는 탱고를 배울 때 음악에 맞춰서 파트너와 함께 열정적으로 움직이는 느낌을 좋아합니다. 저는 성격이 활발하고 열정적이며 쾌활하고 농담하는 것을 좋아합니다. 특히 친구 사귀는 것을 좋아해서 많은 외국 친구를 사귀었습니다. 우리는 자주 웨이보를 통해서 서로 교류하고, 서로의 생활을 이해합니다. 저는 이렇게 적극적이고 낙관적이며 사람과 교류하는 것을 좋아하는 사람입니다.

단 어 亚洲 Yàzhōu 아시아 | 自然而然 zìrán érrán 자연히 | 探戈 tàngē 탱고 | 舞伴 wǔbàn 댄스파트너 | 微博 wēibó 웨이보

Q2. 根据调查显示，你喜欢学外语。在哪儿学呢？跟谁一起学习？他们怎么样？你的老师怎么样？

조사에서 당신은 외국어 배우는 것을 좋아한다고 했습니다. 어디에서 배우나요? 누구와 배우나요? 그들은 어떤가요? 당신의 선생님은 어떤가요?

모범답안
我很喜欢学外语。不仅会说汉语和日语，而且英语说得也不错。最近我正在学德语呢。每天下班后去我家附近的补习班学习一个小时再回家。因为我们公司最近和一家德国公司合作，所以我得常跟他们联系。其实我们一般用英语沟通，可是我还是觉得学点儿德语会更方便。为了更了解他们的需求和想法，我决定去补习班学德语了。我上的是初级班，班里一共有六个人，四个上班族，两个大学生。我们班的同学们都非常努力，虽然说话的时候会出现错误，但他们却不害羞，常常主动发言，积极表现。我们的老师是一位德国人。我对他的第一印象就是他很严格，可是上课时却很幽默，爱开玩笑，跟他学习非常有趣。我希望能和同学之间多多交流，互相帮助，让彼此的水平进步更快！

해석
저는 외국어 배우는 것을 좋아합니다. 중국어와 일본어를 할 수 있을 뿐만 아니라 영어도 잘합니다. 요즘 저는 독일어를 배우고 있습니다. 매일 퇴근 후 집 근처의 학원에 가서 한 시간 동안 배운 후 귀가합니다. 우리 회사가 요즘 독일의 한 회사와 협력을 하기 때문에 자주 그들과 연락을 해야 합니다. 사실 우리는 보통 영어로 소통하지만, 저는 독일어를 좀 배우는 것이 훨씬 편리할 것이라고 생각합니다. 그들의 요구와 생각을 더 잘 이해하기 위해 저는 학원에서 독일어를 배우기로 결정했습니다. 제가 수강하는 반은 초급반입니다. 반에는 6명의 학생이 있습니다. 4명은 직장인이고 2명은 학생입니다. 우리 반 학생들은 모두 굉장히 노력합니다. 비록 말할 때 틀리기도 하지만 오히려 그들은 부끄러워하지 않고 항상 능동적으로 말하고 적극적으로 표현합니다. 우리 선생님은 독일인입니다. 그의 첫인상은 매우 엄격해 보였습니다. 그러나 수업 때는 오히려 재미있고 농담도 잘합니다. 그에게 배우는 것은 매우 재미있습니다. 저는 학우들과 더 많이 교류하고 서로 도우며, 서로의 실력이 빠르게 발전하기를 희망합니다.

단어 需求 xūqiú 요구(하다) | 沟通 gōutōng 교류하다 | 上班族 shàngbānzú 직장인, 샐러리맨 | 害羞 hàixiū 부끄러워하다 | 主动 zhǔdòng 자발적이다, 적극적이다 | 发言 fāyán 발언하다

Q3. 你从什么时候开始对学外语感兴趣？请说一说学习以前和以后的变化。

당신은 언제부터 외국어에 흥미를 가졌나요? 학습하기 이전과 이후의 변화를 말해 보세요.

모범답안 我非常喜欢学外语。现在会说三种语言，汉语，英语和日语。我还记得小时候听到电影里或者美国电视剧里的西方人说韩语，觉得很奇怪！可是后来我知道了那是配音，并不是演员们会说韩语。有一天，我偶然听到没有配音的原声美国电影。我觉得很好奇，所以模仿着他们说话，我妈妈在旁边听了以后说，我说的和演员说的台词听起来差不多。当然当时我说的是不对的，可是却把妈妈逗坏了。我听了妈妈的话就产生了很强的好奇心，于是就下决心开始学习英语了！说实话刚学英语时，一点儿自信也没有，发音又差，老师说的话一句话也听不懂。可是我却没有放弃。每天坚持预习复习，一有时间就听课文，而且上课时请老师帮我纠正发音，修改语法上的错误。经过一段时间的努力，在老师的帮助下，我的英语水平进步很大。现在我最喜欢和外国朋友用英语聊天儿，有时还教他们一点儿韩语，多有意思啊！

해석 저는 외국어 배우는 것을 굉장히 좋아합니다. 현재 3개 국어를 할 줄 아는데 중국어, 영어, 일본어입니다. 제가 기억하기로 어릴 적 영화나 미국드라마에서 서양인들이 한국어를 하는 것을 들었습니다. 이상하다고 느꼈지요. 그러나 후에 그것은 더빙을 한 것이지, 배우들이 한국어를 할 줄 아는 것이 아니었다는 걸 알았습니다. 어느 날 우연히 더빙이 되지 않은 미국영화를 보았습니다. 저는 호기심이 생겨서 그들이 말하는 것을 따라했지요. 엄마는 옆에서 듣고서 저에게 배우가 말하는 대사와 비슷하다고 했습니다. 물론 당시에 제가 말한 것은 틀린 것이었고 오히려 엄마에게 놀림을 당한 것이었습니다. 저는 엄마의 말을 듣고 강한 호기심이 생겨서 영어를 공부하기로 결심했습니다. 사실 막 영어를 배웠을 때는 자신감이 조금도 없었고 발음도 안 좋고 선생님의 말을 한 마디도 알아들을 수 없었습니다. 그러나 저는 포기하지 않았습니다. 매일 예습, 복습을 지속했고 시간만 있으면 본문 내용을 들었습니다. 게다가 수업 때는 선생님에게 발음 교정과 어법상의 잘못을 교정해 달라고 부탁했습니다. 어느 정도 시간이 지나고 선생님의 도움 아래 저의 영어 수준은 굉장히 많이 발전했습니다. 현재는 외국 친구와 영어로 수다 떠는 것을 가장 좋아합니다. 어떤 때는 그들에게 약간의 한국어를 가르쳐 주기도 하지요. 얼마나 재미있는데요!

단 어 配音 pèiyīn 더빙하다 | 偶然 ǒurán 우연히 | 台词 táicí 대사 | 逗 dòu 놀리다 | 好奇心 hàoqíxīn 호기심 | 纠正 jiūzhèng 교정하다

Q4. 给你提供一个情景：你要上外语补习班。请给补习班打电话询问一下课程安排。

상황을 제공하겠습니다. 당신은 외국어학원에 가려고 합니다. 학원에 전화를 걸어서 수업 과정을 문의해 보세요.

모범답안 你好！是天才汉语补习班吗？我想去那儿学习汉语，所以想咨询一下具体的课程安排。首先，我的水平不太高，所以想上初级班。但是我还是想做一下水平测试，请问几点可以预约呢？其次，我想选晚上的课，晚上初级班有几节课呢？有8点的课吗？因为补习班离我们公司比较远，所以只能上7点以后的课。一个班最多有多少个学生呢？我觉得学生太多的话，说汉语的机会很少。最后，我想问一下，学费一个月多少钱？有什么优惠吗？如果闭讲的话，可以换班或者退费吗？希望你能帮我安排适合我的课程，谢谢您！

해 석 안녕하세요? 티엔차이 중국어학원인가요? 제가 그곳에 가서 중국어를 배우고 싶은데요. 구체적인 수업 과정을 문의하고 싶습니다. 먼저, 저의 수준이 높지 않기 때문에 초급반에 들어가고 싶습니다. 하지만 레벨테스트를 받고 싶은데 몇 시에 예약이 가능한가요? 그 다음, 저는 저녁반을 신청하고 싶은데요. 저녁 초급반은 몇 개의 수업이 있나요? 8시 수업이 있나요? 학원이 회사에서 비교적 멀기 때문에 7시 이후 수업만 가능하거든요. 한 반에 학생이 최대 몇 명인가요? 학생이 너무 많으면 중국어를 말할 기회가 적을 것 같아서요. 마지막으로 여쭤 볼게요. 학원비는 한 달에 얼마인가요? 할인 제도가 있나요? 만약 폐강되면 반을 바꾸거나 환불할 수 있나요? 저에게 맞는 과정을 배정해 주시기 바랍니다. 고맙습니다.

단 어 课程 kèchéng (교육)과정 | 预约 yùyuē 예약(하다) | 水平测试 shuǐpíng cèshì 레벨테스트 | 节 jié 시간[수업 시간을 세는 양사] | 闭讲 bìjiǎng 폐강하다

Q5. 根据调查显示，你的爱好是跳舞。一般什么时候去？去哪儿跳？常常去吗？

조사에서 당신은 춤추는 것을 좋아한다고 했습니다. 보통 언제 가나요? 어디에 가서 춤을 추나요? 자주 가나요?

모범답안 我最大的爱好就是跳舞，不管是古典舞还是现代舞我都喜欢，其中我最喜欢的是探戈。最近我加入了公司的探戈俱乐部。每星期学三次，下班以后都在公司地下的舞蹈室练习。我们社团有20名会员。两个人一组，在老师的指导下，一边学习动作一边跟着音乐跳。我还加入了网上的探戈舞蹈协会。在每个月一次的舞蹈交流会上表演这个月新学的探戈舞步。我用我的肢体语言，用我的舞蹈动作表现我的生活和我的心情，这不是比语言更有力量吗？

해 석 저의 가장 큰 취미는 춤을 추는 것입니다. 고전무용이든 현대무용이든 모두 좋아합니다. 그중 제가 가장 좋아하는 것은 탱고입니다. 최근 저는 회사의 탱고동호회에 가입했습니다. 매주 세 번 배우는데, 퇴근 후 회사 지하의 무용 연습실에서 연습합니다. 우리 모임에는 20명의 회원이 있습니다. 2인 1조로, 선생님의 지도 아래 동작을 배우면서 음악에 맞춰 춤을 춥니다. 저는 또 인터넷 탱고 댄스협회에 가입했습니다. 매월 한 번 댄스 교류회에서 당월에 배운 탱고 스텝을 보여 줍니다. 저는 저의 신체언어와 춤 동작으로 저의 생활과 마음을 표현합니다. 언어로 표현하는 것보다 훨씬 파워 있지 않나요?

단 어 加入 jiārù 가입하다 | 社团 shètuán 동호회, 동아리, 모임 | 协会 xiéhuì 협회 | 肢体 zhītǐ 신체 | 力量 lìliang 힘, 역량

Q6. 你喜欢什么样的舞蹈？为什么喜欢？有什么特点？

당신은 어떤 종류의 춤을 좋아하나요? 왜 좋아하나요? 어떤 특징이 있나요?

모범답안 全世界的舞蹈种类很多。各个国家的舞蹈风格都不一样，都有传统而特色的舞蹈。探戈是我最喜欢的舞蹈风格。这是一种双人舞蹈，随着音乐把自己交给舞伴，彼此信任，彼此分享。探戈的特点是节奏感很强，有时温柔，有时强烈，舞步也随着音乐变换。在变换的时候有时表现性感的一面，有时表现刚强的一面。其实我觉得跳探戈能同时展现男人和女人的个性。爱与悲哀；相爱与不爱；幸福或者痛苦的心，都能通过舞蹈表现。学习探戈不只让我们通过舞蹈表达感情，更让我们积极坚强的面对生活。舞蹈改变了我的生活，我的世界。

해석 전 세계의 춤은 종류가 매우 많습니다. 각 국가의 춤 스타일도 모두 다른데, 모두 전통적이고 특색 있는 춤을 가지고 있습니다. 탱고는 제가 가장 좋아하는 춤 스타일입니다. 이것은 두 사람이 춤을 추는 것인데 음악에 맞추어 자신을 댄스 파트너에게 맡깁니다. 서로를 믿고 서로를 느낍니다. 탱고의 가장 큰 특징은 리듬감이 강하다는 것입니다. 어떤 때는 부드럽게, 어떤 때는 강렬하게, 댄스 스텝도 음악에 따라 바뀝니다. 음악이 바뀔 때 어떤 때는 섹시한 면을, 어떤 때는 강한 면을 표현합니다. 사실 제 생각에 탱고를 출 때는 남자와 여자의 개성이 동시에 나타날 수 있다고 생각합니다. 사랑과 비애, 서로 사랑하는 것과 사랑하지 않는 것, 행복 또는 고통스러운 마음을 모두 춤을 통해 표현할 수 있습니다. 탱고를 배우면 춤을 통한 감정을 나타낼 수 있을 뿐만 아니라 적극적이고 꿋꿋하게 생활할 수 있도록 해 줍니다. 춤은 저의 생활과 저의 세상을 바꾸었습니다.

단어 风格 fēnggé 풍격, 품격 | 分享 fēnxiǎng (행복, 기쁨을) 함께 나누다 | 节奏感 jiézòugǎn 리듬감 | 展现 zhǎnxiàn 전개하다, 펼치다 | 悲哀 bēi'āi 비애, 슬픔 | 表达 biǎodá (생각, 감정 등을) 표현하다 | 坚强 jiānqiáng 굳세다, 꿋꿋하다

Q7. 你从什么时候开始对舞蹈感兴趣？什么事或者什么人影响了你吗？现在仍然喜欢吗？

당신은 언제부터 춤에 관심을 가지게 되었나요? 어떤 일 혹은 어떤 사람이 영향을 주었나요? 지금도 여전히 좋아하나요？

모범답안 从小，我父母就喜欢唱歌跳舞。他们常常一边听音乐一边跳舞，还有欢笑的声音和他们相伴。有一天，我和家人看了一部电影，那是关于探戈的。我看到电影里演员们跳舞的时候，用优雅的动作表现情绪。他们通过舞蹈表达感情，喜，怒，哀，乐……痛苦，爱情，背叛，感动等。后来我常常看关于探戈的节目，还在网上找一些关于探戈的资料和新闻，关于探戈的起源、历史等等。现在我仍然喜欢随着音乐跳探戈，看和探戈有关的电影和音乐剧，我还参加了公司的探戈俱乐部呢！探戈是我的最爱。

해석 어릴 적부터 부모님은 노래하고 춤추는 것을 좋아했습니다. 자주 음악을 들으며 춤을 추곤 하셨지요. 그리고 웃음소리도 그들과 함께했습니다. 어느 날 저는 가족과 영화를 한 편 봤습니다. 그것은 탱고에 관한 것이었습니다. 저는 영화 속에서 배우들이 춤을 출 때 아름다운 동작으로 정서를 표현하는 것을 보았습니다. 그들은 춤을 통해 감정을 표현했는데, 희로애락……고통, 사랑, 배신, 감동 등이었습니다. 후에 저는 자주 탱고에 관한 프로그램을 보았고, 또 인터넷에서 탱고에 관한 자료와 뉴스, 탱고의 기원이나 역사에 관한 것 등을 찾아보았습니다. 지금도 저는 여전히 음악에 맞춰서 탱고를 추는 것을 좋아하고, 탱고와 관련된 영화와 뮤지컬을 보는 것을 좋아합니다. 저는 또 회사의 탱고동호회에도 가입했는걸요! 탱고는 저의 최고의 사랑입니다.

단어 相伴 xiāngbàn 동반하다, 함께 가다 | 优雅 yōuyǎ 우아하다, 고상하다 | 情绪 qíngxù 정서, 기분 | 节目 jiémù 프로그램 | 音乐剧 yīnyuèjù 뮤지컬

Q8. 给你提供一个情景：你打算跟朋友去国外度假。可是还没决定去哪儿。请给旅行社打电话咨询一下。

상황을 제공하겠습니다. 당신은 주말에 친구와 해외로 가서 휴가를 보내려고 합니다. 그런데 어디로 갈지 아직 정하지 못했습니다. 여행사에 전화를 걸어서 문의해 보세요.

모범답안 喂？您好！是中天旅行社吗？我跟朋友想报一个团去旅游。因为我们从下个星期开始休假，所以想趁着这次机会去国外旅游，可我们还没决定去哪儿。能不能给我们推荐一下呢？我们的计划是去欧洲。您能不能给我们简单地介绍一下行程安排？去哪几个国家呢？还有这次旅行的主要目的就是为了休假，所以我们比较喜欢清静的地方。比高楼大厦，我们更喜欢自然的风景。还有现在那儿气候怎么样？我们都怕冷，还是暖和一点儿比较好。另外，那里有什么娱乐设施？酒店和餐饮的安排有没有具体的说明，我想详细地了解一下。你觉得除了欧洲，还有别的国家更适合我们吗？请给我们推荐一下，好吗？麻烦您了。我跟朋友商量商量，然后再跟您联系。谢谢！

해석 여보세요, 안녕하세요, 중티앤여행사인가요? 저는 친구와 패키지여행을 신청하려고 합니다. 저희가 다음주부터 휴가거든요. 그래서 이번 기회를 통해 외국에 여행을 가려고 합니다. 그런데 어디로 갈지 결정하지 못했습니다. 우리에게 추천을 해 줄 수 있으신가요? 우리는 유럽으로 가려고 합니다. 우리에게 간단하게 일정을 소개해 줄 수 있나요? 몇 개의 어느 국가를 가나요? 그리고 이번 여행의 주요 목적이 휴양이라서 우리는 비교적 조용한 곳을 원합니다. 높은 빌딩과 비교하자면 자연풍경이 더 좋습니다. 그리고 현재 그곳의 기후는 어떤가요? 우리는 추위를 많이 타서 좀 따뜻한 곳이 좋겠습니다. 그외에 그곳에는 어떤 오락시설이 있나요? 호텔과 음식의 배정에 따른 구체적 설명이 있나요? 자세히 알고 싶습니다. 유럽을 제외하고 우리에게 더 적합한 다른 나라가 있나요? 저희에게 추천해 주시겠어요? 번거롭게 해 드렸네요. 친구와 상의해 보고 다시 연락드리겠습니다. 고맙습니다.

단어 趁着 chènzhe (때, 기회를) 이용해서, 틈타서 | 清静 qīngjìng (환경이) 조용하다 | 高楼大厦 gāolóu dàshà 고층건물 | 娱乐设施 yúlè shèshī 오락시설 | 餐饮 cānyǐn 식사와 음료 | 详细 xiángxì 상세하다

Q9. 给你提供一个情景：你本来跟朋友约好了一起去旅游，可是你突然有急事想取消约会。请跟你的朋友说明一下取消计划的原因。

상황을 설정하겠습니다. 당신은 본래 친구와 여행을 가기로 약속했습니다. 그러나 갑자기 급한 일이 생겨서 약속을 취소하려고 합니다. 친구에게 계획을 취소하는 이유를 설명하세요.

모범답안 智敏，你好！我是智慧，有件事情想跟你商量一下。你也知道本来这个星期天我们打算去美国旅游的，可我不得不取消这次旅行。真抱歉！你先别生气听我说，事情是这样的。为了这次旅游，我已经跟公司请假了，而且做了很多准备，可是公司突然有急事让去中国出差。本来这次应该是金科长去的，但没想到他今天上班时突然出了车祸，而且伤得很厉害，得动手术。现在他住院了，可能要两个月以后才能上班。这件事是由我负责的，而且这次的计划也是我跟他一起准备的。工作的具体情况只有我了解，公司里只有我一个人能处理。这是董事长的命令，我根本没有权利拒绝，所以我希望你能理解我。我们是老朋友，你也知道我的工作经常有突发状况。下次我一定将功补过，请你吃顿大餐。

해석 지민아, 안녕? 나 지혜야. 너와 상의할 일이 있어. 너도 알다시피 원래 이번 주 일요일에 미국으로 여행 가기로 했었잖아. 그런데 부득이 이번 여행을 취소해야 할 것 같아. 정말 미안해. 화내지 말고 내 얘기 좀 들어 봐. 상황이 이렇게 된 거야. 이번 여행을 위해서 나는 이미 회사에 휴가를 신청해 놨고, 많은 준비를 해 놨어. 그런데 회사에서 갑자기 급한 일이 생겨서 나에게 중국으로 출장을 가라고 하지 뭐야. 본래 이번에는 마땅히 김 과장님이 가야 하는데 생각지도 못하게 그가 오늘 출근할 때 갑자기 자동차 사고가 났어. 게다가 심하게 다쳐서 수술을 해야 한대. 현재 그는 병원에 입원해 있는데, 아마 두 달 후에나 출근할 수 있을 것 같아. 이번 일은 내가 책임을 맡았고 이번 프로젝트도 나와 그가 함께 준비한 거야. 업무의 구체적 상황은 나만 알고 있어서, 회사에서 나 한 사람만 처리할 수 있어. 이건 회장님 명령이라서 절대 거절할 수가 없어. 이해해 주기 바란다. 우리는 오랜 친구이고, 업무상 자주 돌발 상황이 생기는 것은 너도 알잖아. 다음에 내가 크게 한턱내는 것으로 보상할게.

단어 动手术 dòng shǒushù 수술하다 | 具体情况 jùtǐ qíngkuàng 구체적 상황 | 权利 quánlì 권리 | 突发状况 tūfā zhuàngkuàng 돌발상황 | 将功补过 jiānggōng bǔguò 공을 세워 속죄하다

Q10. 你有什么难以忘记的旅游经历吗？什么时候发生的？请讲一讲你最难忘的旅游经历。

당신은 기억에 남는 여행 경험이 있나요? 언제 발생한 건가요? 잊을 수 없는 여행 경험을 말해 보세요.

모범답안
我最难忘的就是去美国的旅游经历。那时我大学刚毕业，为了祝贺自己完成了大学的学业，而开始迎接新的未来，我去旅行了。我姨妈住在美国纽约，我给姨妈打电话说去那儿看看她，顺便游览一下纽约。于是我拿着背包，坐飞机就去了美国。下飞机的时候姨妈来接我，她见到我非常兴奋。我在姨妈家呆了两个星期，走遍了纽约的各个地方。有时候在路边的商店逛街，有时候坐地铁随便走走，没有什么固定的目的地，走到哪儿就看到哪儿，又自由又轻松！可是美好的时光总是很快就过去。回国的日子到了，姨妈送我到机场。到机场以后，我正要办手续的时候，突然发现我的护照不见了。我打开书包找了半天也没有找到。怎么办！我真想大哭一场，我不知道该怎么办！幸好姨妈赶过来带我去大使馆又补办了一本。晚上我就平安地回国了。从那以后我懂得了一个道理，在外国不管有什么事，一定要拿好自己的护照。

해석
제가 가장 잊기 어려운 일은 바로 미국에서의 여행 경험이었습니다. 그때 저는 막 대학을 졸업했는데, 저의 대학 학업을 완성한 것을 축하하고 새로운 미래를 맞기 위해 여행을 갔습니다. 저의 이모는 미국 뉴욕에 삽니다. 저는 이모에게 전화를 걸어, 뉴욕에 가서 이모를 만나는 김에 뉴욕을 여행하겠다고 말했습니다. 그래서 배낭을 메고 비행기를 타고 미국에 갔습니다. 비행기에서 내렸을 때 이모가 저를 마중 나왔습니다. 그녀는 저를 보고 매우 기뻐했습니다. 저는 이모 집에서 2주를 머물며, 뉴욕의 곳곳을 두루 돌아다녔습니다. 어떤 때는 길가의 상점들을 구경하고 어떤 때는 지하철을 타고 자유로이 걸어 다녔습니다. 특별히 정해 놓은 목적지 없이 발길 닿는 대로 다녔습니다. 자유롭고 유쾌했습니다. 그러나 즐거운 시간은 언제나 빨리 지나갑니다. 귀국하는 날이 다가왔고 이모가 저를 공항에 데려다 주었습니다. 공항에 도착해서 수속을 밟으려고 할 때 저는 갑자기 제 여권이 없어진 것을 발견했습니다. 저는 가방을 열어 한참을 찾았지만 찾지 못했습니다. 어떻게 하지? 저는 정말 한바탕 울고 싶었고, 어떻게 해야 할지 몰랐습니다. 다행히 이모가 빨리 와서 저를 데리고 대사관으로 가서 처리해 주었습니다. 저녁에 저는 평안히 귀국할 수 있었습니다. 그때 이후로 저는 하나의 이치를 깨달았습니다. 외국에서는 어떤 일이 있든 간에 반드시 여권을 잘 가지고 있어야 한다는 것입니다.

단어 迎接 yíngjiē 맞이하다 | 走遍 zǒubiàn 두루 돌아다니다 | 美好的时光 měihǎo de shíguāng 아름다운 시간(시절) | 办手续 bàn shǒuxù 수속을 밟다 | 大哭一场 dàkū yìchǎng 한바탕 크게 울다 | 幸好 xìnghǎo 다행히, 운 좋게

Q11. 根据调查显示，你是公司职员。你的公司叫什么名字？你喜欢你的工作吗？你在公司工作了多长时间了？

조사에서 당신은 회사 직원이라고 했습니다. 당신의 회사는 이름이 무엇인가요? 당신은 당신의 일을 좋아하나요? 회사에서 얼마나 일했나요?

모범답안 我在一家外国公司工作，叫KC。这是一家咨询顾问公司，我在公司干了快五年了，公司里的职员们一般都用英语沟通。大部分人都会说几种外语，我也不例外。说起我的工作，我比较满意。虽然常常开会，而且也常常加班，但是工资比较高，福利也很好。公司的条件还不错，图书馆、休息室、健身房应有尽有，很方便。在公司不仅老板赏识我的工作能力，而且部门的同事们也很信任我。我觉得我在这样的公司工作很知足。

해 석 저는 KC라는 외국계 기업에 다닙니다. 이 회사는 컨설팅고문회사입니다. 저는 회사에서 일한 지 5년이 되어 갑니다. 회사의 직원들은 보통 영어로 소통을 합니다. 대부분의 사람들이 몇 개의 외국어는 할 줄 아는데 저도 예외는 아닙니다. 저의 업무를 말하자면 비교적 만족하는 편입니다. 비록 자주 회의를 열고 자주 초과근무를 하지만, 월급이 비교적 높은 편이고 복리도 좋습니다. 회사의 조건은 그런대로 괜찮습니다. 도서관, 휴게실, 헬스클럽 모든 것이 갖추어져 있어서 매우 편리합니다. 회사에서는 사장님이 저의 능력을 알아주고, 부서의 동료들도 저를 매우 신임합니다. 저는 이런 회사에서 일하는 것에 만족합니다.

단 어 咨询 zīxún 컨설팅 | 顾问 gùwèn 고문 | 例外 lìwài 예외 | 福利 fúlì 복리, 복지 | 应有尽有 yīngyǒu jìnyǒu 모두 갖추어져 있다 | 赏识 shǎngshí (남의 재능이나 가치를) 알아주다 | 知足 zhīzú 분수를 지켜 만족을 알다

Q12. 你在公司负责过什么项目吗？请说一说执行项目的过程。

당신은 직장에서 프로젝트를 담당한 경험이 있습니까? 진행한 프로젝트의 과정을 말해 보세요.

모범답안 我在公司负责过很多项目，一般是关于经营计划的。执行项目的过程如下：首先通过会议决定这个项目的具体内容，目的和目标。通过网络或者其他方法找到和这个项目有关的所有资料，大家一起进行研究，讨论，制定计划。其次需要整理资料。把搜集到的资料集中在一起，跟同事们一起计划这个项目的具体过程，做一些PPT，充分地展示这次计划的重点，然后把最后整理的资料向上司汇报。最后在会议上把这个项目的计划书和具体内容向董事长汇报，并详细地说明这个项目给公司带来的发展和益处。项目通过以后就开始执行。在大家的努力下，这个项目成功地完成了。我们团队每个人都在计划中起了很大的作用，大家付出了很多的辛苦和汗水。这个项目不但受到了董事长的肯定，而且我们也非常有成就感。

해석 저는 회사에서 많은 프로젝트를 담당했습니다. 일반적으로 경영 기획에 관한 것입니다. 진행한 프로젝트의 과정은 다음과 같습니다. 먼저 회의를 통해 이 프로젝트의 구체적인 내용과 목적과 목표를 정합니다. 인터넷 또는 다른 방법 등을 통해 이 프로젝트와 관련된 모든 자료를 찾아서 함께 연구, 토론, 계획 수립을 진행합니다. 그 다음으로 자료를 정리해야 합니다. 수집된 자료들을 집약해서 동료들과 함께 이 프로젝트의 구체적인 과정을 계획하고, PPT를 만들어서 프로젝트의 핵심을 충분히 나타냅니다. 그 다음 마지막으로 정리한 자료를 상사에게 종합 보고합니다. 마지막으로 회의에서 이 프로젝트의 기획서와 구체적인 내용을 회장님께 종합 보고하고, 프로젝트가 회사에 가져다줄 발전과 이점에 대해 상세히 설명합니다. 프로젝트가 통과되면 집행을 시작합니다. 모두의 노력하에 이 프로젝트는 성공적으로 완성되었습니다. 우리 팀의 매 사람 모두 프로젝트에 많은 작용을 하였습니다. 모두가 많은 노력과 땀을 흘렸습니다. 이 프로젝트로 회장님의 인정을 받았을 뿐만 아니라 우리도 성취감을 가지게 되었습니다.

단어 执行 zhíxíng 집행하다, 실행하다 | 制定 zhìdìng (법규, 계획을) 제정하다 | 搜集 sōují 수집하다 | 展示 zhǎnshì 분명하게 나타내다 | 汇报 huìbào (상황을 종합하여) 보고하다 | 益处 yìchu 이익, 좋은 점 | 起作用 qǐ zuòyòng 작용을 하다 | 肯定 kěndìng 인정하다, 긍정하다

Q13. 给你提供一个情景：你想去别的公司就职，问3~4个问题了解一下新公司的情况。

상황을 제공하겠습니다. 당신은 다른 회사에 취직하려고 합니다. 3~4개의 질문을 통해 새로운 회사의 상황을 알아보세요.

모범답안 你好！我通过网站看到了你们公司的招聘广告。我对你们公司很感兴趣，所以想先了解一下公司的情况。首先你们公司的位置在哪儿？公司里有多少名职员？这次大概聘用几个人？现在招聘的部门是什么？营销部还是管理部？主要的工作内容是什么？我在管理方面的工作能力很强，所以如果贵公司要找管理部门的职员，我想要报名参加面试。一般面试几次？听说你们公司比较重视面试，一般问关于什么方面的内容呢？我应该准备哪些材料？还有你们要找的是正式员工还是合同工？还有待遇怎么样？月薪还是年薪？谢谢您回答我的问题。

해석 안녕하세요? 인터넷을 통해서 귀사의 채용공고를 보았습니다. 귀사에 관심이 많습니다. 그래서 먼저 회사 상황을 좀 알고 싶습니다. 먼저 귀사의 위치는 어디인가요? 회사 안에는 몇 명의 직원이 있나요? 이번에는 대략 몇 명을 채용하실 건가요? 현재 채용 부서는 어디입니까? 마케팅팀인가요, 아니면 관리팀인가요? 주요 업무는 무엇인가요? 저는 관리 분야에 능력이 뛰어납니다. 그래서 귀사가 관리 부분의 채용을 원하신다면 면접 신청을 하고 싶습니다. 보통 면접은 몇 번 보나요? 듣자 하니 귀사는 면접을 중시하는 편이라던데요. 일반적으로 어떤 분야에 관한 내용을 묻나요? 저는 어떤 자료를 준비해야 하지요? 그리고 채용하려는 직원은 정직원입니까, 아니면 계약직입니까? 또 대우는 어떤가요? 월급제인가요, 연봉제인가요? 질문에 답해 주셔서 감사합니다.

단 어 招聘 zhāopìn 모집하다 | 聘用 pìnyòng 초빙하여 임용하다 | 面试 miànshì 면접하다 | 正式员工 zhèngshì yuángōng 정규 직원 | 合同工 hétónggōng 계약 직원 | 待遇 dàiyù 대우 | 月薪 yuèxīn 월급 | 年薪 niánxīn 연봉

Q14. 请解决一个问题。你今天本来要去机场接客人,但是路上突然堵车,不能及时赶到,请给公司打电话来说明一下情况并解决这个问题。

mp3_71

문제를 해결해 주세요. 당신은 공항에 손님을 배웅하러 가야 합니다. 그런데 갑자기 길에서 교통사고가 나서 제시간에 갈 수 없게 되었습니다. 회사에 전화를 걸어서 상황을 설명하고 문제를 해결하세요.

모범답안 喂,您好!是金小姐吗?我是郑智慧。你也知道本来我今天要去仁川机场接从中国公司来的代表团,所以我早就出发了,可我现在还在路上呢!出发的时候路上还挺顺利的,可是到了江南突然堵得很厉害!警察说前边发生了车祸,他们也不能确定什么时候能解决。我想我肯定不能准时赶到了。代表团5点会到。如果现在公司让别的职员去也来不及。我听说朴科长在机场附近办事,好像现在已经办完了。你赶快给他打电话,说明一下情况然后让他马上到机场去,替我接代表团,然后带着客人去首尔饭店先让他们休息。我会直接到饭店去陪他们,然后安排以后的行程。还有跟朴科长说声谢谢。那就拜托了。

해 석 여보세요, 안녕하세요? 미스 김인가요? 저 정지혜입니다. 당신도 알다시피 제가 오늘 중국회사의 대표단을 마중하러 인천공항에 가야 해서 일찌감치 출발했는데 지금 아직도 길에 있어요. 출발할 때는 매우 순조로웠는데 강남에 도착하니 갑자기 차가 심하게 막히네요. 경찰 말로는 앞쪽에 자동차 사고가 났다고 하는데 그들도 언제 처리될지 모르겠답니다. 제 생각에 분명히 정시에 도착하지 못할 것 같아요. 대표단은 5시에 도착할 겁니다. 지금 회사에서 다른 사람을 보낸다고 해도 늦을 겁니다. 듣자 하니 박 과장님이 공항 근처에서 일을 보고 있다고 하던데요. 아마 지금은 일이 다 끝났을 겁니다. 빨리 그에게 전화해서 상황을 설명하고 즉시 공항으로 가서 저 대신 대표단을 마중하라고 해 주세요. 그런 다음, 손님들을 모시고 서울호텔로 가서 그분들을 쉬게 해 달라고 해 주세요. 저는 직접 호텔로 가서 그분들을 모시고 다음 일정을 처리하겠습니다. 그리고 박 과장님께 고맙다고 전해 주세요. 그럼 부탁합니다.

단 어 代表团 dàibiǎotuán 대표단 | 赶到 gǎndào 서둘러 도착하다 | 行程 xíngchéng 여정, 행정 | 拜托 bàituō 부탁하다

Q15. 请再解决一个问题。你本来三点开会，可是有什么原因会议晚点儿开始。请给上司说明情况。

또 하나의 문제를 해결해 주세요. 당신은 원래 3시에 회의가 있습니다. 그런데 어떤 이유로 회의가 좀 늦게 시작되었습니다. 상사에게 이 상황을 설명해 주세요.

모범답안 董事长，您好！本来我们计划三点开会，可是不得不晚点儿开会了。事情是这样的。因为应该参加会议的人员还没有到齐。金部长今天参加研讨会，正在回来的路上。李部长两天前已经出差了，今天下午两点半才下飞机，也不能及时赶来，但是他会尽量参加今天的会议的。而且会议室也有一些问题需要解决，为了今天的会议，很多职员昨天熬夜准备了很多幻灯片资料。但是幻灯机却出了一些问题，现在正在修理，可能还需要一些时间。三点以前恐怕不能修好，但是在大家到齐以前应该可以修好。所以请您先确认一下今天开会的内容。如果还有其他需要的材料，我随时都会及时准备好。大家都到齐以后，我会马上告诉您，然后尽快开始进行今天的会议。如果有其他的事情请随时通知我，那么我先出去了。

해 석 회장님, 안녕하세요? 원래 3시에 열기로 했던 회의를 조금 늦게 해야만 할 것 같습니다. 상황은 바로 이렇습니다. 꼭 참석해야 할 인원이 아직 모이지 않았기 때문인데요. 김 부장님은 오늘 세미나에 참석하셨다가 지금 오시는 길이고, 이 부장님은 이틀 전에 출장을 가셨다가 오늘 오후 2시 30분에서야 비행기에서 내리셔서 제시간에 오지 못하신다고 합니다. 하지만 최대한 오늘 회의에는 참석하겠다고 하셨습니다. 게다가 회의실에도 약간의 문제가 생겨서 해결해야 합니다. 오늘 회의를 위해 많은 직원들이 밤을 새워서 영상 자료를 준비했습니다. 그러나 프로젝터에 문제가 좀 생겨서 수리 중에 있는데, 아마 조금 시간이 걸릴 것 같습니다. 3시 이전에는 수리가 안 될 것 같지만 모두 모이시기 전에는 수리가 될 것입니다. 그러니 회장님께서는 먼저 오늘의 회의 내용을 확인해 주십시오. 만약 다른 필요한 자료가 있으시다면 언제든지 즉시 준비해 드리겠습니다. 모두 모이시면 바로 말씀드리고 되도록 빨리 오늘 회의를 진행하도록 하겠습니다. 만약에 다른 사항이 있으시면 언제든지 말씀해 주세요. 그럼 나가 보겠습니다.

단 어 到齐 dàoqí 모두 도착하다 | 及时 jíshí 제때에, 적시에 | 赶来 gǎnlái 서둘러 오다 | 幻灯片 huàndēngjī 영상 슬라이드 | 修理 xiūlǐ 수리하다 | 通知 tōngzhī 통지하다, 알리다

부록

Day 1 ~ Day 19

실전공략 모범답안

Mini OPIc 모범답안

모범답안

Day1 과제 및 기능 수행

24p. OPIc중국어 실전공략

Q. 在你们国家有什么重要的节日？人们都做什么呢？请介绍一下你们国家的重要节日。

모범답안

韩国和中国一样有很多不同的节日，其中最重要的节日就是春节。韩国人称春节为"Seolnal"。

每到农历新年，很多人都穿上一身颜色鲜亮的传统民族服装，一家几口开着汽车或者坐火车等返乡过节。当然有的人不回故乡，就利用春节休假外出旅游。春节的时候最重要的活动就是祭祀祖先，大家一般按照传统的规矩来祭拜祖先。祭完祖以后全家人聚在一起吃年糕汤。吃完饭以后，要进行"岁拜"。这时晚辈要给长辈拜年，而长辈也会给他们压岁钱。随后一家人都聚在一起，玩一些传统游戏，比如："翻板子游戏"、"放风筝"等等。

通过春节，人们能感觉到大家庭的温暖。

해석

한국은 중국과 같이 많은 명절들이 있습니다. 그중에서 가장 중요한 명절은 춘절입니다. 한국인들은 춘절를 '설날'이라고 부릅니다.

매년 음력 1월 1일이 되면 많은 사람들이 화려한 색깔의 민족의상을 입고, 가족들이 자가 운전을 하거나 기차를 타고 고향으로 돌아가서 명절을 보냅니다. 물론 어떤 사람들은 고향으로 돌아가지 않고 휴가를 이용해 여행을 가기도 합니다. 설날에 가장 중요한 활동은 차례입니다. 일반적으로 전통적인 규칙에 따라 차례를 지냅니다. 차례를 지내고 난 후에는 가족 모두가 함께 모여 떡국을 먹습니다. 식사를 마친 후에는 세배를 합니다. 이때 아랫사람은 윗사람에게 세배를 하고 윗사람은 그들에게 세뱃돈을 줍니다. 이어서 가족들이 함께 모여 전통 놀이를 합니다. 예를 들면, '윷놀이', '연날리기' 등이 있습니다.

사람들은 설날을 통해서 가정의 따뜻함을 느낄 수 있습니다.

27p. Mini OPIc

Q. 请你解决以下的问题：你本来打算跟客户见面，可是路上堵车堵得很厉害。请给客户打电话说明一下情况。

모범답안

您好，是金先生吗？我是宝洁公司的金敏淑，我跟您约好了今天晚上七点在希尔顿饭店见面，可是我恐怕没办法准时赶到。大概会晚三十分钟，真抱歉。

事情是这样的。因为饭店离我们公司不太远，我以为到你那儿要二十分钟就够了，所以提前十分钟就出发了。可是没想到路上突然堵车了，好像前面发生了车祸。我只好下车走着去，所以请你谅解一下。

希望您先在那儿喝杯咖啡歇一会儿，我会尽快赶过去的。因为耽误了你宝贵的时间，所以这次我请你吃饭吧。真心希望您能理解我。那么一会儿见。

해석

안녕하세요. 김 선생님이십니까? 저는 바오제의 김민숙이라고 합니다. 오늘 저녁 7시에 힐튼호텔에서 뵙기로 했는데, 제가 정시에 도착하지 못할 것 같습니다. 대략 30분 정도 늦을 것 같습니다. 정말 죄송합니다.

상황은 이렇습니다. 호텔이 저희 회사에서 별로 멀지 않기 때문에, 저는 그곳까지 가는데 20분이면 충분할 것이라 생각했습니다. 그래서 10분 일찍 출발을 했는데 뜻밖에 갑자기 길이 막혔습니다. 아마 앞에 자동차 사고가 난 것 같습니다. 저는 어쩔 수 없이 차에서 내려서 걸어가야 하니, 양해 부탁드립니다.

먼저 그곳에서 커피 한잔 드시면서 잠깐 쉬고 계셨으면 합니다. 되도록 빨리 가도록 하겠습니다. 귀중한 시간을 지체하게 했으니, 제가 식사 대접을 하지요. 진심으로 이해 부탁드립니다. 그럼 잠시 후에 뵙겠습니다.

단어

宝洁公司 Bǎojié gōngsī 프록터앤드갬블, P&G | 希尔顿饭店 Xī'ěrdùn fàndiàn 힐튼호텔 | 抱歉 bàoqiàn 죄송합니다 | 提前 tíqián 앞당기다 | 车祸 chēhuò 자동차 사고 **활용** 出车祸 / 发生车祸 chū chēhuò / fāshēng chēhuò 자동차 사고가 발생하다 | 歇 xiē 휴식하다 | 耽误 dānwu (시간을) 지체하다, 허비하다

Day2 상황 및 내용

32p. OPIc중국어 실전공략

Q. 给你提供一个情景：你早上坐地铁上班，可是地铁突然停下来了，因为出了故障。但是你再不走就要迟到了，所以请你给公司打个电话，说明一下这个情况。

모범답안

喂，您好！我是郑智敏。今天我可能会迟到20分钟左右，实在对不起。

今天我跟平时一样早上8点出门。准时坐上地铁，可是车突然停了下来，说是出了故障。如果再不走，我就会迟到的，但是广播说，要等很长时间才能坐下一趟车。我也不知道下一趟车到底什么时候能到。我正打算坐出租车去，不过现在是上班高峰时间，恐怕堵车堵得很厉害。说实话，恐怕没办法准时到公司。你也知道我从来没迟到过，今天真是倒霉透了。

如果迟到的话，部长肯定会生气的。所以麻烦你替我向部长说明一下情况，希望他能谅解。谢谢你，我会尽快赶过去的，一会儿见。

해석

여보세요, 안녕하세요? 정지민입니다. 오늘 아마 20분 정도 늦을 것 같습니다. 정말 미안합니다.

오늘도 평상시처럼 아침 8시에 나왔습니다. 정시에 지하철을 탔는데 갑자기 지하철이 멈추더니, 고장이 났다고 합니다. 지금 안 가면 지각을 하게 되는데, 방송에서 한참을 기다려야 다음 차를 탈 수 있다고 합니다. 저도 다음 차가 도대체 언제 올지 모르겠습니다. 그래서 지금 택시를 타고 가려고 하는데, 지금은 출근 러시아워라 차가 심하게 막힐 것 같습니다. 사실상 정시에 회사에 도착할 방법이 없을 것 같습니다. 아시다시피 저는 여태껏 지각을 한 적이 없는데, 오늘은 정말 재수가 없네요.

만약 지각을 하게 되면 부장님이 분명히 화를 내실 거예요. 그래서 귀찮으시겠지만 저를 대신해서 부장님께 상황을 좀 설명해 주시고 이해를 바란다고 말씀드려 주세요. 고맙습니다. 되도록 빨리 가도록 하겠습니다. 잠시 후에 뵙겠습니다.

35p. Mini OPIc

Q. 你的一天是怎么过的呢？几点起床，几点睡觉？请讲一讲你一天的生活。

모범답안

我在一家大企业工作，是一名普通的公司职员。一般来说，我每天六点准时起床。起床后先洗个澡，然后简单地吃点儿早饭。七点钟就出门，每天准时坐七点二十分的地铁去公司。八点多到公司以后，喝点儿咖啡，跟同事们聊聊天儿。到了九点就开始工作了，我主要负责售后服务，常常要给客户打电话，或者跟客户见面，所以有时候工作压力比较大。七点下班以后有时也要跟客户或者同事们一起吃吃饭喝喝酒，解决工作上的事情。当然偶尔可以直接回家的话，就跟家人一起吃晚餐，跟家人谈谈最近的生活，听听他们的想法。晚饭以后，有时在客厅看看电视，有时在自己的房间玩玩电脑。到了十一点我就准时上床，但睡觉以前一定要看会儿书，一般看书看困了就睡着了。

해석

저는 한 대기업에서 근무하는 평범한 회사원입니다. 일반적으로 저는 매일 6시에 정확히 시간을 지켜 일어납니다. 기상 후에는 먼저 샤워를 하고 간단히 아침을 먹습니다. 7시에 나와서 매일 7시 20분 지하철을 타고 회사에 갑니다. 8시가 좀 넘어서 회사에 도착하면 커피를 마시고 동료들과 이야기를 나눕니다. 9시가 되면 업무를 시작합니다. 저는 주로 애프터서비스를 책임지고 있어서 고객들과 자주 전화를 하거나 만나야 합니다. 그래서 어떤 때는 스트레스가 비교적 많습니다. 7시 퇴근 후에 어떤 때는 고객이나 동료들과 밥을 먹거나 술을 마시면서 업무상의 일을 해결합니다. 물론 가끔은 곧장 집으로 가서 가족들과 저녁을 먹으며 요즘의 생활을 이야기하거나 가족들의 생각을 듣기도 합니다. 저녁 식사 후에는 거실에서 텔레비전을 보거나 제 방에서 컴퓨터를 합니다. 11시가 되면 저는 제때에 침대로 갑니다. 그러나 잠을 자기 전에 반드시 책을 잠깐 봅니다. 보통 책을 보다가 졸리면 잠이 듭니다.

단어

普通 pǔtōng 평범하다, 보통이다 | 售后服务 shòuhòu fúwù 애프터서비스 | 解决 jiějué 해결하다 | 晚餐 wǎncān 저녁 식사

Day3 정확성

42p. OPIc중국어 실전공략

Q. 在你的生活中，经历过什么有趣的或者让你吃惊的事情吗？请讲一讲你小时候的一次经历。

모범답안

记得上小学时，我家离学校不太远，所以通常骑自行车去学校。

　　那天我也和平时一样，早上骑着自行车去学校。到了学校把自行车存好以后就去教室上课。下课以后，一到存车处就发现我的自行车不见了！糟糕！我的自行车被人偷走了！我早上明明上了两道锁。那辆自行车是我妈送给我的生日礼物啊！怎么办！我赶紧找班主任李老师，告诉他具体的情况。老师说：" 你先不要着急，冷静一下。我会把这件事情处理好的。"后来老师帮我报了警，还给我妈打电话让她把我带回家。回家的路上我哭了。我从来没丢过东西，而且没被偷过。虽然妈妈说再给我买一辆，可是新车代替不了那辆旧的。以前我到哪儿，它就跟我去哪儿。那辆自行车对我来说，不只是一个交通工具，而是成了我的好朋友！

　　通过这次经历，我体会到一个道理，那就是应该防患于未然。

해석

　　기억하기로 초등학교에 다닐 때 우리 집은 학교에서 별로 멀지 않아서 보통 자전거를 타고 학교에 갔습니다.

　　그날도 저는 평상시처럼 아침에 자전거를 타고 학교에 갔습니다. 학교에 도착해서 자전거를 보관한 후 교실로 가서 수업을 했습니다. 수업이 끝나고 자전거 보관소에 도착하자마자 제 자전거가 없어졌다는 것을 발견했습니다. 이런! 누군가 제 자전거를 훔쳐 간 것입니다. 저는 아침에 분명히 자물쇠를 두 개나 잠갔는데 말이죠. 그 자전거는 엄마가 생일 선물로 주신 것이었습니다. 어쩌죠? 저는 재빨리 담임선생님인 이 선생님께 구체적인 상황을 알려 드렸습니다. 선생님이 "조급해 하지 말고 침착하렴. 내가 이 일을 처리해 줄게."라고 말씀하셨습니다. 후에 선생님은 저를 도와 경찰에 신고를 하고 엄마에게 전화를 걸어서 저를 집으로 데려가게 하셨습니다. 집으로 돌아오는 길에는 울었습니다. 저는 지금까지 물건을 잃어버린 적이 없고, 도둑을 맞은 적도 없었습니다. 비록 엄마가 다시 사 준다고 하셨지만, 새 자전거가 그 오래된 자전거를 대신할 수는 없습니다. 이전에 제가 어디를 가든지 그 자전거도 함께 갔습니다. 그 자전거는 제게 있어 단지 교통수단일 뿐만 아니라 저의 친구였습니다.

　　이번 경험으로 저는 한 가지 이치를 깨달았습니다. 그것은 바로 사건은 미연에 방지해야 한다는 것입니다.

45p. Mini OPIc

Q. 给你提供一个情景：明天你打算跟朋友去郊游。可是听天气预报说，明天会下雨，不能去了。请给朋友打电话说明一下具体情况，并提议进行别的活动。

모범답안

　　您好！我是郑智敏。有件事情我想跟你商量一下。我们明天的计划恐怕要取消了。

　　听天气预报说，明天会下雨。这次我们去不了，下次有机会再去吧。如果下个星期天气好的话，我们再好好地玩。不过别伤心，我们明天干点儿别的，怎么样？我听说最近百货商店正在打折，我们可以逛商店。而且妈妈快过生日了，我想买件礼物送给我妈，你陪我去看看，怎么样？逛完以后我请你吃饭。要不我们去看电影，怎么样？最近正在上映周星驰的新电影。我妹妹看了以后说非常逗，让人笑得流眼泪。如果你不想去外面，那你来我家，或我去你家也可以。躺在沙发上一边看美国电视剧，一边吃爆米花，多舒服啊！

　　如果你想好了就告诉我吧！那我先挂了！别忘了给我回个电话。

해석

　　안녕하세요? 정지민이에요. 상의할 일이 하나 있어요. 우리의 내일 계획은 취소해야 할 것 같아요.

　　일기예보에서 내일 비가 온대요. 이번에는 못 갈 것 같고, 다음에 기회가 되면 가기로 해요. 만약 다음 주에 날씨가 좋으면 재미있게 놀도록 해요. 너무 속상해 하지 마세요. 내일 우리 다른 걸 하는 건 어때요? 듣자 하니 요즘 백화점이 세일을 한다는데 쇼핑을 가도 될 것 같아요. 게다가 저희 엄마가 곧 생신이어서 엄마에게 드릴 선물을 좀 사려고 하는데 같이 가 줄래요? 쇼핑하고 제가 식사 대접할게요. 아니면 영화 보러 갈까요? 요즘 주성치의 새 영화를 상영하고 있어요. 제 여동생이 보고 나서 하는 말이, 엄청 웃겨서 눈물이 날 정도래요. 만약에 밖에 나가고 싶지 않으면 당신이 우리 집에 오거나 제가 당신 집에 가도 괜찮아요. 소파에 누워서 미국 드라마를 보면서 팝콘을 먹으면 얼마나 편해요?

　　생각하고 알려 주세요. 그럼 끊을게요. 전화하는 것 잊지 마세요.

단어

商量 shāngliang 상의하다 | 计划 jìhuà 계획 | 伤心 shāngxīn 상심하다 | 逗 dòu 웃기다, 우습다 | 爆米花 bàomǐhuā 팝콘

Day4 구성 형태

50p. OPIc중국어 실전공략

Q. 根据调查显示，你喜欢旅行。第一次旅行是去哪儿？跟谁一起去的？干了些什么？请你说说你的旅行经历。

모범답안

　　我现在还记得小时候第一次去旅行的经历。
　　那是我7岁的时候，记得是那年夏天，爸爸带我们一家人去东海边玩儿。早晨8点全家人坐上爸爸的车出发了。因为要去的酒店有点远，所以我们在途中的高速公路休息站休息了20分钟，吃了一点儿零食，喝了杯咖啡以后就又出发了，下午一点才终于到了酒店。下车以后我的眼前是一片蔚蓝的大海。我一看到大海马上就跑过去，把脚伸进海水中，用手捧着海水。别提多兴奋了。那是我第一次看到大海。我们把行李放下，休息了一会儿。然后就跟着爸爸一起坐上船去钓鱼了。虽然有点晕船，不过真的很有意思。晚上妈妈用我钓到的鱼做了鱼汤。可好吃了！
　　我的第一次旅行就是在蓝蓝的天空下，还有在家人的欢笑声和海浪声的合奏中度过的。那次旅行经历让我一直记忆犹新。

해 석

　　저는 지금도 어릴 적 첫 여행의 경험을 기억합니다.
　　그때는 제가 7살 때였는데, 기억하기로 그해 여름에 아빠는 저희 가족을 데리고 동해의 해변가로 놀러 갔습니다. 아침 8시에 온 가족이 아빠의 차를 타고 출발했습니다. 우리가 가려는 호텔이 좀 멀었기 때문에 가는 길에 고속도로 휴게소에서 20분 정도 쉬었습니다. 간식을 먹고 커피를 마신 후 다시 출발해서, 오후 1시에 드디어 호텔에 도착했습니다. 차에서 내린 후 저의 눈앞에는 쪽빛 바다가 보였습니다. 저는 바다를 보자마자 뛰어가서 발을 뻗어 물에 담그고 바닷물을 손에 담았습니다. 얼마나 흥분했는지 말도 마세요. 그건 제가 처음으로 본 바다였으니까요. 우리는 짐을 풀고 간단히 휴식을 취했습니다. 그런 후에 아빠를 따라 배를 타고 낚시를 했습니다. 비록 뱃멀미를 하기는 했지만 정말 재미있었습니다. 저녁에 엄마는 내가 잡아온 생선으로 탕을 만들어 주셨습니다. 진짜 맛있었습니다.
　　저의 첫 번째 여행은 파란 하늘 아래, 가족들의 웃음소리와 파도의 합창 속에서 보냈습니다. 그 여행은 늘 기억을 새롭게 합니다.

53p. Mini OPIc

Q. 根据调查显示，你喜欢看书。请说一说你的读书习惯：一般在哪儿看书？什么时候看？喜欢看什么书？

모범답안

　　我是个读书迷，对书很有感情。我这个人一不爱喝酒，二不爱聊天儿，就爱看书。对我来说，读书是一种享受。周围的朋友们都叫我"书呆子"、"书虫"什么的。
　　一般周末的时候，我会去大型书店看看有什么新出版的书。可我最常去的还是我家附近的特价书市。那里有各种各样的书，而且一般打5到8折，比书店里卖的便宜得多。所以一到周末，喜欢看书的人都会来这儿。我平时喜欢看一些工具书，因为我的工作就是需要查很多资料，所以我得看关于科技方面的书。平时上下班的时候，在地铁里或者午休时间，也看看这些工具书。有时候买一些文学方面的书或者小说，在闲着没事的时候翻一翻，放松放松。
　　反正，"书"这个字永远离不开我的生活，我周围的一切都和书有关。读书对于我来说是在生活中唯一能放松自己的方法。

해 석

　　저는 독서광으로 책에 매우 애정을 갖고 있습니다. 저는 술도 좋아하지 않고 수다 떠는 것도 좋아하지 않고, 책 보는 것만 좋아합니다. 저에게 책은 일종의 즐거움입니다. 주위의 친구들은 저를 '샌님', '책벌레'라고 부릅니다.
　　저는 보통 주말이면 대형 서점에 가서 새로 출판된 책을 봅니다. 그러나 제일 자주 가는 곳은 집 근처의 할인 도서 시장입니다. 그곳에는 각양각색의 책이 있는데, 보통 20~50퍼센트 세일을 해서 서점보다 훨씬 저렴합니다. 그래서 주말이면 책을 좋아하는 사람들이 모두 이곳에 옵니다. 저는 평소에는 전문서적을 즐겨 봅니다. 제 직업이 많은 자료들을 조사해야 하는 일이기 때문에 저는 과학 분야 관련 책을 봐야 합니다. 평소 출퇴근 시간에 지하철에서 또는 점심시간에 이 책들을 봅니다. 어떤 때는 문학 분야의 책이나 소설을 사서, 아무 일도 안 하고 쉴 때 뒤적거리면서 편하게 봅니다.
　　어쨌든 '책'이라는 글자는 영원히 제 생활에서 떠날 수 없습니다. 제 주위의 모든 것이 책과 관련이 있습니다. 독서는 저에게 있어서 생활 중 유일하게 자신을 편안하게 할 수 있는 방법입니다.

단어

呆子 dāizi 바보 | 工具书 gōngjùshū 전문서적[조사 등에 필요한 서적] | 资料 zīliào 자료 | 闲 xián 한가하다 | 翻 fān 넘기다, 뒤적이다 | 唯一 wéiyī 유일한

Day5 묘사

62p. OPIc중국어 실전공략

Q. 根据调查显示, 你是一名公司职员。请你介绍一下你的一位同事。他长得怎么样? 性格好不好? 有着怎样的魅力?

모범답안

他是我的新同事, 刚来公司不久。

他个子很高, 有一米八, 像模特儿一样, 但脸却很小, 长得像娃娃一样。他跟我们说话时脸上总是带着微笑, 给人一种和蔼可亲的感觉。他很有魅力, 而且声音很有磁性, 所以很受女职员们的欢迎。他很有外语天赋, 会说五种语言: 英语, 日语, 法语, 汉语, 甚至还会说西班牙语。所以在工作上需要用外语的业务都是由他来处理。听说他从小在美国长大, 所以性格也像美国人一样, 比较自我。他不在乎别人怎么看他, 只要自己表现好就行。虽然他的工作能力比较强, 可是我觉得适应公司的环境, 还有怎样和同事相处也同样很重要。

虽然现在我们还不太了解对方, 但我觉得真诚地和他相处, 对他好, 慢慢地互相了解以后, 总有一天我们会成为好朋友的!

해석

그는 나의 새 동료인데, 회사에 온 지는 얼마 안 되었습니다.

그는 키가 매우 큽니다. 1미터 80센티미터 정도 되는데 마치 모델 같습니다. 그런데 얼굴은 오히려 매우 작아서 인형 같습니다. 그는 우리와 말할 때 늘 미소를 띠고 있어서 사람들에게 매우 친절한 느낌을 줍니다. 그는 매우 매력적인 데다가 목소리도 매우 울림이 있어서 여직원에게 매우 인기가 많습니다. 그는 외국어에 천재적 소질이 있습니다. 영어, 일어, 프랑스어, 중국어, 심지어 스페인어까지 5개 국어를 할 수 있습니다. 그래서 외국어가 필요한 업무는 모두 그가 처리합니다. 그는 미국에서 자랐다고 합니다. 그래서 성격도 미국인처럼 자아가 비교적 강합니다.

그는 다른 사람이 그를 어떻게 보든 상관하지 않고, 자신만 잘하면 된다고 생각합니다.

비록 그의 업무 능력은 비교적 뛰어나지만, 저는 회사 환경에 적응하고 어떻게 동료와 잘 지내는지도 매우 중요하다고 생각합니다. 비록 지금은 우리가 그를 그다지 잘 이해하고 있지는 않지만, 진심으로 대하고 그에게 잘해 주며 천천히 서로를 이해한 후에는, 언젠가는 좋은 친구가 될 수 있겠지요!

65p. Mini OPIc

Q. 我养猫。为了解我的情况, 请你向我问3~4个问题。

모범답안

你也喜欢宠物吧? 听说你养一只猫, 是吗? 它长得怎么样? 毛是什么颜色? 你是从什么时候开始养它的? 它今年几岁了? 它最喜欢的食物是什么? 每天跟它出去散步吗? 一般什么时候出去散步呢? 它对你的生活有影响吗? 它对你来说意味着什么? 如果没有小动物, 你的生活会怎么样呢?

해석

당신도 애완동물을 좋아하지요? 당신은 고양이를 키운다고 하던데요. 그 고양이는 어떻게 생겼나요? 털은 무슨 색깔인가요? 언제부터 키우기 시작했나요? 올해 몇 살이에요? 고양이가 가장 좋아하는 음식은 무엇인가요? 매일 고양이를 데리고 산책을 하나요? 보통 언제 산책을 가나요? 고양이가 당신의 생활에 영향을 주나요? 당신에게 고양이는 어떤 의미인가요? 만약 동물들이 없다면 당신의 생활은 어땠을까요?

단어

宠物 chǒngwù 애완동물 | 养 yǎng 기르다, 키우다 | 影响 yǐngxiǎng 영향을 주다 | 意味 yìwèi 의미, 뜻

Day6 경험과 설명

70p. OPIc중국어 실전공략

Q. 周末的时候你一般干什么? 请说说周末生活中, 有趣的回忆或者比较特别的经历。

모범답안

这件事就发生在上个星期。我非常喜欢踢球, 所

이 일은 바로 지난주에 발생했습니다. 저는 축구를 굉장히 좋아합니다. 그래서 보통 일요일에 친구들과 집 근처의 운동장에 가서 축구를 합니다.

上个星期天我和朋友约好了一起去踢球。但是那天出门时，有点儿晚了，所以急急忙忙地往地铁站跑。在去足球场的路上，我突然被一辆自行车撞倒了。虽然有点儿疼，但是没有受伤。这时突然从身后传来了哭声。我转过头来一看，发现一个小女孩儿正趴在地上大声地哭着。天啊！原来，那个女孩也被撞倒了。我马上带她去医院检查了一下，然后跟她的家人联系了。后来我到球场时，离约定时间已经过了一个多小时了。我把这件无奈的事告诉了朋友们。后来踢球的时候，身体也隐隐作痛，不过我还是担心那个小女孩好点儿了没有。

通过这件事，我懂得了一个道理，出行时一定要注意周围的情况。时刻小心！

해석

지난주 일요일에 저는 친구와 축구를 하기로 약속했습니다. 그런데 그날 나왔을 때 조금 늦어서 급하게 지하철역으로 뛰어갔습니다. 구장으로 가는 길에 저는 갑자기 자전거에 부딪혀서 넘어졌습니다. 비록 조금 아프긴 했지만 부상을 입지는 않았습니다. 그때 갑자기 뒤에서 울음소리가 들렸습니다. 고개를 돌려 보니 한 여자아이가 바닥에 엎드려서 크게 울고 있는 것이었습니다. 세상에나! 알고 보니 그 아이도 부딪혀서 넘어진 것이었습니다. 저는 아이를 데리고 병원에 가서 검사를 한 후 가족에게 연락을 해 주었습니다. 후에 축구장에 왔을 때는 약속한 시간이 이미 한 시간이나 지난 후였습니다. 저는 친구들에게 이 어쩔 수 없었던 일을 말해 주었습니다. 축구를 할 때 몸이 은근히 아프기는 했지만 그래도 그 여자아이가 좋아졌는지 걱정이 되었습니다.

이 일을 통해서 저는 하나의 이치를 깨달았습니다. 외출 시에는 반드시 주위를 잘 둘러봐야 하고 항상 조심해야 한다는 것입니다.

73p. Mini OPIc

Q. 根据调查显示，你喜欢游泳。你经常游泳吗？为什么喜欢这项运动？游泳对身体有什么好处？请详细地说一说。

모범답안

我喜欢游泳，每星期一三五都去家附近的游泳馆游泳。其实以前我不喜欢游泳，是个旱鸭子。可是朋友劝我去学游泳，他说游泳对身体有很多好处。后来我跟着他学习，现在我学会了游泳，而且游得非常好。

我觉得游泳有以下几个好处：首先，经常游泳不但会增强你的心脏功能，而且能改善体温调节机能，同时促进血液循环，预防感冒，增强身体免疫力。其次，游泳能消耗很多热量。据调查，在标准游泳池中游20分钟，相当于以同样速度在陆地上运动1小时所消耗的热量。所以游泳能让想减肥的人取得事半功倍的效果。最后，游泳时克服的是水的阻力，而不是重力，所以肌肉和关节不易受伤，而且也不会长出很生硬的肌肉块，长期游泳可以让全身的线条更加优美。

我认为游泳不但能让你更健康、苗条，而且能让你的生活更充实、快乐。

해석

저는 수영을 좋아해서 매주 월, 수, 금요일에 저희 집 근처의 수영장에 가서 수영을 합니다. 사실 저는 이전에는 수영을 좋아하지 않았습니다. 맥주병이었지요. 그러나 친구가 저에게 수영이 몸에 매우 좋은 점이 많으니 배우라고 권했습니다. 후에 그를 따라 배워서 지금은 수영을 할 수 있게 되었고, 게다가 매우 잘합니다.

제 생각에 수영은 다음과 같이 몇 가지 이점이 있습니다. 먼저, 자주 수영을 하면 심장 기능이 증강될 뿐 아니라 체온 조절 기능이 개선됩니다. 동시에 혈액순환이 촉진되고 감기가 예방되며 신체 면역력이 높아집니다. 그 다음, 수영할 때는 열량 소비가 많습니다. 조사에 의하면, 표준 수영장에서 20분 동안 수영하는 것은 같은 속도로 육지에서 1시간 동안 뛰는 것과 같은 열량을 소비한다고 합니다. 그래서 다이어트를 하고 싶어 하는 사람에게는 최소한의 노력으로 큰 효과를 거둘 수 있습니다. 마지막으로 수영은 물의 저항력을 극복하는 것이지 중력을 극복하는 것이 아니라서 근육과 관절이 쉽게 다치지 않습니다. 게다가 너무 딱딱한 근육이 자라지는 않습니다. 장기적으로 수영을 하면 전신의 라인이 부드럽고 아름다워집니다.

제가 여기기에 수영은 당신을 더욱더 건강하고 날씬하게 만들어 줄 뿐 아니라 당신의 생활을 더 충만하고 즐겁게 해 줄 것입니다.

단어

旱鸭子 hànyāzi 맥주병[수영을 못하는 사람을 가리킴] | 心脏功能 xīnzàng gōngnéng 심장 기능 | 血液循环 xuèyè xúnhuán 혈액순환 | 免疫力 miǎnyìlì 면역력 | 事半功

倍 shìbàn gōngbèi 적은 노력으로 큰 효과를 보다 | 阻力 zǔlì 저항력 | 生硬 shēngyìng 딱딱하다, 부드럽지 못하다 | 线条 xiàntiáo (인체나 공예품의) 선, 라인, 윤곽

Day7 비교와 대조

78p. OPIc중국어 실전공략

Q. 你小时候住的地方是什么样的？现在住在什么地方？周围的环境怎么样？请比较一下你过去和现在的家环境有什么不同。

모범답안

我现在住在一套公寓里，面积比较大。经过十年的努力，我们家终于搬到了一个又新又宽敞的房子里。

以前我和家人住在一套平房里。那个房子又旧又小，只有两个房间。一个是爸爸妈妈的卧室，一个是我和姐姐的房间。夏天很热，冬天很冷，而且还有蟑螂。周围的环境也比较差。很多房子都挨在一起，有时连隔壁的声音都能听到。还有车站离我家也比较远，得走20多分钟才能到。现在住的这套房子是新盖的，家里的家用电器都是新的，一共有三个房间，不仅干净而且宽敞。除了父母的卧室以外，我们姐妹俩都有各自的房间了。虽然我的房间没有姐姐的大，但是我很满意。其实我从小就想有一个自己的房间，现在我的愿望终于实现了。我家周围的环境也比以前好多了，交通也方便了很多。地铁站离我家非常近，走5分钟就到了。而且银行、医院、商店都在附近，生活很方便。

现在我和家人住得既舒适又开心，我们以后的生活也会一直这样温馨幸福。

해석

저는 지금 아파트에 살고 있고 면적은 비교적 넓은 편입니다. 10년간의 노력 끝에 우리 가족은 드디어 새로 지은 넓은 집으로 이사를 했습니다.

이전에 저와 가족들은 단독주택에 살았는데 그곳은 오래되고 좁았으며 방이 두 개뿐이었습니다. 하나는 부모님의 침실이고 하나는 언니와 저의 방입니다. 여름에는 덥고 겨울에는 추운 데다가 바퀴벌레까지 있었습니다. 주위 환경도 좋지 않은 편이었습니다. 많은 집들이 함께 붙어 있어서 어떤 때는 옆집에서 나는 소리까지도 들을 수 있었습니다. 또한 정류장도 집에서 먼 편이어서, 걸어서 20분이나 가야만 도착했습니다. 지금의 집은 새로 지은 것이고 집의 가전제품도 새것입니다. 방은 모두 세 개가 있는데 깨끗할 뿐만 아니라 넓습니다. 부모님의 침실 외에도 언니와 저의 방이 각각 생겼습니다. 비록 저의 방이 언니 방보다 크진 않지만 저는 매우 만족합니다. 사실 저는 어릴 적부터 제 방을 갖는 것이 꿈이었습니다. 지금은 저의 소망이 드디어 실현되었습니다. 주위 환경도 이전보다 좋아졌고, 교통도 많이 편리해졌습니다. 지하철역도 집에서 매우 가까워서 걸어서 5분이면 도착합니다. 게다가 은행, 병원, 상점도 근처에 있어서 생활이 매우 편리합니다.

현재 우리 가족들은 편안하고 즐거운 생활을 하고 있습니다. 우리는 쭉 이렇게 따스하고 행복하게 지낼 것입니다.

81p. Mini OPIc

Q. 调查中显示，你是一名公司职员。你工作了多长时间了？刚来的时候怎么样？现在有什么变化？请比较一下以前的工作和现在的业务情况方面有什么不同。

모범답안

我现在在一家贸易公司工作。

我在这里已经干了三年多了。我以前刚进公司的时候，在新的环境里很不适应。新的办公室，新的同事，新的工作，对我来说都是挑战。在工作方面，因为当时我还是个新手，所以很多问题不知道该怎么处理，而且要做的事情很多，所以每天都要加班，回家累得要命，一躺在床上就睡着了。可是现在我成了专家，不管是什么任务，都能处理得很好，而且速度也比以前快多了。上司们都很喜欢我，信赖我。我成了公司里最受信任的职员之一。人际关系方面，因为在办公室里我是最小的，周围的同事们都是我的前辈。我平时常常要看他们的脸色，每次都听他们的。那时候一点儿自己的想法也没有。可现在不一样了，同事们都关心我，支持我。我真正地成为公司的一名成员了。

总之，我的职场生活比以前更充实、更有乐趣了。

해석

저는 현재 무역회사에서 일을 합니다.

이곳에서 일을 한 지는 3년이 넘었습니다. 이전에 막 회사에 입사했을 때는 새로운 환경에 적응이 되지 않았습니다. 새로운 사무실, 새로운 동료, 새로운 업무가 저에게는 모두 도전이었습니다. 업무 영역에서 당시 저는 신입사원이었기 때문에, 많은 문제를 어떻게 처리해야 하는지도

몰랐습니다. 게다가 해야 할 일도 많아서 매일 야근을 하고, 집에 돌아온 이후에는 너무 피곤해서 침대에 눕자마자 잠이 들었습니다. 하지만 지금은 전문가가 되어 있습니다. 어떤 임무든지 잘 처리할 수 있습니다. 게다가 처리 속도도 이전보다 훨씬 빨라졌습니다. 상사들이 모두 저를 좋아하고 신뢰합니다. 저는 회사에서 가장 신임받는 직원 중 하나가 되었습니다. 인간관계 측면에서는 사무실에서 제가 가장 어리기 때문에 주위의 동료들 모두가 저의 선배입니다. 저는 평상시에 자주 그들의 눈치를 살피고 매번 그들의 말을 잘 들어야 했습니다. 그때는 제 생각은 전혀 없었습니다. 그러나 지금은 다릅니다. 동료들 모두 저에게 관심을 가지고 저를 지지해 줍니다. 저는 정말로 회사의 구성원이 되었습니다.

결론은 저의 직장 생활이 이전보다 훨씬 충만하고 즐겁다는 것입니다.

단어

适应 shìyìng 적응하다 | 新手 xīnshǒu 신입사원, 신참 | 处理 chǔlǐ 처리하다 | 信赖 xìnlài 신뢰하다 | 支持 zhīchí 지지하다

Day8 롤플레이

86p. OPIc중국어 실전공략

Q. 给你提供一个情景：你在网上买了一个东西，可是到现在还没收到货。请你给客服中心打个电话，询问一下具体情况并提出解决方法。

모범답안

喂！你好。我两个星期以前在你们网站上买了一个手提包。当时承诺五天内到货，可是到现在还没收到。

我是9月10号购买的，型号是HMB011，颜色是深蓝色。这是PREDA牌子的新款包。我已经在9月11号通过网上银行付款了，为什么到现在还没有到货呢？请确认一下，到底是你们还没发货，还是快递公司没跟我联系。另外，如果你们还没发货的话，我要取消这次交易。我觉得商店和顾客之间的信任非常重要。如果你们已经发货，但是快递公司还没送到的话，请他们今天一定要给我送到，因为这个包是我明天就要用的。

其实平时我买东西的时候都在你们那儿买，不仅品种很多，而且物美价廉，足不出户就能买到喜欢的东西。以前从来没有发生过这样的事，所以这次我也是放心地购买的，没想到结果却是这样。希望你们能尽快帮我解决这个问题。

해석

안녕하세요? 저는 2주 전에 당신들의 사이트에서 핸드백을 구매했습니다. 당시에는 5일 이내로 물건이 도착한다고 했는데 지금까지 받지 못했습니다.

저는 9월 10일에 구매했고요. 상품번호는 HMB011이고 색깔은 네이비 색입니다. PREDA의 신상품 백입니다. 저는 이미 9월 11일에 인터넷뱅킹을 통해 가격을 지불했는데, 왜 지금까지 도착하지 않았나요? 확인 좀 해 주세요. 도대체 당신들이 발송을 안 한 건가요, 아니면 택배회사에서 저에게 연락하지 않은 건가요? 그 외에 만약 당신들이 발송하지 않은 거라면 이번 구매를 취소하고 싶습니다. 저는 상점과 고객 간에는 신임이 매우 중요하다고 생각하거든요. 만약 당신들이 발송은 했는데 택배회사에서 보내지 않은 것이라면 오늘까지 보내 달라고 해 주세요. 왜냐하면 이 백은 제가 내일 사용해야 하거든요.

사실 평소에 저는 물건을 살 때 모두 당신들한테서 구입합니다. 종류가 많을 뿐만 아니라 품질도 좋고 가격도 저렴하며, 집 밖으로 안 나가도 좋아하는 물건을 바로 살 수 있어서요. 이전에는 이런 일이 한 번도 없어서 안심하고 구매했는데, 뜻밖에 결과가 이렇게 되었네요. 저를 도와 빨리 이 문제를 해결해 주세요.

89p. Mini OPIc

Q. 给你提供一个情景：你本来打算跟朋友见面，可是有急事要取消约会。请给朋友打电话说明一下情况。

모범답안

智慧，你好！你已经出发了吗？真对不起，我今天恐怕不能跟你见面了。

刚才公司突然给我打电话要找一些资料，让我马上回公司一趟。这份资料很重要，是明天要用的。最近我们公司正在跟中国公司合作，这次他们急着要一些资料。而且在公司里，会说汉语的只有我一个，所以我必须得回公司一趟。其实我们好久没见面了，今天是个难得的机会。我真想见你一面，可你也知道我们公司非常严格，不能拒绝领导的安排。我想我们只能下次再见了。要是晚上能早点儿结束的话，我就去找你，见个面。要是下班太晚的话，那也没办法，不过我也一定给你打个电话。

谢谢你能理解我，你真是我最好的朋友！那好了！就这样吧！再见！

해석

지혜야, 안녕? 벌써 출발했어? 정말 미안해. 내가 오늘 아마도 너를 못 만날 것 같아.

방금 회사에서 갑자기 전화가 와서, 자료들을 좀 찾아야 하니까 나에게 당장 회사로 들어오라고 하네. 이 자료는 굉장히 중요하고, 내일 사용해야 해. 요즘 우리 회사가 중국과 합작을 하거든. 이번에 중국에서 굉장히 급하게 자료를 요구해서 말이야. 게다가 회사에서 중국어를 할 수 있는 사람이 나밖에 없어. 그래서 회사에 꼭 들어가야 해. 사실 우리 오랫동안 못 만나서 오늘 정말 어렵게 얻은 기회인데 말이야. 네가 정말 보고 싶지만 너도 알다시피 우리 회사가 좀 엄격하잖아. 보스가 정한 스케줄을 거절할 수가 없어. 내 생각에 우리는 다음에나 봐야 할 것 같아. 만약에 저녁에 일이 좀 일찍 끝나면 내가 너를 찾아갈게. 만나자. 만약에 퇴근이 늦는다면 방법이 없겠지만, 그래도 너에게 꼭 전화할게.

이해해 줘서 정말 고마워. 넌 정말 좋은 친구야. 그럼 이렇게 하기로 하자. 안녕!

단어

必须 bìxū 반드시 ~해야 한다 | 严格 yángé 엄격하다 | 拒绝 jùjué 거절하다 | 领导 lǐngdǎo 리더, 보스

Day9 콤보

94p. OPIc중국어 실전공략

Q1. 根据调查显示，你喜欢做菜。你通常什么时候做菜呢？你常常做菜吗？

모범답안

说实话，我非常喜欢做菜。

平时工作很忙，不能常常做菜，但是每到周末我都会给家人做一些家常菜。虽然我做的菜没有我妈做的好吃，可是他们觉得我的心意最重要。不仅家人们吃得很开心，而且还能帮妈妈的忙，我真的感到很幸福。有时候也请朋友们来我家做客，我就做些拿手菜让他们尝一尝。他们吃完以后都说挺不错的，觉得我的厨艺还可以。这几个月我抽空儿去补习班学习做菜，我们班的同学们比我做得还好，但我想总有一天我会超过他们的。

现在做菜已经成了我生活中的一部分。

해석

솔직히, 저는 요리하는 것을 굉장히 좋아합니다.

평상시에는 일이 바빠서 자주 요리를 못하지만, 주말이 되면 가족들에게 일상 가정 요리를 만들어 주곤 합니다. 비록 제가 만든 요리가 엄마가 만드신 것보다는 맛있지 않지만, 그래도 가족들은 저의 마음이 가장 중요하다고 생각합니다. 가족들 모두 즐거워하며 음식을 먹을 뿐 아니라 엄마도 도울 수 있으니 정말 행복합니다. 어떤 때는 친구들을 초대하기도 하는데, 제가 자신 있는 요리를 해서 친구들에게 맛을 보게 합니다. 그들은 다 먹고 난 후 음식 맛이 훌륭하다며 저의 요리 솜씨가 괜찮다고 했습니다. 요 몇 개월 동안 저는 시간을 내서 요리를 배우러 학원에 다닙니다. 우리 반 학우들이 저보다 요리를 잘합니다. 그러나 언젠가는 제가 그들을 넘어설 것입니다.

이제 요리는 제 생활의 일부가 되었습니다.

Q2. 你是从什么时候开始对做菜感兴趣的？什么事情或者什么人让你感兴趣呢？现在仍然感兴趣吗？

모범답안

从我上小学起，就喜欢做菜，也许我天生就喜欢做菜吧。

小学三年级的时候，有一天妈妈带我去书店，当时妈妈买的书就是关于做菜的。回家一看到书里面的插图，我就想以后有机会自己也要做一做。从那以后，妈妈每次做菜我都在旁边看着，学学她的方法。如果有不懂的地方，就马上问她，让她帮我解决。现在我每次去书店，就买菜谱。一看到好的，就马上买回来，然后照着菜谱上的说明做。我自己觉得味道还不错的时候，就让妈妈也尝一尝。还有去饭店吃饭的时候，如果有觉得不错的，都会记下材料，回来也自己做做看，享受做菜的乐趣。

我觉得有人品尝我做的菜，是很幸福的事。

해석

저는 초등학교 때부터 요리하는 것을 좋아했습니다. 어쩌면 태어날 때부터 좋아했던 것 같습니다.

초등학교 3학년 때, 하루는 엄마가 저를 데리고 서점에 가셨습니다. 당시에 엄마가 산 책은 바로 요리에 관한 것이었습니다. 집으로 돌아와서 책 속의 그림을 보자마자,

저는 다음에 기회가 되면 혼자 한번 만들어 보고 싶다는 생각을 했습니다. 그때 이후로 엄마가 요리를 하실 때면 저는 옆에서 보고 엄마가 하는 방법을 배웠습니다. 만약 모르는 것이 있으면 바로 엄마에게 물어보고 해결했습니다. 지금은 매번 서점에 갈 때마다 레시피 관련 책을 삽니다. 좋은 책을 보면 바로 사 와서, 레시피의 설명대로 만들어 봅니다. 스스로 생각할 때 맛이 괜찮은 것 같으면 바로 엄마에게 맛을 보여 드립니다. 또 식당에 가서 식사를 할 때 만약 괜찮은 것이 있으면 재료들을 확실하게 기억해서, 돌아와서 만들어 보기도 하며 요리의 기쁨을 맛봅니다.

제 생각에 누군가가 제가 만든 요리를 맛보는 것은 매우 행복한 일인 것 같습니다.

Q3. 根据调查显示，你很喜欢做菜。你平时常常做菜吗？你觉得做菜时最重要的是什么？

모범답안

平时工作很忙，所以我一般只有到周末才做菜。

我觉得做菜的关键有以下几点：第一是选择材料。没有好的材料，就做不出自己想要的味道。第二是火候。做菜的火候很重要，有些菜不可以烧很久，不然老了，不仅咬不动，而且营养和水分也没有了，不好吃。但是有些菜却需要慢慢炖，才能炖出香味。这也是需要知识和手艺的。最后要注意味道：现在的人注重少盐少油。做菜的时候，不要放太多油，而且尽量少放盐和味精，保持菜肴的原汁原味。

做菜的时候注意这些的话，我保证你做出的菜肯定很好吃！

해석

평소에는 일이 매우 바빠서 저는 보통 주말이 되어야 요리를 할 수 있습니다.

제가 생각할 때 요리의 관건은 다음과 같이 몇 가지가 있습니다. 첫째는 재료의 선택입니다. 좋은 재료가 없으면 자신이 원하는 맛을 만들어 낼 수 없습니다. 둘째는 불입니다. 요리할 때 불은 매우 중요합니다. 어떤 요리는 오래 끓이면 안 되는 것이 있습니다. 그렇지 않으면 딱딱해져서 씹을 수도 없을 뿐 아니라, 영양과 수분도 모두 날아갑니다. 그러나 어떤 요리는 오히려 천천히 푹 끓여야 본래의 맛과 향이 살아납니다. 이것도 역시 지식과 솜씨가 필요합니다. 마지막으로 주의해야 할 것은 맛입니다. 현대인들은 소금과 기름을 적게 사용하는 것을 중시합니다. 요리할 때 기름을 너무 많이 넣지 말아야 하고, 될 수 있으면 소금과 조미료도 적게 넣어서 음식 본래의 맛을 유지해야 합니다.

요리를 할 때 이런 것들에 유의한다면, 당신이 만든 요리는 분명히 맛있을 것이라고 보장합니다.

101p. Mini OPIc

Q1. 根据调查显示，你很喜欢爬山。一般什么时候去，常常跟谁一起去，为什么喜欢爬山？

모범답안

我最喜欢爬山。每到周末就背着登山包去我家附近的小山爬一爬。我一般一个人去，可是如果有机会也会跟家人或者朋友一起去。我觉得爬山时有回归大自然的感觉。有时候小动物也会突然从我身旁跑过去，那时我感觉到生活是多么丰富多彩！我一边欣赏着周围的风景，一边一步一步地往上爬。经过一两个小时的努力，就能爬到山顶。虽然上山的时候有点儿累，但是爬到山顶时的喜悦是无与伦比的。爬山不仅对身体有好处，而且也让你更有精神，头脑更清醒，对工作和学习都有帮助。

我觉得爬山影响着我的生活，带给我很多意想不到的收获。

해석

저는 등산하는 것을 좋아합니다. 주말만 되면 등산 가방을 메고 집 근처의 작은 산에 오르곤 합니다. 저는 보통 혼자서 갑니다. 그러나 만약 기회가 있다면 가족들이나 친구들과도 같이 갑니다. 저는 등산할 때 자연으로 돌아간 것 같은 느낌이 듭니다. 어떤 때는 작은 동물들이 갑자기 제 옆에서 뛰어 지나갈 때도 있습니다. 그러면 저는 생활이 얼마나 풍요롭고 다채로운지 느낍니다. 저는 주위의 풍경을 감상하면서 한 걸음씩 위로 오릅니다. 한두 시간의 노력 끝에 산 정상에 오르지요. 비록 산을 오를 때는 좀 피곤하지만, 그래도 산 정상에 올랐을 때의 기쁨은 다른 것과 비교할 수 없습니다. 등산은 몸에 좋을 뿐만 아니라 정신이 들고 머리를 맑게 해 주어서, 일이나 학업에도 도움이 됩니다.

등산은 제 생활에도 영향을 끼칠 뿐 아니라 생각지도 못한 많은 수확을 가져다주었습니다.

단어

回归 huíguī 되돌아가다 | 丰富多彩 fēngfù duōcǎi 풍부하고 다채롭다 | 喜悦 xǐyuè 기쁘다, 즐겁다 | 无与伦比 wúyǔ lúnbǐ 비교가 안 되다

Q2. 你一般什么时候去爬山？去哪儿爬山呢？一个人去还是和别人一起去？

모범답안

我一般每个星期六早上都去爬山，一爬就是两个小时。有时候一个人去爬山，听着音乐，哼着歌，吹着风，感受大自然的活力。什么都不理，安安静静的，自由自在，没有烦恼。多舒服啊！我非常享受这种和大自然融为一体的感觉。有时候也跟朋友一起爬山，我觉得一个人去不如和别人一起去有意思。虽然一个人，简简单单，很自由，但是和朋友们在一起的感觉不一样。那时互相理解，互相支持。如果我爬累了，朋友们还会鼓励我，我能感受到大家的关心。在一起分享这种快乐和幸福，对我们来说是最重要的。

해석

저는 보통 매주 토요일 오전이면 등산을 합니다. 등산을 가면 두 시간은 산을 오릅니다. 어떤 때는 혼자서 산을 오르는데, 음악을 듣기도 하고 노래를 흥얼거리기도 하고 바람을 맞으며 대자연의 생기를 느낍니다. 아무것도 신경 쓰지 않고 조용하고 자유로우며 고민도 없습니다. 얼마나 편안한가요? 저는 이렇게 대자연과 하나가 되는 느낌을 만끽합니다. 어떤 때는 친구와 산에 오르기도 하는데 다른 사람과 가는 것이 혼자서 가는 것보다 더 재미있기는 합니다. 혼자서 가면 간단하고 자유롭기는 하나, 친구들과 가면 또 다른 느낌입니다. 그때는 서로 이해하고 서로 힘을 줍니다. 만약 등산을 하다가 제가 지치면 친구들이 저를 응원할 수도 있지요. 저는 모두의 관심을 받을 수 있습니다. 함께 같은 즐거움을 향유하고 서로 행복을 나누는 것이 우리에게는 가장 중요합니다.

단 어

哼 hēng 콧노래를 부르다 | 不理 bùlǐ 신경 쓰지 않다, 상관하지 않다 | 自由自在 zìyóu zìzài 자유롭다, 자유자재하다 | 融为一体 róng wéi yìtǐ 하나로 융화되다 | 鼓励 gǔlì 격려하다

Q3. 给你提供一个情景：你打算跟朋友周末去爬山，请给朋友打电话问问关于这次爬山的计划。

모범답안

喂，是智贤吗？我是智敏。上次见面的时候，你不是说喜欢去爬山吗？我想问问这个周末你有没有空，我想跟你一起去爬山。你觉得我们去哪座山比较好呢？去爬高一点儿的山，还是去远一点儿的？我听说雪岳山现在风景特别美，我们去雪岳山怎么样？如果早点出发，还可以看见日出，多好啊！我们明天早晨六点在首尔站一起坐火车去怎么样？晚上可以在山上睡一宿，第二天回来可以吗？因为雪岳山的夕阳特别美，我想我们可以在山上看完夕阳，然后一起吃烤肉。但是听说山上可能比较冷，所以你多穿点衣服去比较好。

해석

여보세요? 지현이니? 나 지민이야. 지난번에 만났을 때 너 등산 가는 거 좋아한다고 하지 않니? 너 이번 주말에 시간 있는지 물어보고 싶어서. 나 너랑 같이 등산 가고 싶어. 어느 산으로 가는 게 좋을까? 좀 높은 곳으로 갈까, 아니면 좀 먼 곳으로 갈까? 듣자 하니 지금 설악산이 굉장히 아름답다고 하던데 우리 설악산 가는 거 어때? 만약 좀 일찍 출발한다면 일출도 볼 수 있을 것 같아. 얼마나 좋니! 내일 아침 6시에 서울역에서 기차 타고 함께 가는 거 어때? 저녁에 산에서 하루 묵고 다음 날 돌아와도 되겠니? 설악산의 석양이 굉장히 멋지거든. 내 생각에 우리 산에서 석양을 보고 불고기를 먹어도 될 것 같아. 하지만 산 위는 아마 좀 추울 테니 옷을 더 많이 입고 가는 것이 좋겠어.

단 어

座 zuò [산이나 건물 등을 세는 양사] | 雪岳山 Xuěyuèshān 설악산 | 日出 rìchū 일출 | 宿 xiǔ 숙박하다, 묵다 | 夕阳 xīyáng 석양

Day10 자기소개

110p. OPIc중국어 실전공략

Q. 请介绍一下你自己。

모범답안

我来介绍一下。我姓李，叫李真英，真实的真，英俊的英，今年三十四岁。我个子不高也不矮，有一张瓜子脸和一双乌黑的眼睛。现在在一家贸易公司的营销部工作，我的工作主要是海外贸易。我性格外向，幽默，喜欢跟人打交道，所以很多客户都喜欢我，而且在公司里，我的人际关系也不错，当然朋友们也喜欢跟我在一起，这算是我最大的优点吧。我的爱好是看爱情小说，看到浪漫故事的感人之处，鼻子一酸就会流下眼泪。还有我喜欢看美国电视剧，一有新出的美剧，我就会熬夜把它看完。我这个人就是爱哭爱笑，感情丰富的人。要说我的缺点，就是不爱运动，为了我的健康，我打算从现在开始每天锻炼。我现在一个人住，虽然现在的生活孤孤单单，但是总有一天会找到我的白马王子，哈哈！

> 해 석

제 소개를 하겠습니다. 저는 성이 '이'이고 이진영이라고 합니다. 진실의 진, 영준의 영입니다. 올해 34살입니다. 제 키는 크지도 작지도 않습니다. 갸름한 얼굴과 까만 눈동자를 가지고 있습니다. 현재 저는 무역회사의 영업팀에서 일하고 있습니다. 저의 주요 업무는 해외무역입니다. 성격은 외향적이고 유머가 있으며, 사람들과 어울리는 것을 좋아합니다. 그래서 많은 고객들이 저를 좋아하고 회사에서의 인간관계도 매우 좋습니다. 당연히 친구들도 저와 함께 있는 것을 좋아합니다. 이것이 바로 저의 가장 큰 장점이라 할 수 있습니다. 저의 취미는 로맨스소설을 보는 것입니다. 낭만적인 이야기의 감동적인 부분들을 보면 코가 찡하니 눈물이 납니다. 저는 또 미국드라마 보는 것을 좋아합니다. 미드가 새로 나오기만 하면 밤을 새워서라도 다 봅니다. 저는 바로 울기도 웃기도 잘하는, 감정이 풍부한 사람입니다. 저의 단점을 말하자면 운동을 별로 안 좋아한다는 것입니다. 건강을 위해서 지금부터라도 매일 운동을 할 계획입니다. 저는 현재 혼자 살고 있습니다. 비록 지금은 고독한 생활을 하고 있지만 언젠가는 저의 백마 탄 왕자를 찾을 수 있겠지요. 하하!

113p. Mini OPIc

Q. 请介绍一下你自己。

> 모범답안

我来介绍一下。我叫朴民俊，刚从大学毕业，正在找工作，是个待业青年，今年24岁。我家有4口人，爸爸、妈妈、姐姐和我。我的外表嘛，说不上英俊，但也不算丑，圆圆的脸蛋，浓眉大眼。我是爱笑的人，是个乐观主义者，即使偶尔有烦恼，我也不会说出来。我有个优点就是乐于助人。要是在路上碰到拿着很多东西的老奶奶，我就会跑过去帮她拿。我这个人很爱看电视，所以大部分精力都用在了看电视上，尤其是喜欢看美国侦探电视剧。有时候，一边吃饭一边看电视，甚至一边看书一边看电视。可是为了找工作，我得少看电视了，把精力要用在学习和运动上。当然我有许多优点，也有许多缺点。我打算以后要改正这些缺点，取人之长，补己之短，改变自我，做一个全新的我。找到一份好工作！

> 해 석

제 소개를 하겠습니다. 저는 박민준이라고 합니다. 막 대학을 졸업해서 직장을 찾고 있는 취업준비생으로, 올해 24살입니다. 저희 집은 네 식구가 있는데, 아버지, 어머니, 누나와 저입니다. 저의 외모는요, 준수하다고는 할 수 없지만 못생기지도 않았습니다. 둥근 얼굴에 짙은 눈썹과 큰 눈을 가졌습니다. 저는 잘 웃고 낙관론자입니다. 가끔 고민이 있다고 해도 말을 꺼내지는 않습니다. 저는 사람을 돕는 것을 좋아하는 장점이 있습니다. 길에서 많은 물건을 들고 있는 할머니를 보면 바로 뛰어가서 들어 드리곤 합니다. 저는 텔레비전 보는 것을 좋아합니다. 그래서 대부분의 활동력을 텔레비전을 보는 것에 사용합니다. 특히 미국 범죄 수사 드라마를 좋아합니다. 어떤 때는 밥을 먹으면서 텔레비전을 보기도 하고, 심지어는 책을 보면서도 텔레비전을 봅니다. 하지만 직장을 구하기 위해서는 텔레비전을 적게 보고 공부와 운동에 힘을 써야 할 것 같습니다. 물론 저는 많은 장점이 있지만 또한 많은 단점도 있습니다. 저는 앞으로 이러한 단점은 고칠 계획입니다. 다른 사람의 장점을 본받아서 저의 단점을 고쳐 나가고, 저 자신을 변화시켜서 새로운 나를 만들 계획입니다. 좋은 직장도 찾고요!

> 단 어

外表 wàibiǎo 외모 | 浓眉大眼 nóngméi dàyǎn 짙은 눈썹과 큰 눈 | 侦探 zhēntàn 탐정 | 取人之长，补己之短 qǔrén zhīcháng, bǔjǐ zhīduǎn 남의 장점을 본받아 자신의 단점을 보완하다

Day11 거주지

118p. OPIc중국어 실전공략

Q. 在你家你最喜欢的空间是哪儿？里面都有什么？请讲一讲在你家你最喜欢的地方。

> 모범답안

我住在一所公寓里，两室一厅，不算太大，但是很雅致。在我家，我最喜欢的地方就数客厅了。

我家的客厅布置得相当不错，看起来特别整洁。一大两小的新式沙发分别摆在两边。中间是一张透明的茶几，茶几上边有一套茶具和一些杂志。墙上挂着一台40寸的数码电视机，另外还有一套家庭影院，效果非常棒！特别是看电影的时候，能体会到身临其境的感觉。电视对面的墙上还挂着一幅我亲手画的画儿，这也给我们家带来一些艺术的气息，父母比我还喜欢这幅画儿呢。客厅的角落立着一个书柜，书柜里有各种各样的书，偶尔沉浸在书海里的感觉也不错。平时客人们来我家的时候，都喜欢在客厅里聊天、喝茶。

　　我觉得客厅是我家最舒服的地方。我们全家人在这里过得既舒适又开心。

> 해 석

저는 아파트에 삽니다. 저희 집에는 두 개의 침실과 하나의 거실이 있습니다. 그리 크진 않지만 매우 우아합니다. 저희 집에서 제가 가장 좋아하는 공간으로 거실을 꼽을 수 있습니다.

저희 집 거실은 배치가 매우 잘되어 있어서, 굉장히 깔끔해 보입니다. 큰 것 하나, 작은 것 두 개의 신식 소파가 양쪽에 배치되어 있습니다. 중간에는 투명한 티테이블이 놓여 있고요, 티테이블 위에는 찻잔 세트와 잡지 몇 권이 있습니다. 벽에는 40인치의 디지털 텔레비전이 걸려 있습니다. 그밖에 홈시어터가 있는데 효과가 아주 끝내줍니다. 특히 영화를 볼 때는 마치 현장에 있는 듯한 느낌을 받을 수 있습니다. 텔레비전의 맞은편 벽에는 또 제가 직접 그린 그림이 걸려 있습니다. 이것도 역시 저희 집에 예술적 분위기를 더해 줍니다. 부모님이 저보다 이 그림을 더 좋아하십니다. 거실 모서리에는 책장이 세워져 있고 책장 안에는 각양각색의 책이 있습니다. 가끔은 책 속에 빠져 있는 느낌도 좋습니다. 평소에 손님들이 저희 집에 놀러 왔을 때 거실에서 이야기를 나누고 차를 마시는 것을 좋아합니다.

거실은 저희 집에서 가장 편안한 공간입니다. 저희 가족은 이곳에서 편안하고 즐겁게 지냅니다.

121p. Mini OPIc

Q. 给你提供一个情景：你要把家里重新装修一下，请给装修公司打个电话，询问一下具体情况。

> 모범답안

　　你好！这里是花园公寓。请问是完美装修公司吗？我打算把家里重新装修一下，所以我想询问一下关于装修方面的几个问题，可以吗？

　　首先，我家的墙很旧，都花了，所以我打算重新粉刷一下，不过原来的墙是白色的，可以换成别的颜色吗？如果用最近流行的壁纸怎么样？贵不贵呢？要是价钱实惠的话，我想试试看。其次，我家的厨房因为空间不太大，每次收拾橱柜时都很麻烦，所以可以调整一下橱柜的结构吗？还有，地板我也打算换一下，请问有没有不仅容易清洗，而且还防水的材料呢？最后是洗手间，我家的洗手台已经用了很多年了，常常漏水，我想换一个新的。整个工程大概需要多长时间才能完工？价钱呢？我希望你们把报价单给我，然后我们再好好商量一下。

　　那么以后就拜托你们了，麻烦你多费心，再见！

> 해 석

안녕하세요? 여기는 화위엔 아파트입니다. 완메이 인테리어회사인가요? 제가 집을 새로 인테리어 하려고 하는데요. 인테리어 관련해서 몇 가지 질문을 해도 될까요?

먼저, 집의 벽이 너무 오래돼서, 희끗희끗해졌어요. 그래서 다시 칠하려고 합니다. 그런데 원래 색깔이 하얀색인데, 다른 색깔로 바꾸어도 될까요? 만약 최근 유행하는 벽지를 사용하면 어떨까요? 비싼가요? 만약 가격이 맞으면 한번 해 보려고요. 그 다음으로 주방 공간이 그리 넓지 않아서 매번 찬장을 정리할 때 번거롭습니다. 그래서 말인데, 찬장 구조를 조정할 수 있을까요? 그리고 바닥도 바꾸려고 합니다. 쉽게 닦이고 방수가 되는 것이 있나요? 마지막으로 화장실인데요, 세면대가 너무 오래돼서 종종 누수가 됩니다. 새것으로 바꾸고 싶습니다. 만약 공사를 시작하면 얼마나 걸려야 완성이 되나요? 가격은요? 견적서를 저에게 보여 주시고 잘 상의해 보았으면 합니다.

그럼 잘 부탁드릴게요. 번거로워도 신경 좀 많이 써 주세요. 안녕히 계세요.

> 단 어

装修公司 zhuāngxiū gōngsī 인테리어회사 | 花 huā 얼룩덜룩하다, 알록달록하다 | 粉刷 fěnshuā 석회를 칠하다 | 壁纸 bìzhǐ 벽지 | 实惠 shíhuì 실속이 있다, 실용적이다 | 橱柜 chúguì 찬장 | 防水 fángshuǐ 방수하다 | 漏水 lòushuǐ 물이 새다 | 报价单 bàojiàdān 견적서

Day12 직장

126p. OPIc중국어 실전공략

Q. 根据调查显示，你是一名公司职员。你是做什么工作

的? 你喜欢你的工作吗?

모범답안

我在一家贸易公司的市场部工作。我的业务主要是营销, 负责管理已有的客户和开发新的客户, 所以大部分时间都需要外出跟客户见面, 处理事务。

我对自己的工作比较满意, 不仅客户们喜欢我、信任我, 而且工资也比较高, 我觉得在工作上还是挺顺利的。但是有时候得看上司的脸色, 硬着头皮去工作, 不得不勉强自己。就拿喝酒来说吧, 聚会时面对上司和同事敬的酒, 喝不了也得喝。既要让上司满意, 又要搞好和同事之间的关系, 实在压力很大。不过我在公司的人际关系还挺不错的, 而且工作能力也受到大家的认可。

虽然有压力, 但也应该认真工作, 积极表现, 争取更多的机会。我相信在我的努力之下, 我会发展得越来越好的。

해석

저는 무역회사의 마케팅팀에서 일합니다. 저의 주요 업무는 영업인데 기존 고객을 관리하거나 새로운 고객을 유치하는 것입니다. 그래서 대부분의 시간은 외부에 나가서 고객과 만나서 일을 처리합니다.

저는 저의 일에 비교적 만족합니다. 고객들이 저를 좋아하고 신임할 뿐만 아니라 월급도 비교적 높습니다. 저는 업무상으로는 순조로운 편이라고 생각합니다. 그러나 어떤 때는 상사의 눈치를 살피고, 억지로 일을 하거나 내키지 않아도 어쩔 수 없이 할 때가 있습니다. 술 마시는 것으로 예를 들자면, 회식 때 상사와 동료들이 권하는 술은 마시지 못해도 마셔야 합니다. 상사를 만족시키고 동료들과의 관계를 좋게 하는 것이 사실 스트레스가 매우 심합니다. 하지만 저는 회사에서 인간관계가 매우 좋습니다. 게다가 업무 능력도 모두에게 인정을 받습니다.

비록 스트레스가 심하긴 하지만, 열심히 일을 하고 적극적으로 표현을 하여 많은 기회를 쟁취해야 합니다. 저는 저의 노력하에 더욱더 발전해 나갈 것이라고 믿습니다.

129p. Mini OPIc

Q. 给你提供一个情景: 有一家公司叫延明公司, 你们公司打算和这家公司一起合作, 请提3~4个问题, 来考察一下这家公司的情况。

모범답안

你好! 我是韩国金星公司的职员, 叫郑智敏。因为我们公司最近打算和贵公司合作, 所以想先了解一下贵公司的一些情况。

请问, 贵公司是什么时候成立的? 总公司在哪个城市? 一共有几家分公司? 分别在什么地方? 贵公司主要经营什么业务? 对于拓展海外市场有什么想法? 贵公司有没有计划在韩国发展事业呢?

希望以后有机会能和贵公司合作。谢谢。

해석

안녕하세요? 저는 한국 금성사 직원 정지민이라고 합니다. 저희 회사가 최근 귀사와 협력을 하려고 합니다. 그래서 회사 상황에 대해 몇 가지 알고 싶습니다.

실례합니다만, 귀사는 언제 성립되었나요? 본사는 어느 도시에 있습니까? 모두 몇 개의 지사가 있나요? 어느 지역에 분포되어 있습니까? 귀사의 주요 운영 업무는 무엇입니까? 해외시장 진출에 대해 어떤 생각을 가지고 있나요? 귀사는 한국에서 사업을 발전시킬 계획이 있습니까?

이후 귀사와 협력할 기회가 있기를 희망합니다. 고맙습니다.

단어

成立 chénglì 성립하다 | 分公司 fēngōngsī 지사, 지점 | 拓展 tuòzhǎn 확장하다 | 海外市场 hǎiwài shìchǎng 해외시장

Day13 학교

134p. OPIc중국어 실전공략

Q. 给你提供一个情景: 你本来打算参加今天的考试, 可是你突然生病了, 不能参加考试了, 所以请给老师打个电话, 说明一下情况并询问解决办法。

모범답안

老师, 您好! 我是智敏。本来我应该参加今天的考试, 可是恐怕参加不了。

因为今天早上起床时, 突然肚子疼得很厉害。昨天是我爸爸的生日, 所以我们全家人都去外边吃饭。那里的菜好吃得不得了, 我吃了很多, 肚子都撑坏了, 回家后又吃了冰淇淋。加上昨晚为了准备考试, 熬夜看书, 只睡了两个小时, 早上起床的时候就开始拉肚子。好像昨天吃的菜有问题, 材料不太新鲜, 我的家人也都肚子疼着呢。看样子我得去医院看病，请您谅解。老师，我参加不了今天的考试，那么该怎么办呢？我能不能以后参加补考？如果可以的话，请您通融一下，让我补考一次，好吗？我知道这次考试非常重要，而且我已经复习功课了，准备得也很充分。

我希望老师能理解我的情况，再次给我一个机会，拜托您了。

해석

선생님, 안녕하세요? 저 지민이에요. 원래 오늘 시험에 당연히 참가해야 하는데 참가할 수 없을 것 같아요.

왜냐하면 오늘 아침에 일어날 때 갑자기 배가 심하게 아팠어요. 어제가 아버지 생신이어서 저희 가족들이 모두 외식을 했는데, 그곳의 음식이 무척 맛있어서 제가 많이 먹는 바람에 배가 터질 정도였어요. 집에 와서는 또 아이스크림도 먹었거든요. 거기다가 어제 저녁에 시험 준비한다고 밤을 새워 책 보느라 두 시간밖에 못 잤어요. 아침에 일어나자마자 설사를 하더라고요. 아마도 어제 음식에 문제가 있었던 것 같아요. 재료가 신선하지 못했는지 식구들이 모두 배가 아프네요. 보아하니 병원에 가야 할 것 같아요. 양해해 주세요. 선생님, 시험에 참가하지 못하면 어떻게 해야 하지요? 나중에 재시험을 볼 수 있을까요? 만약에 가능하다면 다시 시험 볼 수 있게 봐주세요. 이번 시험이 굉장히 중요하다는 거 압니다. 게다가 이미 복습도 했고 충실히 준비했어요.

선생님께서 제 상황을 이해해 주시기를 바라고요. 기회를 한 번 더 주세요. 부탁드려요.

137p. Mini OPIc

Q. 你喜欢什么校园活动？有没有关于校园活动的特别经验？请详细地说一说。

모범답안

在校园生活中，我最喜欢的就是体育活动，尤其是打篮球。我还参加了学校的篮球俱乐部呢。每天一下课就去学校的体育馆跟同学们打两个小时球，然后再回家。可是那天发生的一件事让我终身难忘。

那天我和平时一样跟同学们一起打球。玩儿得正开心的时候，突然一个球飞过来，砸到了我的头，我就摔倒在球场上了。我感到一阵头晕，当我醒来时，发现头在流血。啊！怎么办！我的朋友赶紧叫救护车，把我送到了医院，在医院进行了全身检查。检查完以后医生说，还好伤得不太严重，只要回家好好休息休息就可以了。从那以后，有一段时间我很怕去球场，所以一直没去打球。

虽然现在已经没事了，身体都恢复正常了，但是从那以后，每次打球我都会注意一下球场周围的情况，以免那样的事情再发生。

해석

학교 생활에서 제가 가장 좋아하는 것은 체육 활동입니다. 특히 농구를 좋아합니다. 저는 학교의 농구 클럽에도 가입을 했습니다. 매일 수업이 끝나면 학교 체육관에 가서 학우들과 두 시간 동안 농구를 하고 집으로 돌아갑니다. 그러나 그날 발생한 일은 평생 잊지 못할 것입니다.

그날도 평상시처럼 학우들과 농구를 했습니다. 한창 재미있게 놀고 있을 때 갑자기 공 하나가 날아오더니 제 머리를 때려서 저는 농구장에 넘어졌습니다. 잠깐 머리가 어지럽더니 정신을 차렸을 때 머리에서 피가 흐르는 것을 발견했습니다. 아! 어떻게 하지요? 제 친구가 재빨리 구급차를 불러 저를 병원에 데려가서, 병원에서 전신을 검사했습니다. 검사가 끝난 후 의사 선생님이 다행히 머리가 심하게 다친 것은 아니라며 집에 돌아가서 푹 쉬면 괜찮아질 거라 하셨습니다. 그때 이후로 한동안은 농구장에 가는 것이 무서워서 줄곧 농구를 하지 않았습니다.

비록 지금은 괜찮고 몸도 정상적으로 회복되었지만, 그때부터 저는 매번 농구를 할 때마다 그런 일이 다시 발생하는 것을 막기 위해 농구장 주변의 환경을 주의 깊게 살피게 되었습니다.

단어

终身难忘 zhōngshēn nánwàng 평생 잊지 못하다 | 飞过来 fēi guòlai 날아들다 | 砸 zá 내리치다, 박다, 찧다 | 一阵 yízhèn 잠깐, 일시, 단기간 | 流血 liúxuè 피가 흐르다 | 赶紧 gǎnjǐn 재빨리, 서둘러서 | 严重 yánzhòng 심각하다 | 恢复 huīfù 회복되다 | 注意 zhùyì 주의하다, 조심하다 | 以免 yǐmiǎn ~하지 않도록

Day14 취미(영화)

142p. OPIc중국어 실전공략

Q. 根据调查显示，你爱看电影。你喜欢什么类型的电影？是爱情片还是动作片？为什么喜欢那种？

모범답안

我最爱看电影了，每个星期都去看。爱情片、动作片、恐怖片什么的，我都喜欢，其中我最喜欢的还是喜剧片。

我们在日常生活中往往受到一些压力，而看电影就是缓解压力的好方法。特别是看喜剧片会让你的生活更轻松、更快乐。虽然喜剧片的故事情节不能让人感动得流下眼泪，但是演员们夸张的表情和有趣的对话能让人完全放松，尽情享受。有时候笑得肚子都疼了。在笑的时候你的烦恼也会全部消失。我最喜欢周星驰的电影，他是个香港演员，演技非常好，而且非常独特。我觉得他的幽默在电影里发挥得淋漓尽致！

如果有什么烦恼或者伤心的事，就去看喜剧电影消除压力吧。电影是我的最爱。

해 석

저는 영화 보는 것을 가장 좋아해서 매주 보러 갑니다. 멜로, 액션, 공포 등등 모두 좋아하는데, 그중에서 제가 가장 좋아하는 것은 코미디영화입니다.

우리는 일상생활에서 자주 스트레스를 받습니다. 영화를 보는 것은 바로 스트레스를 풀어 주는 좋은 방법입니다. 특히 코미디영화는 당신의 생활을 더욱 가볍고 즐겁게 해 줄 것입니다. 비록 코미디의 스토리가 사람을 감동시켜서 눈물 나게 하는 것은 아니지만, 배우들의 과장된 표정과 재미있는 대화는 긴장을 풀고 즐길 수 있도록 해 줍니다. 어떤 때는 배가 아플 정도로 웃곤 하지요. 웃을 때 당신의 고민들이 모두 사라질 것입니다. 저는 주성치의 영화를 가장 좋아합니다. 그는 홍콩 배우인데, 연기를 잘할 뿐만 아니라 아주 독특합니다. 저는 그의 유머가 영화 속에서 충분히 발휘된다고 생각합니다.

만약 골치 아프거나 마음 아픈 일이 있다면 코미디영화를 보고 스트레스를 날려 버리세요. 영화는 저의 가장 큰 사랑이랍니다.

145p. Mini OPIc

Q. 给你提供一个情景：周末朋友们来你家玩儿。朋友们都喜欢看电影，所以你们打算租DVD看，可是不知道看什么电影好，请给DVD音像店打个电话询问一下。

모범답안

喂，是音像店吗？今天我打算跟朋友们看几部电影，可是我们不知道该看什么电影好，所以想麻烦你给我们推荐一下。最近什么电影最受欢迎？我的朋友们都喜欢外国片，有新上映的好莱坞电影吗？最新的好莱坞动作片是什么？电影的主角是谁？导演是哪位呢？是恐怖片吗？我们不喜欢恐怖片，因为看恐怖片太可怕了，晚上睡不着觉。另外，有没有汤唯演的电影？最近她很受韩国人的欢迎，如果有，我们要租。要不然，你推荐一部有意思而且值得看的电影吧！我一会儿就去你那儿。谢谢你。

해 석

여보세요? 비디오 가게죠? 오늘 친구들과 영화를 몇 편 보려고 합니다. 그런데 어떤 영화를 봐야 할지 모르겠어요. 그래서 귀찮으시겠지만 우리한테 추천 좀 해 주셨으면 해서요. 요즘 무슨 영화가 인기가 있나요? 친구들이 외화 보는 것을 좋아합니다. 새로 나온 할리우드 영화 있나요? 최신 할리우드 액션물은 어떤 건가요? 주인공은 누구예요? 감독은 누군가요? 공포영화인가요? 우리는 공포영화는 안 좋아합니다. 공포영화를 보면 너무 무서워서 밤에 잠을 못 자거든요. 그 외에 탕웨이 주연의 영화 있나요? 최근 한국에서 인기가 많던데, 만약에 있으면 대여할게요. 아니면 재미있는 것이나 볼 만한 영화 하나 추천해 주세요. 조금 이따 바로 갈게요. 고맙습니다.

단 어

推荐 tuījiàn 추천하다 | 受欢迎 shòu huānyíng 환영을 받다, 인기가 있다 | 好莱坞 Hǎoláiwū 할리우드 | 租 zū 빌리다, 세내다

Day15 스포츠

150p. OPIc중국어 실전공략

Q. 根据调查显示，你喜欢踢足球。你一般在哪儿踢球？什么时候去？跟谁去？是从什么时候开始对足球感兴趣的？

모범답안

我是个足球迷，从小就喜欢足球。小时候爸爸常常带我去看足球比赛，跟我讲解足球比赛的规则。队员们流着汗，在球场上踢来踢去，虽然我坐在看台上，但是却能真实地感受到他们的活力和动力。足球已成了我生活的一部分，平时不管多忙，一听说有比赛，心里就痒痒的，也想参加。最近我参加了我们公司的足球俱乐部。一般每到周末都去足球场，和公司同事们一起练习。有时候我们还进行比赛，输赢无所谓。在比赛的过程中，我能体会到队员之间相互信任和相互鼓励的那种气氛。在奔跑的时候，在传球的时候，在进球的时候，都能感到热烈的气氛，还能获得成就感和满足感！足球就是我的人生伙伴！

> 해 석

저는 축구광입니다. 어려서부터 축구를 좋아했습니다. 어릴 때 아버지는 자주 저를 데리고 축구 경기를 보러 가셨고, 저에게 축구 경기의 규칙에 대해 이야기를 해 주셨지요. 선수들이 땀을 흘리면서 이리저리 공을 차면, 비록 관람석에 앉아 있지만 그들의 활력과 에너지를 진심으로 느낄 수 있었습니다. 축구는 이미 제 생활의 일부가 되었습니다. 평소에 얼마나 바쁘든 간에 시합이 있다는 말만 들으면 참가하고 싶어서 근질근질합니다. 요즘 저는 회사 축구클럽에도 가입했습니다. 매주 주말이면 축구장에 가서 회사 동료들과 함께 연습을 합니다. 어떤 때는 시합을 하기도 하는데 이기고 지는 것은 상관이 없습니다. 경기하는 과정에서 저는 동료들 간에 서로 믿고 격려하는 분위기를 느끼게 됩니다. 전력 질주할 때, 패스할 때, 골을 넣을 때 뜨거운 열기를 느낄 수 있고, 또 성취감과 만족감을 느낍니다. 축구는 제 인생의 동반자입니다.

153p. Mini OPIc

Q. 请你解决以下的问题: **本来你跟朋友约好了今天一起去看棒球比赛，可是你可能会迟到。请给朋友打电话说明一下情况，并提出解决方法。**

> 모범답안

智敏，本来我们约好了一起看棒球比赛，说好了三点见面的，可是我突然有急事，恐怕不能准时到那儿了。因为我妈妈在路上摔倒了，现在被送到医院去了。妈妈伤得比较厉害，都走不了路了。她给我打电话，让我接她回家，所以真不好意思我可能晚点儿才能去跟你见面。我想，要不你改一下时间怎么样？因为比赛五点才开始，所以你晚点儿出发也来得及。我们三点半见面可以吗？或者你先来我家怎么样？我家离赛场不远。我接妈妈回家的话，大概三点能到家。你呢，四点钟来我家，然后跟我一起去也可以。你觉得怎么样？

> 해 석

지민아, 원래 우리 함께 야구 경기 보러 가기로 약속했잖아. 세 시에 만나기로 약속했는데, 갑자기 급한 일이 생겨서 아마 제시간에 그곳에 도착하지 못할 것 같아. 왜냐하면 엄마가 길에서 넘어지셔서 지금 병원으로 옮겼어. 엄마가 좀 심하게 다치셔서 걷지를 못해서. 엄마가 내게 전화를 해서 집에 데리고 가 달라고 하시네. 정말 미안한데 조금 늦게 갈 것 같아. 아니면 시간을 좀 변경하는 건 어때? 경기가 5시나 되어야 시작하니까 네가 조금 늦게 출발해도 시간적 여유가 있어. 우리 3시 반에 만나도 될까? 아니면 네가 먼저 우리 집에 오는 건 어때? 우리 집이 경기장에서 멀지 않잖아. 내가 엄마를 모시고 집에 오면 대략 3시 정도 돼. 너는 4시쯤 우리 집에 와서 나랑 같이 가도 괜찮아. 어때?

> 단 어

棒球比赛 bàngqiú bǐsài 야구 경기 | **摔倒** shuāidǎo 넘어지다 | **来得及** láidejí 시간적 여유가 있다, 늦지 않다 | **大概** dàgài 대략, 대강

Day16 쇼핑

158p. OPIc중국어 실전공략

Q. 根据调查显示，你喜欢购物。你常常买东西吗？一般在哪儿购物呢？喜欢买什么？

> 모범답안

我非常喜欢买东西。不管是逛商店，电视购物还是网上购物，我都喜欢。虽然我的收入不算那么多，可我喜欢买东西，而且对我来说购物也是一种享受。

我一天到晚忙着工作，拖着疲惫的身体回到家。回家后没什么事干，就打开电视看购物节目，或者打开电脑的网页，看一些物美价廉的东西，如果有喜欢的就买下来。我一到周末就跟朋友去逛街。那里有好多又便宜又好看的东西。我一边逛商店一边看路上熙熙攘攘的人群，还能跟小贩们讨价还价，多有意思啊！如果偶尔听到百货商店有打折的消息，就马上去买平时觉得太贵而买不起的东西。

朋友们都说我是个购物狂，太爱花钱了。可我觉得那些东西都是我需要的，你觉得呢？

> 해 석

저는 물건 사는 것을 좋아합니다. 상점 쇼핑이든 홈쇼핑, 인터넷 쇼핑이든 모두 좋아합니다. 비록 제 수입이 그렇게 많은 편은 아니지만 저는 물건 사는 것을 좋아합니다. 저에게 있어서 물건을 사는 것은 일종의 향유입니다.

저는 저녁까지 바쁘게 일을 하고 지친 몸을 이끌고 집에 돌아옵니다. 집으로 돌아와도 별로 할 일이 없어서 텔레비전을 켜고 홈쇼핑 프로그램을 보거나 컴퓨터의 사이트를 열어서 품질이 좋고 가격이 저렴한 물건을 봅니다. 만약 마음에 드는 것이 있으면 바로 삽니다. 저는 주말만 되면 친구들과 쇼핑을 갑니다. 그곳에는 저렴하고 좋은 물건들이 아주 많습니다. 저는 쇼핑을 하면서 거리의 왁자지껄한 모습을 구경합니다. 또 행상인들과는 가격을 흥정할 수 있으니 얼마나 재미있나요? 만약 간혹 백화점에서 세일한다는 소식을 들으면 바로 가서 평소에 너무 비싸서 살 수 없었던 물건을 삽니다.

친구들은 제가 쇼핑 중독에, 돈 쓰는 것을 너무 좋아한다고 말합니다. 그러나 그 물건들은 모두 제가 원하던 것입니다. 당신 생각은 어때요?

161p. Mini OPIc

Q. 给你提供一个情景：你跟朋友去百货商店逛了逛。回家的路上发现你的钱包不见了，你去百货商店的失物招领中心，说明一下你的情况。

모범답안

你好！我刚才发现我的钱包不见了，好像是逛街时丢的。我的钱包是香奈尔的，是蓝色的。里边有一些现金，大概五万左右。还有信用卡、身份证、驾驶证什么的。其中的三张卡是对我非常重要的。对了！还有一些重要客户的名片，另外还有朋友送给我的两张十万元的购物券。我刚才找了好几遍，可是都没找到。我想可能掉在门口或者忘在什么地方了。请你们帮我找一下。如果有监视器的话，也请帮我查一查吧。要是找到钱包的话，请你给我打个电话，好吗？那就麻烦你了，谢谢。

해석

안녕하세요? 방금 제 지갑이 없어진 것을 발견했는데요. 아마도 쇼핑할 때 잃어버린 것 같습니다. 제 지갑은 샤넬 제품이고 파란색입니다. 안에는 현금이 좀 있는데, 대략 5만원 정도예요. 그리고 신용카드, 신분증, 운전면허증 등이 있습니다. 그중에서 세 장의 카드는 굉장히 중요한 것입니다. 참! 그리고 주요 고객들의 명함도 있습니다. 그 밖에 친구가 저에게 준 10만원짜리 상품권도 두 장이 있습니다. 제가 방금 여러 번 찾아보았는데 찾지 못했습니다. 제 생각에 아마도 입구에서 떨어뜨렸거나 어디에 놓고 온 것 같습니다. 저를 도와서 좀 찾아 주세요. 만약에 CCTV가

있다면 좀 확인해 주세요. 만약에 지갑을 찾으시면 저에게 전화 좀 해 주시겠어요? 그럼 부탁합니다. 감사합니다.

단어

香奈尔 Xiāngnài'ěr 샤넬[브랜드명] | 身份证 shēnfènzhèng 신분증 | 驾驶证 jiàshǐzhèng 운전면허증 | 购物券 gòuwùquàn 상품권 | 监视器 jiānshìqì CCTV, 감시 카메라

Day17 건강

166p. OPIc중국어 실전공략

Q. 根据调查显示，你喜欢去健身房锻炼。你一般在哪儿锻炼？一般什么时候去？常常去吗？现在和以前比起来，有什么变化吗？请详细地说一说。

모범답안

我觉得保持健康的最好方法还是运动，所以我平时常常去公司附近的健身房锻炼。以前我下班后常和同事们一起喝酒，而且回家以后还要再吃一点儿夜宵。然后躺在沙发上看电视，看电视看累了才去睡觉。周末呢，哪儿也不去，就呆在家里看DVD，肚子饿了就煮方便面吃。这样过了几个月我的身体就不行了。不但胖了很多，而且很容易累。工作上有压力时，我动不动就向别人发脾气，一点儿耐心都没有。所以我下决心去健身房锻炼身体。每天下班后直接去健身房练两个小时以后再回家。这样过了两个月了，现在我减了5公斤，而且身体变得越来越结实，也比以前更健康了，身上的肌肉也越来越多了！同事们都说我的脸色比以前好多了，对别人的态度也温和了很多。现在我每天都过着开心、幸福的生活。

해석

제 생각에 건강을 유지하는 가장 좋은 방법은 운동을 하는 것입니다. 그래서 저는 평상시에 회사 근처의 헬스클럽에 자주 가서 헬스를 합니다. 이전에 저는 퇴근 후에 동료들과 함께 술을 자주 마시고 집에 가서는 야식도 좀 먹곤 했습니다. 그 다음 소파에 누워서 텔레비전을 보다가 피곤해지면 그제야 잠을 자러 갔지요. 주말에는 아무데도 나가지 않고 집에서 DVD를 보다가 배가 고파지면 라면을 끓여 먹었습니다. 이렇게 몇 달이 지나자 제 몸이 이상해졌습니다. 뚱뚱해졌을 뿐만 아니라 쉽게 피곤해집니다. 업무상 스트레스가 생길 땐 걸핏하면 다른 사람에게 성질을 내곤

했습니다. 조금의 인내심도 없었지요. 그래서 저는 헬스클럽에 가서 운동을 하기로 했습니다. 매일 퇴근 후 바로 헬스클럽에 가서 두 시간 동안 운동을 하고 집에 갔습니다. 이렇게 두 달이 지났습니다. 지금은 5킬로그램을 뺐을 뿐만 아니라 몸이 점점 튼튼해지고 있습니다. 이전보다 더욱 건강해졌고 몸에 근육도 점점 많아졌지요. 동료들도 모두 제 안색이 이전보다 훨씬 좋아졌다고 하고. 다른 사람을 대하는 태도 또한 많이 온화해졌습니다. 현재 저는 매일 즐겁고 행복한 생활을 보내고 있습니다.

169p. Mini OPIc

Q. 你或者身边的人为了健康都做些什么呢？你觉得保持健康的最好方法是什么？请说一说。

> 모범답안

人们为了保持健康会用很多方法。除了运动，我认为最重要的还是调整饮食，就是要养成合理的饮食习惯。

为了养成良好的饮食习惯要注意以下几点：第一，盐放得越少越好。清淡的食物有益于身体，盐放多了容易得高血压等疾病。韩国人比较喜欢又辣又咸的东西。口味太重，对身体不好。为了健康，应该吃得清淡一点。第二，每天按时吃饭。每天按时吃饭有利于健康。有的人早上急着上班不吃早饭，午饭也凑合着吃，晚上回家或者聚会时大吃一顿。这样的话对肠胃的负担很重。最后，吃饭速度不要太快。快点儿！快点儿！这是韩国人的口头禅。吃饭时也一样，常常吃得很快。这样不利于消化和营养吸收，我们应该养成细嚼慢咽的习惯。

养成良好的饮食习惯对于保持健康很有意义。

> 해석

사람들은 건강을 유지하기 위하여 많은 방법을 이용합니다. 운동 이외에 저는 음식 조절이 가장 중요하다고 생각합니다. 바로 합리적인 식습관을 기르는 것이지요.

양호한 식습관을 기르기 위해서는 아래 몇 가지 주의할 사항이 있습니다. 첫째, 소금은 적게 넣을수록 좋습니다. 담백한 음식이 몸에 이롭습니다. 소금을 너무 많이 넣으면 고혈압 등의 질병에 걸리기 쉽습니다. 한국인은 비교적 맵고 짠 음식을 좋아하는데, 입맛이 강하면 몸에 좋지 않습니다. 건강을 위해서는 담백하게 먹어야 합니다. 둘째, 매일 제시간에 식사를 하는 것입니다. 매일 제시간에 밥을 먹으면 건강에 이롭습니다. 어떤 사람은 아침에 급하게 출근하느라 아침식사를 하지 않고, 점심도 아쉬운 대로 대충 먹으며, 저녁에 집에서나 회식 자리에서 많이 먹습니다. 이러면 위장에 부담이 매우 심합니다. 마지막으로 먹는 속도를 너무 빠르지 않게 하는 것입니다. '빨리빨리'는 한국인이 자주하는 말입니다. 식사도 마찬가지로 항상 빨리 먹습니다. 이러면 소화와 영양 흡수에 이롭지 않습니다. 우리는 마땅히 천천히, 꼭꼭 씹어 먹는 습관을 길러야 합니다.

좋은 식습관을 양성하는 것은 건강을 유지하는 데에 큰 의미가 있습니다.

> 단어

养成 yǎngchéng 양성하다 | 有益于 yǒuyìyú ~에 도움이 되다 | 高血压 gāoxuèyā 고혈압 | 有利于 yǒulìyú ~에 이롭다 | 凑合 còuhé 아쉬운 대로 ~하다 | 肠胃 chángwèi 위장, 소화기관 | 口头禅 kǒutóuchán 실속 없는 말 | 细嚼慢咽 xìjiáo mànyàn 천천히 오래 씹어 삼키다

Day18 여행과 출장

174p. OPIc중국어 실전공략

Q. 给你提供一个情景：你明天要去国外出差，请先给合作公司打电话问3~4个问题，了解一下出差的情况。

> 모범답안

你好！这里是韩国三进公司，我是经营部的叫郑智敏。我明天要陪我们公司的董事长去访问贵公司，并参加商业谈判，所以我想先了解一下你们准备得怎么样了。

首先，我们本来打算乘坐早上8点的飞机，可是董事长早上得先参加一个会议，然后才能出发，所以我们可能坐下午3点的飞机，5点到达上海机场。那么贵公司派谁来接我们呢？是您还是别的人？安排了负责翻译的人员吗？因为董事长不会说汉语，所以我想应该有翻译陪同着他。其次，关于住宿问题，你们预订的饭店是机场附近的还是公司附近的？如果是机场附近的，董事长要先去饭店休息一会儿，然后再去公司；如果是公司附近的，董事长会先访问公司，然后再回饭店休息。最后，谈判之前董事长要求参观一下你们的工厂。我们什么时候去参观更好呢？明天晚上可以吗？

这次合作对我们双方来说都是难得的机会，希望双方合作愉快，明天见！

> **해석**
>
> 안녕하세요? 여기는 한국의 삼진사입니다. 저는 경영팀의 정지민이라고 합니다. 저는 내일 저희 회사 회장님을 모시고 귀사를 방문하여 비즈니스 협상에 참석하려고 합니다. 그래서 먼저 귀사에서 어떻게 준비가 되고 있는지 알고 싶습니다.
>
> 우선 저희는 본래 8시 비행기를 타려고 했으나 회장님께서 아침에 먼저 회의에 참석하셔야 해서 그 다음에 출발할 수 있습니다. 그래서 저희는 오후 3시 비행기를 타고 5시에 상하이공항에 도착할 것 같습니다. 그럼 귀사에서는 누가 저희를 마중 나오나요? 당신인가요, 아니면 다른 사람인가요? 통역을 책임질 사람은 준비되었나요? 회장님께서 중국어를 못하시기 때문에 마땅히 통역관이 수행해야 한다고 생각합니다. 다음으로 숙박 문제에 관한 것인데요. 예약하신 호텔은 공항 근처에 있나요, 아니면 회사 근처에 있나요? 만약 공항 근처라면 회장님께서 먼저 휴식을 취하신 후 회사로 가고, 만약 회사 근처라면 먼저 귀사를 방문하신 후 호텔에 돌아가서 쉬실 것입니다. 마지막으로 협상 전에 회장님께서 귀사의 공장을 참관하기를 원하십니다. 언제 공장을 참관하는 것이 좋겠습니까? 내일 저녁에 가능합니까?
>
> 이번 협력은 쌍방 모두에게 얻기 힘든 기회입니다. 쌍방이 즐겁게 협력하기를 바랍니다. 내일 뵙겠습니다.

177p. Mini OPIc

Q. 根据调查显示，你喜欢旅游，请讲一讲让你难忘的一次旅游。

> **모범답안**
>
> 在我旅行时经历的事情中，有一件事让我终身难忘。三年以前我去了美国纽约。原来我打算去纽约游览一下，顺便见见朋友。可是没想到纽约之行却发生了出乎意料的事。
>
> 我先在纽约的一家饭店预订了一个房间，然后给在纽约的朋友打电话，告诉她到纽约后的第二天就去找她。我从首尔坐飞机很顺利地到了纽约，然后打的去了饭店。到了服务台跟服务员说：“我预订了一个房间。"可是她说根本没有我的名字。我很吃惊地说："什么？前几天我的确预定了一个单人间啊！"可她查了好几遍也没有找到我的名字。怎么办？异国他乡，我在哪儿睡觉啊！而且当时是旅游旺季，很难找到空房间。我只好又打车去朋友家了。糟糕！她不在家！她的邻居说她有事出去了，可能很晚才回家！我在她家门口等了三个小时，她才回来。她看到我时很吃惊，听了我的故事以后轻轻地抱着我说："现在放心吧，有我呢！"那天我住在她家，感觉像妈妈的怀抱一样温暖。
>
> 如果当时没有朋友在纽约，情况会怎样呢？现在想想都害怕呢。

> **해석**
>
> 여행 경험 중에서 영원히 잊지 못할 일이 한 가지 있습니다. 3년 전 저는 미국 뉴욕에 갔습니다. 원래는 뉴욕을 여행하면서 여행하는 김에 친구를 보러 갈 계획이었습니다. 그러나 뉴욕 여행에서 예상하지도 못한 일이 발생할 거라고는 생각도 못했습니다.
>
> 저는 뉴욕의 한 호텔에 방을 하나 예약하고, 그 다음에 뉴욕의 친구에게 전화를 걸어서 뉴욕에 도착한 이튿날 그녀를 찾아가겠다고 말했습니다. 저는 서울에서 비행기를 타고 뉴욕에 순조롭게 도착했고, 그 다음에 택시를 타고 호텔로 갔습니다. 프런트에서 직원에게 방을 하나 예약했다고 말했습니다. 그러나 그녀는 제 이름이 아예 없다는 것이었습니다. 저는 놀라서 "뭐라고요? 며칠 전에 제가 분명히 싱글룸을 하나 예약했는데요!"라고 말했습니다. 그러나 그녀는 몇 번을 체크해 보았지만 제 이름을 찾을 수 없었습니다. 어쩌지요? 이국타향인데, 저는 어디서 잠을 자나요? 게다가 그때는 여행 성수기여서 빈 방을 찾기도 어려웠습니다. 저는 어쩔 수 없이 또 택시를 타고 친구 집으로 찾아갔습니다. 이런! 그녀가 집에 없네요! 그녀의 이웃의 말로는 그녀가 일이 있어서 나갔는데 아마도 늦게 돌아올 것이라 말해 주었습니다. 제가 그녀의 집 앞에서 3시간을 기다리고 나서야 그녀가 돌아왔습니다. 그녀는 저를 봤을 때 매우 놀랐습니다. 제 이야기를 들은 후 가볍게 저를 안아 주면서 "이제 안심해. 내가 있잖아."라고 말했습니다. 그날 저는 그녀의 집에서 머물렀는데 엄마의 품처럼 따뜻함을 느꼈습니다.
>
> 만약 그때 친구가 뉴욕에 없었다면 어떻게 됐을까요? 지금 생각해 보니 정말 무섭네요.

> **단어**
>
> **终身难忘** zhōngshēn nánwàng 평생 잊을 수 없다 | **出乎意料** chūhū yìliào 뜻밖이다 | **异国他乡** yìguó tāxiāng 이국타향 | **糟糕** zāogāo 이런, 아뿔싸 | **害怕** hàipà 두려워하다, 무서워하다

Day19 과학 상품

182p. OPIc중국어 실전공략

Q. 你或者周围的人常用什么科技产品？这些产品有什么特点？请说一说你或者你周围的人常用的科技产品。

> 모범답안

随着科学的发展，科技产品的使用率也越来越高。而这些产品让我们的生活更方便，尤其是电脑的普及，给人们的生活带来很大的变化。其中平板电脑是最受欢迎的科技产品之一。

平板电脑有以下几个特点：首先，平板电脑在外观上具有与众不同的特点。它具有单独的液晶显示屏，而它的显示屏可以随意旋转。其次，具有强大的识别能力。用户通过手指或者触控笔来进行操作，而不是传统的键盘和鼠标。具有触摸识别功能的液晶屏可以用电磁感应手写输入。最后，便于携带移动。它像笔记本电脑一样小而轻，可以随时转换使用场所，而且可以通过移动通讯网络来实现无线网络接入。这样的手写识别和无线网络通信功能非常适合外出携带。

总之，平板电脑不但在外观上更漂亮而且具有强大的输入和识别功能，比台式和笔记本电脑更灵活，更方便。

> 해석

과학이 발전함에 따라, 과학기술 상품의 사용률이 점점 높아지고 있습니다. 이런 상품들은 우리의 생활을 더욱더 편리하게 해 줍니다. 특히, 컴퓨터의 보급은 사람들의 생활에 많은 변화를 가져다주었습니다. 그중에서 태블릿PC는 가장 인기 있는 과학기술 상품 중 하나입니다.

태블릿PC는 다음과 같은 특징이 있습니다. 먼저 외관상으로 독특한 특징을 가지고 있습니다. 태블릿PC는 개별의 LCD모니터가 있고, 이 모니터는 마음대로 회전할 수 있습니다. 그 다음으로 강력한 인식 기능을 가지고 있습니다. 사용자는 전통적인 키보드나 마우스로 조작하는 것이 아니라, 손가락이나 터치펜으로 조작을 합니다. 게다가 터치 인식 기능을 가진 LCD스크린은 전자감응을 이용하여 손으로 입력할 수 있습니다. 마지막으로 휴대와 이동이 편리합니다. 태블릿PC는 노트북처럼 작고 가벼워서, 언제든지 사용 장소를 바꿀 수 있습니다. 게다가 무선인터넷망을 통해서 무선인터넷 접속이 가능합니다. 이러한 터치 감지 기능과 무선인터넷 통신 기능은 외출할 때 휴대하기 편리합니다.

한마디로 말해서, 태블릿PC는 외관상 예쁠 뿐만 아니라 뛰어난 입력과 인식 기능을 가지고 있어서 데스크탑이나 노트북보다 더욱더 빠르고 편리합니다.

185p. Mini OPIc

Q. 给你提供一个情景：你买了一个数码照相机，可是只用了一次就坏了。请给商店打电话询问一下，能不能退货。

> 모범답안

你好！是照相机专卖店吗？我昨天在你们那儿买了一个数码照相机。今天我跟朋友们一起出去玩的时候，用昨天买的那个新相机拍了照片。一开始拍的时候还好好的，可是拍完以后要回放的时候，画面突然就变得黑黑的，什么都看不了。关了以后重新开机时，画面上出现一个错误报告。另外这个相机也没有昨天你介绍的自动调焦距功能。昨天买的时候你明明跟我说这个相机是智能的，自动调节功能很方便，不需要手动操作。不知道是我没有找到还是根本就没有。如果只是这个照相机本身有问题，请给我换一个新的，可以吗？要是以后还是有问题的话，我可以退货吗？我想现在就去店里找你。你先看一看，然后给我们解决这个问题，行吗？

> 해석

안녕하세요, 카메라 매장인가요? 저는 어제 그곳에서 디지털카메라를 샀습니다. 오늘 친구들과 놀러 나갔을 때 어제 산 새 카메라로 사진을 찍었습니다. 처음 찍을 때는 괜찮았는데 찍고 나서 화면을 되돌리려고 할 때 화면이 갑자기 까맣게 변해서 아무것도 안 보였습니다. 카메라를 껐다가 다시 켰을 때에는 화면에 에러 표시가 생겼습니다. 이외에 이 카메라는 어제 당신이 소개한 자동초점조절기능이 없었습니다. 어제 살 때는 당신이 분명히, 이 카메라는 스마트 상품이라 자동조절기능이 있어서 편리하고 수동 조작을 할 필요가 없다고 했습니다. 제가 못 찾는 것인지 아니면 원래 없는 것인지 모르겠네요. 만약 카메라 자체에 문제가 있는 것이라면 새것으로 바꿔 줄 수 있나요? 만약 이후에 여전히 문제가 생긴다면 환불도 가능합니까? 지금 매장으로 찾아가려고 합니다. 먼저 좀 보시고 이 문제를 해결해 주시겠어요?

> 단어

拍 pāi (사진, 영화 등을) 촬영하다 | 重新 chóngxīn 새로이 | 调焦 tiáojiāo 초점을 맞추다 | 根本 gēnběn 전혀, 아예 | 退货 tuìhuò 반품하다, 환불하다

OPIc 대비 멀티캠퍼스 Best 온라인 과정

AL 등급공략과정
상위등급 취득을 위한 유형별 주제 및 필수 전략 과정

AL취득을 위한 필수 공략 OPIc - 선택형
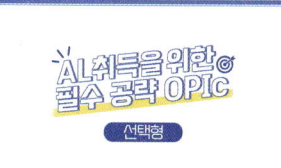

AL취득을 위한 필수 공략 OPIc - 돌발형

AL취득을 위한 필수 공략 OPIc - 롤플레이

OPIc 등급공략과정
현장에서 적용 가능한 주제별 답변전략 및 팁 제시 과정

매직템플릿으로 완성하는 OPIc IM공략

매직템플릿으로 완성하는 OPIc IH공략

매직템플릿으로 완성하는 OPIc AL 공략

OPIc 등급공략과정
빅데이터 분석 및 최신 출제 트렌드 완벽 커버로 단기 OPIc 등급 취득 완성 과정

트렌드, 히스토리
100% 오픽을 해체하다.

데이터와 트렌드로 쉽게 취득하는 OPIc IL

데이터와 트렌드로 쉽게 취득하는 OPIc IM

데이터와 트렌드로 쉽게 취득하는 OPIc IH Step 1, 2

데이터와 트렌드로 쉽게 취득하는 OPIc AL Step 1, 2

OPIc 등급공략과정
OPIc 주관사 멀티캠퍼스에서 제시하는 레벨별 맞춤 공략 과정

New OPIc 첫걸음

New OPIc SOS Start

New OPIc SOS IM공략

New OPIc의 정석! IH공략

중국어 대비 멀티캠퍼스 Best 온라인 과정

TSC 전략 과정
단시간 레벨 UP!을 위한 유형별 공략법과 막판 핵심 족집게 전략을 제시하는 국내 최고의 TSC 대비 과정

한달에 끝내는 TSC 첫걸음 3급공략 초단기 TSC 4급공략 초단기 TSC 4급공략 실전테스트 [막판뒤집기] TSC 3급 Pass [막판뒤집기] TSC 4급 Pass

비즈니스 중국어 회화 과정
삼성 해외 주재원 집중과정 교재 기반, 진정한 중국通이 되기 위한 중국어 실무 과정

직장에서 당장 써먹는 중국어 회화(上)　　　직장에서 당장 써먹는 중국어 회화(下)

OPIc중국어 전략과정
OPIc 평가 주관사 멀티캠퍼스에서 개발한 국내 유일무이한 OPIc 중국어 대비 과정

New OPIc 중국어 첫걸음　　　OPIc 중국어의 정석! IM공략　　　OPIc 중국어의 정석! IH공략

新BCT 전략과정
새롭게 바뀐 BCT 문제 유형 분석을 통한 시험 완벽 대비 및 비즈니스 중국어 회화 능력을 향상할 수 있는 과정

초단기 新BCT Speaking 공략　　초단기 新BCT Speaking 실전테스트　　新BCT 첫걸음 A형 공략　　新BCT 첫걸음 B형 공략

온라인 교육과정 문의 TEL 1544-9001 | Website www.multicampus.com